U0000822

百年精華　雲五文庫

九朝律考

臺灣商務印書館

「百年精華」序

臺灣商務印書館為慶祝民國百年大慶，決定從一百多年來出版過的好書中，挑出一些值得重新出版發行的絕版書，列入臺灣商務「百年精華」，從民國一百年起，逐年推出。

商務印書館成立於一八九七年，也就是中日簽訂馬關條約之後、中國醞釀「戊戌變法」之際，讓商務轉型成為中國最早的出版社的張元濟先生，即是在一八九八年戊戌變法失敗之後四年，進入商務印書館的。後來帶領商務成為中國第一大出版社的王雲五先生，則是在一九二一年由胡適先生推薦而擔任商務編譯所的所長。

張元濟和王雲五是帶領商務發展的兩大功臣，在他們主持期間出版了許多好書，至今仍然受到海內外讀者的重視。

民國五十三年(西元一九六四年)王雲五重新主持臺灣商務印書館後，再度為商務出版大量的好書，其中有許多早已售完絕版，一書難求，然而仍有許多讀者一再詢問再版之日。

為了滿足讀者的需求、為了延續好書的存在，臺灣商務特別挑選一系列的絕版好書，列入「百年精華」，重新編排，重新發行，以盡到文化傳承的責任。由於量的限制，沒有列入

「百年精華」系列的好書，則將分別列入「新岫廬文庫」、「雲五文庫」等系列，作多方面的出版。

「出版好書，有益人生，輔助教育，文化傳承」是商務印書館的百年傳統任務，臺灣商務印書館重編「百年精華」等系列，希望能為讀者作出最大的貢獻。

臺灣商務印書館董事長 王學哲 謹序　九十九年十月十九日

九朝律考序

昔顧氏亭林論著書之難以爲必古人所未及就後世所不可無者而後庶幾其傳班史以下經籍藝文諸志先民著述著錄於四庫者百無一二蓋立言若是其難也余少家貧年二十館於陳氏盡讀其藏書始留心考據之學三十以還遭逢世變每伏案靜思以爲古人處此必有以自見而決不汶汶以沒顧自清代乾嘉以來經史小學考據之書浩如煙海後有作者斷無以突過前人爰本顧氏之旨以求之則律學尙已漢晉士大夫往往治律馬融鄭玄羊祜杜預皆律家也六朝以後祖尙玄虛律令科條委之胥吏其治此者非陋則俗斯學浸微今古律之存者皆自唐以下竊不自量欲盡搜羅唐以前散佚諸律考訂而幷存之歲戊午始成漢律考七卷方君樞爲梓行之己未成魏律考一卷庚申成晉律考三卷辛酉成後魏律考二卷壬戌成隋律考二卷癸亥成北齊後周及梁陳律考四卷甲子乙丑增訂漢律釐爲八卷合二十卷昔劉知幾作史通既畢慮後世無識者至於撫卷漣洏而不能自已況丁茲陽九中原之亂幾於五代斯文之喪逾於秦火上無右文之主下無延譽之朋又非知幾之身世所可同日而語者哉余爲此者性既不諧於俗而幽居寡懽又不能無所託以寄志自盡之意多而求知之念寡若夫百世之知則固別有說焉夫名者造物之所吝古人著述大抵以畢生之力赴之用力愈久則其傳愈遠書之佚者必其無可傳之具馬貴與王船山之流皆生離亂之世伏處巖穴當時無知者而流傳或在百年之後是仍求之己耳丙寅夏月閩縣程樹德序

凡例

一律始李悝法經商鞅受之以相秦漢就法經加戶興廐三篇故是書斷自漢始不別著秦律其漢律有沿秦律者則皆於漢律中附見之

一唐律宋刑統明律清律今皆現存故斷至隋止

一北朝後魏北齊後周各自有律南朝則劉宋南齊沿用晉律惟梁陳皆別定律故不列宋及南齊而附見於晉律中

一漢令時稱漢律故考漢律者必兼及漢令魏晉以後之令雖不盡關於律而佚文亦多可考因援漢律之例採摭及之

一是書以考證爲主而考證則以正史爲主如漢律則漢書晉律則晉書其他依此類推漢律中凡引漢書但稱某傳某志蓋省文也餘皆倣此其引他史或他書者則必標明其爲某史或某書

一所引之書如爲佚書或今雖有其書而爲今書所不載者必註明出處以便尋檢

一引書以類相從同一類中則以年代先後爲序惟解釋標題則常列於各條之首

一引書有刪節而無增改不敢妄竄古書也

一古人引書不必盡係原文嘗隱括大意如意林所引孟子與今本出入甚多亦其一例顧氏日知錄俞氏古書疑義

舉例蓋嘗論之律考中所輯秦漢以下諸律條文無慮數十百條皆從諸書中輯其佚文蓋仿玉函山房輯佚書之法然不敢必其與原文一一符合閱者當分別觀之

一舊律現存者以唐律爲最古故唐以前諸律所有而唐律亦有明文者則必援唐律以證之其明清諸律相距旣遠概不援引

一每條之下間有考證則別爲按語以別之按語亦以考證爲主不涉及論斷

一一書之成草創者難而因襲者易是書蒐羅雖富然疎漏仍不能免補遺之責期之後人

九朝律考

總目

卷一

卷二

律系表

- 法經
  - 秦律
    - 漢律
      - 魏律
        - 晉律
          - 梁律
            - 陳律
      - 後魏律
        - 後周律
        - 北齊律
          - 隋
            - 開皇律
              - 唐律
                - 宋刑統
                  - 明律
                    - 清律
            - 大業律

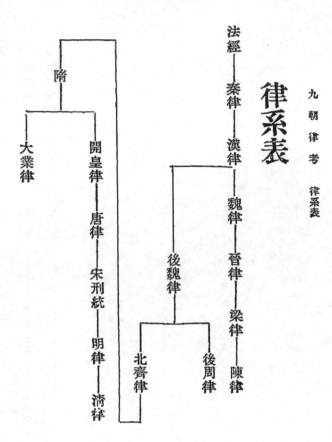

漢律考序

漢蕭何作九章律益以叔孫通傍章十八篇及張湯越宮律二十七篇趙禹朝律六篇合六十篇是爲漢律後書安帝紀注謂漢律今亡隋志亦云漢律久亡是唐時已佚史記索隱引崔浩漢律序陳書沈洙傳引漢律則六朝末此本尚存也晉志載漢時決事集爲令甲以下三百餘篇及司徒鮑公撰嫁娶辭訟決爲法比都目凡九百六卷唐書藝文志所著錄者僅廷尉決事二十卷廷尉駁事十一卷建武律令故事三卷太平御覽尙引廷尉決事而宋史藝文志已不載則至宋末已全佚班氏刑法志於漢律語焉不詳司馬彪續漢志亦不著刑法之目而一代典章遂汨沒而不可考甚矣史才之難也九章之律出於李悝法經而法經則本於諸國刑典其源最古春秋時齊有管子七法楚有僕區法茆門法晉有刑書刑鼎鄭有刑書竹刑其見於記載者如此商君有言不觀時俗不察國本則其法立而民亂自漢以後沿唐及宋迄於元明雖代有增損而無敢輕議成規者誠以其適國本便民俗也漢世律學最盛何休注公羊鄭司農注周禮皆以漢律解經許氏說文則幷以漢律解字今其佚文散句猶可考見而唐宋以來諸家卒無有從事考訂者宋王應麟所輯之玉海及漢制考略有徵引他不概見今唐以前諸律皆無一存則探討之難可知也余嘗謂有清一代經學詞章遠軼前軌獨律學闕焉不講紀文達編纂四庫全書政書類法令之屬僅收二部存目僅收五部其案語則謂刑爲盛世所不能廢而亦盛世所不尙所錄略存梗概不求備也此論一創律學益微今士大夫競言西律然

羅馬舊法彼國學子奉爲圭臬而吾方且盡棄所學而學於古律之源流率皆擯棄弗道竊心焉恫之甲辰讀律扶桑即有搜輯叢殘之志荏苒十年久稽卒業丁巳戊午乃稍稍傭鈔存篋因仿文獻通考之例釐爲漢律考七卷甲子增訂爲八卷以存一代之制今者唐律明律佚而復存趙宋刑統海內僅存孤本載胥及溺其何有於代遠年湮之漢律則以是書爲子雲之覆瓿可也抑又聞之秦政焚坑而經學盛於西漢庚申北遁而明祖始求遺書則以是書爲梨洲之明夷待訪亦可也歲在戊午秋七月閩縣程樹德序

漢律考目錄

三　律文考

四　律令雜考上

九朝律考

卷一

漢律考 一

律名考

三代皆以禮治孔子所謂殷因於夏禮周因於殷禮是也周禮一書先儒雖未有定說而先王遺意大略可見其時八議八成之法三宥三赦之制胥納之於禮之中初未有禮與律之分也周室淩夷諸侯各自立制刑書刑鼎紛然并起李悝始集諸國刑典著法經六篇然猶未以律爲名也商鞅傳法經改法爲律律之名蓋自秦始漢沿秦制顧其時去古未遠禮與律之別猶不甚嚴禮樂志叔孫通所撰禮儀與律同錄藏於理官說文引漢律祠宗廟丹書告和帝紀注引漢律春曰朝秋曰請是可證朝覲宗廟之儀吉凶喪祭之典後世以之入禮者而漢時則多屬律也魏晉以後律令之別極嚴而漢則否杜周傳前主所是著爲律後主所是疏爲令文帝五年除盜鑄錢令史記將相名臣表作除錢律蕭望之傳引金布令後書則引作漢律金布令晉志則直稱金布律是令亦可稱律也律令之外又得以春秋經義決

獄呂步舒以春秋誼治淮南獄兒寬以古法決疑獄俱載各紀傳是則幷春秋經義亦得與律同視也此皆與後世異者若夫九章之外以律稱者如尉律大樂上計酎金諸律其爲屬旁章以下抑係別出書缺有間然說文引尉律藝文志則引作蕭何草律是尉律亦蕭何所造晉志稱魏有乏留律在魏律十八篇之外蓋正律以外尙有單行之律固漢魏間通制也至於比例定罪自漢及唐迄於有淸相沿不改姑附於末後之考古者得觀覽焉作律名考

律（章程附）

九章律

漢興高祖初入關約法三章曰殺人者死傷人及盜抵罪蠲削繁苛兆民大悅其後四夷未附兵革未息三章之法不足以禦姦於是相國蕭何攈摭秦法取其宜於時者作律九章（刑法志）

漢興蕭何次律令韓信申軍法張蒼爲章程叔孫通定禮儀（司馬遷傳）

漢章九法太宗改作輕重之差世有定籍（敍傳）

高帝受命誅暴平蕩天下約令定律誠得其宜文帝惟省除肉刑相坐之法它皆率由無革舊章武帝征伐四方軍役數興豪傑犯禁姦吏弄法故重首匿之科著知從之律宣帝聰明正直臣下奉憲無所失墜因循先典天下稱理至哀平繼體而即位日淺聽斷尙寡王嘉輕爲穿鑿虧除先帝舊約成律注按嘉傳及刑法志幷無其事統與嘉時代相接所引固不妄矣但班固略而不載也（梁統傳）

文穎曰蕭何承秦法所作爲律今律經是也（宣帝紀注）

法律之家亦爲儒生問曰九章誰所作也彼聞臯陶作獄必將曰臯陶也詰曰臯陶唐虞時唐虞之刑五刑今律無五刑之文或曰蕭何也詰曰蕭何高祖時也孝文之時齊太倉令淳于德有罪徵詣長安其女緹縈爲父上書言肉刑一施不得改悔文帝痛其言乃改肉刑案今九章象刑非肉刑也文帝在蕭何後知時肉刑也蕭何所造反具肉刑也而云九章蕭何所造乎（論衡）

漢承秦制蕭何定律除參夷連坐之罪增部主見知之條益事律興廄戶三篇合爲九篇（晉書刑法志）

魏文侯師李悝集諸國刑書造法經六篇商鞅傳之改法爲律以相秦增相坐之法造參夷之誅大辟加鑿顛抽脅鑊烹車裂之制至漢蕭何加悝所造戶興廄三篇謂之九章之律（唐六典注）

周衰刑重戰國異制魏文侯師於李悝集諸國刑典造法經六篇一盜法二賊法三囚法四捕法五雜法六具法商鞅傳授改法爲律漢相蕭何更加悝所造戶興廄三篇謂九章之律（唐律疏義）

臯陶謨虞始造律蕭何成九章此關百王不易之道（書鈔四十五引風俗通）

律是咎繇遺訓漢命蕭何廣之（御覽六百三十八引傅子）

一盜律

取非其物謂之盜（晉書刑法志引張斐律表）

悝以爲王者之政莫急於盜賊故其律始於盜賊（晉書刑法志）

李悝首制法經有盜法賊法以爲法之篇目自秦漢逮至後魏皆名賊律盜律北齊合爲賊盜律後周爲刼盜律復有賊叛律隋開皇合爲賊盜律（唐律疏義）

二賊律

無變斬擊謂之賊（晉書刑法志引張斐律表）

按寄簃文存云賊盜二字義本不同故法經分爲二篇左氏文十八年傳周公作誓命曰毀則爲賊竊賄爲盜杜注毀則壞法也昭四年傳叔向曰己惡而掠美爲昏貪以敗官爲墨殺人不忌爲賊夏書曰昏墨賊殺皋陶之刑也此皆法家言之最古者說文賊敗也從戈則聲敗毀也與毀則爲賊之義合乃諧聲兼會意字盜私利物也從次次欲皿者乃會意字二字之本義如此初不相通也荀子修身篇害良曰賊竊貨曰盜晉張斐律注無變斬擊謂之賊取非其物謂之盜周禮朝士疏盜賊幷言者盜謂盜取人物賊謂殺人曰賊盜賊二字連文唐以前人分別甚明絕不相蒙其盜賊單言者賊謂賊害如孟子賊仁者謂之賊以及漢書呂覽淮南楚辭諸書之注釋皆同殺人乃賊害之甚者故叔向曰殺人不忌爲賊又大戴記曾子立事篇殺人而不戚也賊也以及書舜典傳呂覽後漢書注幷言殺人曰賊與賊害之義相引伸也盜謂盜竊如穀梁傳定八年非其所取而取之謂之盜莊子山木篇注盜竊者私取之謂也足與說文之義相發明其餘諸書不勝枚舉玉篇廣韻賊下

始有盜也一訓蓋二書爲宋所亂已失顧野王孫緬之舊非古義也盜法賊法李悝本爲二事漢律因之盜則盜竊刼略之類賊則叛逆殺傷之類魏於盜律內分立刼略律晉無刼略則仍入盜律梁爲盜刼律賊律則曰賊叛律北齊始合二律爲一曰賊盜周隋時合時分唐復合而爲一故叛逆殺傷諸事皆在其中元於賊盜外別立殺傷之目明又改爲人命蓋大失古律之本義矣唐律疏義謂盜法今賊盜律賊法今詐僞律俱未諦當唐之賊盜兼盜法賊法在內詐僞律魏由賊律分出而賊律固不止詐僞一事也又周禮士師八成二曰邦賊六曰邦盜鄭司農云八成者行事有八篇若今時決事比據先鄭注則周代刑法此其篇目之可考者然究非全體也邦賊注云爲逆亂者邦盜注云竊取國家之寶藏者賊盜分爲二事蓋古法皆然

三囚律

斷獄律之名起自於魏魏分李悝囚法而出此篇（唐律疏義）

四捕律

李悝制法經六篇捕法第四至後魏名捕亡律北齊名捕斷律後周名逃捕律隋復名捕亡律（唐律疏義）

五雜律

李悝首制法經而有雜法之目遞相祖習多歷年所然至後周更名雜犯律隋又去犯還爲雜律（唐律疏義）

六具律

魏新律序略云舊律因秦法經就增三篇而具律不移因在第六罪條例既不在始又不在終非篇章之義（晉書刑法志）

魏改漢具律爲刑名第一晉於魏刑名律中分爲法例律宋齊梁及後魏因而不改爰至北齊併刑名法例爲名例後周復爲刑名隋因北齊更爲名例唐因於隋（唐律疏義）

七戶律

漢相蕭何承秦六篇律加廐興戶三篇迄於後周皆名戶律北齊以婚事附之名爲婚戶律隋開皇以戶在婚前改爲戶婚律（唐律疏義）

按戶律以下三篇總謂之事律見晉志及玉海注晉志益事律興廐戶三篇戶律在末唐律疏義或作戶興廐三篇或作廐興戶三篇考唐六典載晉泰始新律戶律在第十二興律在第十三廐律在第十七其次第必有所本茲從之

八興律

漢相蕭何創爲興律魏以擅事附之名爲擅興律晉復去擅爲興又至高齊改爲興擅律隋開皇改爲擅興律（唐律疏義）

九廐律

魏新律序略云秦世舊有廐置乘傳副車食廚漢初承秦不改後以費廣稍省故後漢但設騎置而無車馬律猶著其文則為虛設故除廐律（晉書刑法志）

漢律九章創加廐律魏以廐事散入諸篇晉以牧事合之名為廐牧律自宋及梁復名廐律後魏太和中名牧產律至正始年復名廐牧律歷北齊後周更無改作隋開皇以庫事附之更名廐庫律廐者鳩聚也馬牛之所聚（唐律疏義）

傍章十八篇

叔孫通益律所不及傍章十八篇（晉書刑法志）

按司馬遷傳叔孫通定禮儀梅福傳叔孫通遁秦歸漢制作儀品曹褒傳章和元年召褒詣嘉德門令小黃門持班固所上叔孫通漢儀十二篇論衡高祖詔叔孫通制作儀品十六篇是通所著為漢儀王應麟於漢藝文志考證增漢儀一種即謂此也別無益律十八篇之說史記漢書通本傳及刑法志俱不載疑莫能明後考禮樂志云今叔孫通所撰禮儀與律令同錄臧於理官而後得其說蓋與律令同錄故謂之傍章（鹽鐵論二尺四寸之律古今一也曹褒改通漢儀亦寫以二尺四寸簡見褒傳）應劭傳劭刪定律令為漢儀建安元年奏之是可證通之傍章即漢儀也據通傳高帝崩孝惠即位迺謂通曰先帝園陵寢廟羣臣莫習徙通為奉常定宗廟儀法及稍定漢諸儀法皆通所論著是通作傍章當在惠帝時（周禮小祝注引漢儀每街路輒祭禮記祭法疏引漢儀高

帝廟主九寸前方後圓圍一尺此漢儀佚文之尚可考者）

越宮律二十七篇

朝律六篇

張湯與趙禹共定諸律令務在深文（張湯傳）

張湯越宮律二十七篇趙禹朝律六篇（晉書刑法志）

孝武世以姦宄滋甚增律五十餘篇（魏書刑罰志）

張湯制越宮律趙禹作朝會正見律（御覽六百三十八引張斐律序）

按傍章十八篇越宮朝律合以九章共六十篇是謂漢律傍章以下其篇目皆無考諸書中引漢律幷載其律名者尚有數種別附於後其爲傍章以下之一篇抑係單行之律則不可考矣

尉律（見昭帝紀注　說文敍）

董彥遠謝除正字啓尉律四十九類書蓋已亡（困學紀聞）

徐鍇曰尉律漢律篇名（說文解字）

酎金律（見禮儀志注）

酎金律文帝所加以正月旦作酒八月成名酎酒因合諸侯助祭貢金（禮儀志注引丁孚漢儀）

張晏曰正月旦作酒八月成名曰酎酎之爲言純也至武帝時因八月嘗酎金諸侯廟中出金助祭所謂酎金也（史記孝文本紀注）

如淳曰漢儀注侯歲以戶口酎黃金獻於漢廟皇帝臨受獻金以助祭大祠曰飲酎飲酎受金少不如斤兩色惡王削縣侯免國（史記平準書注）

師古曰酎三重釀醇酒也味厚故以薦宗廟（景帝紀注）

元鼎五年列侯坐獻黃金酎祭宗廟不如法奪爵者百餘人（武帝紀）

五鳳四年嗣朝侯固城坐酎金少四兩免地節四年襄陽侯聖坐率酎金八兩少四兩免（王子侯表）

漢多以酎金失侯其故何也考史記平準書武帝方事夷狄而卜式上書願父子往死之帝侯卜式賜金六十斤田十頃以風天下莫應而列侯百數皆莫求從軍擊羌者故於宗廟酎時使少府省諸侯所獻金斤兩少者色惡王削縣侯失國焉蓋緣諸侯之不從軍武帝忿焉乃設此法故失侯者百餘人（韓王信傳注引孔武仲雜說）

上計律（見周禮春官典路注）

司會主天下之大計計官之長若今尙書疏漢之尙書亦主大計（周禮天官司會注）

歲終則令羣吏致事注使齎歲盡文書來至若今上計疏漢之朝集使謂之上計吏謂上一年計會文書及功狀也（周禮天官小宰注）

若今歲計月計日計（周禮天官宰夫注）

上其計簿疏漢時考吏謂之計吏此言計簿據其文書也（周禮地官大司徒注）

若今計文書斷於九月（周禮秋官小行人注）

歲獻獻國事之書及計偕物也正義漢時謂郡國送文書之使爲計吏其貢獻之物與計吏俱來故謂之計偕物（禮記射義注）

太初元年春還受計於甘泉注師古曰受郡國所上計簿也元光五年令與計偕注師古曰計者上計簿使也郡國每歲遣詣京師上之（武帝紀）

黃龍元年詔曰上計簿具文而已務爲欺謾以避其課御史察計簿疑非實者按之

郡國恐伏其誅則擇便巧史書習於計簿能欺上府者以爲右職（貢禹傳）

郡迺定國界上計簿更定圖言丞相府（匡衡傳）

時郡國計吏多留拜爲郎秉上言宜絕横拜以塞覬覦之端自此終桓帝世計吏無復留拜者（楊秉傳）

歲盡遣使上計注盧植禮注曰計斷九月因秦以十月爲正故（百官志）

衆利侯郝賢元狩二年坐爲上谷太守入戍卒財物計謾免（功臣表）

武帝每因封禪泰山郎受計於甘泉通典云漢制郡守歲盡遣上計掾吏各一人條上郡內衆事謂之計簿嚴助傳

云助守會稽願奉三年計最如淳謂舊法當使丞奉計今助躬自願入奉也至百官志則第言遣吏上計而所遣計吏遂補郎官蓋與西都遣丞奉計已不同矣西都天子親受計而所謂計帳則計相上之見張蒼傳東京但使司徒受計吏至於長揖不拜見趙壹傳則其制浸以輕矣（東漢會要）

按史記范雎傳王稽拜爲河東守三歲不上計集解司馬彪曰凡郡長治民進賢勸功決訟檢姦常以春行所至縣勸民農桑振救乏絕秋冬遣無害吏案訊問諸囚平其罪法論課殿最歲盡遣吏上計云云漢蓋沿秦制也玉海六十五引漢書舊儀朝會上計律常以正月旦受羣臣朝賀疑上計律爲朝律中之一篇

錢律（見史記將相名臣表）

五年除盜鑄錢令（文帝紀）

六年定鑄錢僞黃金棄市律（景帝紀）

左官律（見諸侯王表）

武有衡山淮南之謀作左官之律注服虔曰仕於諸侯爲左官絕不得使仕於諸侯也（諸侯王表）

左官外附之臣注謂左官者人道尙右舍天子而事諸侯爲左官（丁鴻傳）

建武二十四年詔有司申明舊制阿附蕃王法注引前書音義曰阿曲附益王侯者將有重法（光武紀）

淮南王來朝厚賂遺助及淮南反事與助相連廷尉張湯以爲助出入禁門腹心之臣而外與諸侯交私不誅後不

可治助竟棄市（嚴助傳）

會李竟坐與諸侯王交通語及霍氏有詔雲山不宜宿衞免就第（霍光傳）

王國人不得宿衞（兩龔傳）

漢制王國人不得在京師（彭宣傳注）

吉坐昌邑王被刑後戒子孫毋爲王國吏（王吉傳）

奏崇與宗族通疑有姦請治（鄭崇傳）

太子儲君無外交之義漢有舊防蕃王不宜私通賓客（鄭衆傳）

嗣安平侯鄂但坐與淮南王安通遺王書稱臣棄市（功臣表）

按程大昌演繁露云漢法仕諸侯者名爲左官則古不尚左其來已久吳仁傑兩漢刊誤補遺云士鷟曰今分土而官之是左之也是左官之言在春秋時已如此

大樂律（見周禮春官大胥注　百官志注）

田律（見周禮秋官士師注　夏官大司馬疏）

野有田律疏謂舉漢法以況之（周禮秋官士師注）

無干車無自後射疏此據漢田律而言（周禮夏官大司馬注）

田租稅律（見史記將相名臣表）

尙方律

尙方所制漢有嚴律諸侯竊服雖親必罪（宋書）

按魏志鄧哀王沖傳景初元年琮坐於中尙方作禁物削戶三百貶爵爲都鄉侯又彭城王據傳據坐私遣人詣中尙方作禁物削縣二千戶是魏時尙沿漢制也

挾書律

按惠帝紀四年除挾書律注應劭曰挾藏也張晏曰秦律敢有挾書者族是此律漢初已廢

章程（附）

章程謂定百工用材多少之量及制度之程品（詩魯頌疏）

天下既定命張蒼定章程注如淳曰章曆數之章術也程者權衡丈尺斗斛之平法也師古曰程法式也（高帝紀）

蒼爲計相時緒正律曆吹律調樂入之音聲及以比定律令若百工天下作程品注如淳曰若順也百工爲器物皆有尺寸斤兩斛斗輕重之宜使得其法此之謂順（任敖傳）

漸課民畜牸牛草馬下逮雞豚犬豕皆有章程（魏志杜畿傳）

孝宣以章程練名實（玉海）

令（詔條附）

令領也領理之使不相犯也（釋名）

文穎曰天子詔所增損不在律上者爲令（宣帝紀注）

前主所是著爲律後主所是疏爲令（史記杜周傳）

春夏生長聖人象而爲令秋冬殺藏聖人則而爲法故令者教也法者刑罰也（鹽鐵論）

律以正刑定罪令以設範立制（唐六典）

律以正罪名令以存事制（御覽六百四十一引杜預律序）

以上律與令之別

律令繁多百有餘萬言（成帝紀）

孝武即位外事四夷之功內盛耳目之好徵發煩數百姓貧耗窮民犯法酷吏擊斷姦軌不勝於是招進張湯趙禹之屬條定法令作見知故縱監臨部主之法緩深故之罪急縱出之誅禁罔寖密律令凡三百五十九章（刑法志）

方今律令百有餘篇文章繁罪名重郡國用之疑惑或淺或深自吏明習者不知其處而況愚民乎（鹽鐵論）

令甲以下三百餘篇（晉書刑法志）

以上漢令之繁

諸法令所更定其說皆誼發之（賈誼傳）

錯又言法令可更定者書凡三十篇孝文雖不盡聽然奇其材景帝卽位以錯爲內史法令多所更定錯所更令三十章諸侯讙譁（鼂錯傳）

以上令之更定

令甲（見宣帝紀　哀帝紀注　平帝紀注　律曆志　賈誼新書　晉書刑法志）

甲者創制之令疏漢謂令之重者爲令甲（易先甲後甲注）

文穎曰令甲者前帝第一令也如淳曰令有先後故有令甲令乙令丙師古曰如說是也甲乙者若今第一篇第二篇耳（宣帝紀注）

天子之言曰令令甲乙是也（新書）

按令甲亦稱甲令吳芮傳贊著於甲令而稱忠師古注甲者令篇之次也敍傳景紀述務在農桑著於甲令后紀論編置甲令注前書音義曰甲令者前帝第一令也有甲令乙令丙令

又按明陳繼儒羣碎錄云今人稱法令曰令甲出漢宣帝詔蓋是法令首卷觀江充傳注令乙章帝詔令丙可知想漢律有十卷耳王世貞宛委餘篇云今人稱法令曰令甲以漢宣帝詔令甲死者不可復生然是法令之首卷江充傳注令乙騎乘行馳道中章帝詔曰令丙箠長短有數然則令乙者第二卷也令丙者第三卷也漢律當有

十卷愚謂十卷之說近於臆斷殆不足辨蕭望之傳引金布令甲是金布令亦自有甲乙如淳說近之䖍埴鼠璞云漢令甲令乙令丙乃篇次也今例以法律爲令甲者非

令乙（見江充傳注晉書刑法志）

按令乙亦稱乙令見張釋之傳如淳注

令丙（見章帝紀　晉書刑法志避唐諱作令景）

功令（見儒林傳　史記儒林傳）

請著功令注師古曰新立此條請以著於功令功令篇名若今選舉令（儒林傳）

太史公曰余讀功令索隱謂學者課功著之令卽今之學令是也（史記儒林傳）

金布令（見高帝紀注　蕭望之傳　禮儀志注）

師古曰金布者令篇名若今之倉庫令也（高帝紀注）

師古曰金布者令篇名也其上有府庫金錢布帛之事因以名篇（蕭望之傳注）

金布律有毀傷亡失縣官財物罰贖入責以呈黃金爲價諸目（晉書刑法志）

按晉志作金布律後書禮儀志注引作漢律金布令與蕭望之傳互歧當以傳文爲正

宮衞令（見張釋之傳注）

爲衛司馬案舊令逐揖官屬以下行衞者衞尉私使寬饒出寬饒以令詣官府門上謁辭（蓋寬饒傳）

秩祿令（見文帝紀注　史記呂后紀注）

茂陵書秩祿令此二書亡失不得過江（玉海）

品令（見百官公卿表注）

祠令（見文帝紀注）

諸侯王列侯使者侍祠天子歲獻祖宗之廟集解張晏曰王及列侯歲時遣使侍祠助祭也如淳曰不使王侯祭者

諸侯不得祖天子也（史記孝文本紀）

太初二年睢陵侯張昌坐爲太常乏祠免注師古曰祠事有闕也孝武後二年秺侯商丘成坐爲詹事侍祠孝文廟

醉歌堂下大不敬自殺（功臣表）

鄃收丘恬侯石德坐爲太常祠不如令完爲城旦（恩澤侯表）

祀令（見郊祀志注　祭祀志注）

臣瓚曰高帝除秦社稷立漢社稷禮所謂太社也時又立官社配以夏禹所謂王社也見漢祀令（郊祀志注）

漢法三歲一祭天於雲陽宮甘泉壇以冬至日祭天天神下三歲一祭地於河東汾陰后土宮以夏至日祭地地神

出五帝祭於雍五畤（御覽五百二十七引漢書舊儀）

齋令（見祭祀志注引蔡邕表志）

誠宜具錄本事建武乙未元和丙寅詔書下宗廟儀及齋令宜入郊祀志永爲典式（祭祀志注引蔡邕表志）

自今齋制宜如故典（蔡邕傳）

凡齋天地七日宗廟山川五日小祠三日（禮儀志）

周澤爲太常清潔循行盡敬宗廟常臥病齋宮其妻哀澤老病闚問所苦澤大怒以妻干犯齋禁遂收送詔獄（周澤傳）

孝景二十一年嗣侯蕭勝坐不齋耐爲隸臣（功臣表）

元狩五年衞尉充國坐齋不謹棄市（百官公卿表）

公令（見何並傳注）

獄令（見百官公卿表注）

箠令（見刑法志　景帝紀）

水令（見兒寬傳）

師古曰爲用水之次具立法令（兒寬傳注）

遷南陽太守躬勸農耕信臣爲民作均水約束刻石立於田畔以防分爭（召信臣傳）

田令（見黃香傳）

興起稻田數千頃每於農月親度頃畝分別肥塉差爲三品各立文簿藏之鄉縣於是姦吏跼蹐無所容詐彭乃上言宜令天下齊同其制詔書以其所立條式班令三府并下州郡（秦彭傳）

馬復令（見西域傳）

當今務在禁苛暴止擅賦力本農復馬復令以補缺毋乏武備而已注孟康曰先是令長吏各以秩養馬亭有牝馬民養馬皆復不事後馬多絕乏至此復修之也師古曰馬復因養馬而免徭賦也（西域傳）

文帝時鼂錯說曰令民有車騎馬一匹者復卒三人車騎天下之武備也故有復卒武帝令民得蓄邊縣官假母馬三歲而歸及息什一用充入新秦中車騎馬乏縣官錢少買馬難得乃著令令封君以下至三百石吏以上差出牡馬天下亭亭有蓄字馬歲課息（食貨志）

元狩五年春三月天下馬少平牡馬匹二十萬注如淳曰貴平牡馬賈欲使人共蓄馬（武帝紀）

胎養令（見章帝紀）

元和二年詔曰令云人有產子者復勿算三歲今諸懷姙者賜胎養穀人三斛復其夫勿算一歲著以爲令論曰章帝長者感陳寵之議除慘獄之科深元元之愛著胎養之令（章帝紀）

按玉海六十五載宋仁宗嘉祐三年韓宗彥請修胎養令以爲繼嗣漢室皆章帝苗裔以仁心養民故也紹興二

十七年九月范如志奏請修胎養令

養老令（見文帝紀）

元年詔曰老者非帛不煖非肉不飽今歲首不時使人存問長老又無布帛酒肉之賜將何以佐天下子孫孝養其親今聞吏稟當受鬻者或以陳粟豈稱養老之意哉具爲令有司請令縣道年八十已上賜米人月一石肉二十斤酒五斗其九十已上又賜帛人二匹絮三斤賜物及當稟鬻米者長吏閱視丞若尉致不滿九十嗇夫令史致二千石遣都吏循行不稱者督之刑者及有罪耐以上不用此令（文帝紀）

元初四年詔曰月令仲秋養老授几杖行糜粥方今案比之時郡縣多不奉行甚違詔書養老之意（安帝紀）

任子令（見哀帝紀　王吉傳）

吏二千石以上視事滿三歲得任同產若子一人爲郎（哀帝紀注應劭引漢儀注）

今俗吏得任子弟率多驕驁不通古今宜明選求賢除任子之令注子弟以父兄任爲郎（王吉傳）

蘇武以父任爲郎劉向以父任爲輦郎蕭育以父任爲太子庶子伏湛以父任爲博士弟子辛慶忌以父任爲右校丞（西漢會要）

緡錢令（見食貨志）

諸賈人末作貰貸賣買居邑貯積諸物及商以取利者雖無市籍各以其物自占率緡錢二千而算一諸作有租及

鑄率緡錢四千算一非吏比者三老北邊騎士軺車一算商賈人軺車二算船五丈以上一算匿不自占占不悉戍邊一歲沒入緡錢有能告者以其半畀之（食貨志）

廷尉挈令（見張湯傳）

按應劭傳作廷尉板令史記酷吏傳作廷尉絜令張湯傳注韋昭曰在板挈也師古曰挈獄訟之要也漢制考注引徐鉉曰挈令蓋律令之書也

光祿挈令（見燕剌王旦傳注）

樂浪挈令（見說文系部）

租挈（見溝洫志）

按溝洫志注云租挈收田租之約令也

詔條（附）

刺史班宣周行郡國省察治狀黜陟能否斷治冤獄以六條問事非條所問即不省　一條強宗豪右田宅踰制以強凌弱以衆暴寡　二條二千石不奉詔書遵承典制倍公向私旁詔守利侵漁百姓聚斂為姦　三條二千石不恤疑獄風厲殺人怒則任刑喜則淫賞煩擾刻暴剝截黎元為百姓所疾山崩石裂訞祥訛言　四條二千石選署不平苟阿所愛蔽賢寵頑　五條二千石子弟怙恃榮勢請託所監　六條二千石違公下比阿附豪強通行貨賂

割損正令（百官公卿表注引漢官典職儀）

武帝元封五年初置部刺史掌奉詔條（百官公卿表）

成帝初言陰陽不和咎在部刺史不循守條職注六條（薛宣傳）

遷朔方刺史所察應條輒擧（翟方進傳）

遷豫州牧代二千石書史聽訟所察過詔條注出六條之外（鮑宣傳）

古之刺史奉宣六條（魏志杜畿傳）

惠帝三年相國奏御史監三輔不法事詞訟盜賊鑄僞錢獄不直繇賦不平吏不廉苛刻踰侈及弩力十石以上作

非所當服凡九條（唐六典）

科（科品附）

科課也課其不如法者罪責之也（釋名）

永平十二年詔曰車服制度恣極耳目田荒不耕遊食者衆有司其申明科禁宜於今者宣下郡國（明帝紀）

一律兩科失省刑之意（馮野王傳）

武帝軍役數與豪傑犯禁姦吏弄法故重首匿之科（梁統傳）

今可令通義理明習法律者校定科比（注科謂事條比謂類例）一其法度班下郡國蠲除故條（桓譚傳）

漢興三百二年憲令稍增科條無限（陳寵傳）

帝敬納寵言每事務於寬厚其後遂詔有司絕鉆鑽諸慘酷之科（同上）

忠上疏曰亡逃之科憲令所急蓋失之末流求之本源宜糺增舊科以防來事（陳忠傳）

便可撰立科條處爲詔文（同上）

高祖受命蕭何創制大臣有寧告之科（同上）

輕侮之比寖以繁滋至有四五百科（張敏傳）

金科玉條注科條謂法令也（文選揚雄劇秦美新）

令科條品制禁令所以承天順民者備矣悉矣（袁宏後漢紀）

魏新律序略云科之爲制每條有違科不覺不知從坐之免不復分別而免坐繁多宜總爲免例以省科文（晉書刑法志）

至武帝時張湯趙禹增律令科條大辟四百九條宣帝時于定國又刪定律令科條（唐六典注）

刪舊科採漢律爲魏律（御覽六百三十八引劉邵律略）

按漢科可考者有持質有登聞道辭有考事報讞有使者驗賂有擅作修舍有平庸坐臧（功臣表任當千坐賣馬一匹賈錢十五萬過平臧五百以上免）有異子之科有投書棄市之科均載晉志魏武帝始置新科見魏志

何夔傳蜀漢諸葛亮法正劉巴李嚴等共造蜀科見蜀志伊籍傳嘉禾三年表定科令見吳志孫登傳是三國時皆各立科條不純依漢制唐六典注梁科三十卷蔡法度所删定陳依梁後魏以格代科於麟趾殿删定名爲麟趾格北齊因魏立格撰權格與律令並行皇朝貞觀格十八卷房玄齡等删定是科卽唐之格也

科品（附）

元初五年詔曰舊令制度各有科品注漢令今亡（安帝紀）

二千石以下各從科品（輿服志）

國傅何敞諫曰輿馬臺隷應爲科品願大王遵古制省奴婢之口減乘馬之數斥私田之富（濟南王康傳）

中常侍蘇康管霸用事遂固天下良田美業山林湖澤祐移書所在依科品沒入之（劉祐傳）

比（故事附）

已行故事曰比（禮記王制注）

廷尉所不能決謹具爲奏傅所當比律令以聞（刑法志引高帝七年詔）

其後姦猾巧法轉相比況禁網寖密死罪決事比萬三千四百七十二事文書盈於几閣典者不能徧睹是以郡國承用者駮或罪同而論異姦吏因緣爲市所欲活則傅生議所欲陷則予死比（刑法志）

成帝河平中下詔曰今大辟之刑千有餘條奇請他比日以益滋注師古曰比以例相比況也他比謂引他類以比附

之稍增律條也（同上）

九卿見令不便不入言而腹非論死自是後有腹非之法比（食貨志）

法令比例吏決斷也文吏治事必問法家（論衡）

至於孝武徵發煩數百姓虛耗窮民犯法酷吏擊斷姦宄不勝於是張湯趙禹之屬條定法令轉相比況禁網積密（羣書治要四十八引杜恕體論）

傅賢遷廷尉常垂念刑法務從輕比每斷冬至獄遲徊流涕（御覽二百三十一引謝承後漢書）

決事比

若今時決事比疏云若今律其有斷事皆依舊事斷之其無條取比類以決之故云決事比（周禮秋官大司寇注）

初父寵在廷尉上除漢法溢於甫刑者未施行及寵免後遂寢而苛法稍繁人不堪之忠略依寵意奏上二十三條爲決事比以省請讞之敝事皆施行（陳忠傳）

寵子忠後復爲尙書略依寵意奏上三十二條爲決事比（晉志）

死罪決事比

死罪決事比萬三千四百七十二事（刑法志）

于定國爲廷尉集諸法律凡九百六十卷大辟四百九十條千八百八十二事死罪決比凡三千四百七十二條決諸斷罪當用者合二萬六千二百七十二條（魏書刑罰志）

辭訟比（決事都目附）

司徒辭訟久者至數十年比例輕重非其事類錯雜難知昱奏定辭訟比七卷決事都目八卷以齊同法令息過人訟也（東觀漢記鮑昱傳）

少爲州郡吏辟司徒鮑昱府數爲昱陳當世便宜昱高其能轉爲辭曹掌天下獄訟寵爲昱撰辭訟比七卷決事科條皆以事類相從昱奏上之其後公府奉以爲法（陳寵傳）

漢時決事集爲令甲以下三百餘篇及司徒鮑公撰嫁娶辭訟決爲法比都目凡九百六卷世有增損集類爲篇結事爲章一章之中或事過數十事類雖同輕重乖異（晉志）

陳寵爲司徒掾科條辭訟比率相從撰爲八卷至今司徒治訟察吏常以爲法（書鈔六十八引漢雜事）

陳寵以法令繁不良吏得生因緣以致輕重乃置撰科牒辭訟比例使事類相從以塞姦源（御覽二百四十九引華嶠後漢書）

陳國有趙祐者酒後自相署或稱亭長督郵祐復於外騎馬將絳幡云我使者也司徒鮑昱決獄云騎馬將幡起於戲耳無他惡意（御覽八百四十六引風俗通）

汝南張妙酒後相戲逐縛杜士捶二十下又懸足指遂至死鮑昱決事云原其本意無賊心宜減死（同上）

南郡讞女子何侍為許遠妻侍父何陽素酗酒從遠假求不悉如意陽數罵詈遠謂侍曰汝翁復罵者吾必揣之侍曰類作夫婦奈何相辱揣我翁者搏若母矣其後陽復罵遠遠遂揣之侍因上搏姑耳再三下司徒鮑昱決事曰夫妻所以養姑者也今遠自辱其父非姑所使君子之於凡庸尙不遷怒況所尊重乎當減死論（御覽六百四十引風俗通）

按以上三條據沈欽韓漢書疏證以爲卽辭訟比佚文

獻帝建安元年劭奏曰逆臣董卓蕩覆王室典憲焚燎靡有子遺臣不自揆輒撰具律本章句尙書舊事廷尉板令決事比例司徒都目五曹詔書及春秋斷獄凡二百五十篇蠲去復重爲之節文又集駁議三十篇以類相從凡八十二事其見漢書二十五漢記四皆刪敍潤色以全本體其二十六博採古今瓌偉之士文章煥炳德義可觀其二十七臣所創造（應劭傳）

廷尉決事（廷尉駁事附）

廷尉決事二十卷廷尉駁事十一卷（新唐書藝文志）

廷尉上廣平趙禮詣雒治病博士弟子張策門人李臧賫過所詣洛還責禮冒名渡津平裴諒議一歲半刑策半歲刑（御覽五百九十八引廷尉決事）

河內太守上民張大有狂病病發殺母弟應梟首遇赦謂不當除之梟首如故（御覽六百四十六引）

廷尉高文惠上民傅晦詣民籍牛場上盜黍爲牛所覺以斧擲折晦脚物故依律牛應棄市監輿超議晦旣夜盜牛本無殺意宜減死一等（御覽七百六十三引）

廷尉上事張柱私賣餅爲蘭臺令史所見（御覽八百六十引　書鈔一百四十四引）

按以上四條皆廷尉決事佚文之可考者隨決有魏廷尉志事十卷章宗源隋經籍志考證以御覽所引卽魏廷尉決事之文考唐志刑法類廷尉決事列於漢建武律令故事之下應劭漢朝議駁之上其爲屬漢無疑而故事類別有魏廷尉決事十卷章氏蓋偶未深考

故事（附）

武帝故事

宣帝修武帝故事盛車服敬齋祠之禮（郊祀志）

宣帝循武帝故事求通達茂異士（何武傳）

宣帝時修武帝故事講論六藝羣書（王褒傳）

明帝欲遵武帝故事（竇固傳）

鴻嘉中上欲遵武帝故事（張放傳）

漢武帝故事二卷（新唐書藝文志　通鑑考異漢武故事後人爲之託班固名語多誕妄非固書）

建武永平故事

明帝善刑理法令分明日晏坐朝幽枉必達內外無倖曲之私在上無矜大之色斷獄得情號居前代十二故後之言事者莫不先建武永平之政（明帝紀論）

勅有司檢察所當禁絕如建武永平故事（順帝紀）

詔輿服申明舊令如永平故事（桓帝紀）

是時承永平故事吏政尙嚴切尙書決事率近於重（陳寵傳）

宜復建武故事（陳忠傳）

建武故事三卷永平故事二卷漢建武律令故事三卷（新唐書藝文志）

漢建武有律令故事上中下三篇皆刑法制度（唐六典）

南臺奏事

南臺奏事二十二卷（隋書經籍志）

南臺奏事之類隋人編入刑法者以隋人見其書也若不見其書卽其名以求之安得有刑法意乎唐志見其名爲奏事直以爲故事也編入故事類是之謂見名不見書（通志校讎略）

按唐志南臺奏事刑法類二十二卷故事類九卷兩類重出疑非一書

馬將軍故事

馬援條奏越律與漢律駮者十餘事與越人𤔡明舊制以約束之自後駱越奉行馬將軍故事（馬援傳）

漢律考 二

刑名考

唐律於名例之首列笞杖徒流死五刑明淸諸律因之其制始於曹魏考新律序云改漢舊律更依古義制爲五刑其死刑有三髡刑有四完刑作刑各三贖刑十一罰金六雜抵罪七凡三十七名以爲律首漢九章律出於李悝法經而法經中之具法實在第六其刑名則已詳於盜賊囚捕各法不復再於具法中重出晉志所謂六篇皆罪名之制是也唐六典謂商鞅傳法經以相秦加鑿顚抽脅鑊烹車裂之刑蓋當時刑制得以天子詔令意爲增減秦之刑名已非復李悝法經之舊漢初除秦苛法及蕭何定律其刑名仍多沿秦制如夷三族梟首腰斬棄市宮刖劓黥城旦鬼薪諸刑皆本秦制也終漢之世代有損益景帝改磔曰棄市然考之王吉云敞諸傳則磔刑未盡除也高后元年既云除夷三族罪矣而孝文元年復有盡除收帑相坐之令宜不復再用此制然考之鼂錯李陵各傳則皆以族誅東漢之末少府耿紀司直韋晃車騎將軍董承皆以謀操不克夷三族是終漢世未嘗除也文帝十三年既除肉刑矣肅宗時又詔有司絕鉆鑽諸慘酷之科按鑽者鑽去其臏骨卽臏刑也文帝定律當刖右趾者棄市而明帝贖罪詔中於死罪之下又列右趾是刖刑未盡除也景帝元年詔旣明言文帝除宮刑矣然陳忠傳則又云請除蠶室刑事皆施行而光武以後時有募下蠶室之詔考宮刑至隋開皇初始廢是終漢世未嘗除也文帝以笞代肉刑後世所頌爲仁政者然終漢之

世嘗欲議復肉刑迄於晉代此論未已蓋笞者輒死不敢復用而減死罪一等卽入髡鉗輕重無品仲長統崔寔班固陳羣諸人論之詳矣他如徙邊之制始於孝武鞭杖之設始於東漢則又本非九章律所有也作刑名考

死刑三

按漢以死刑爲重罪高帝紀五年詔云有不如吾詔者以重論之刑法志景帝元年下詔曰加笞與重罪無異注孟康曰重罪謂死刑陳寵傳漢舊事論獄報重常盡三冬之月注重死刑也又漢律令死刑凡六百一十亦見陳寵傳此漢死刑總數之尙可考者

梟首

梟謂斬其首而縣之也（陳湯傳注）

梟故塞王欣頭於櫟陽市（高帝紀）

況梟首於市（薛宣傳）

梟首洛陽都亭（竇武傳）

按秦殺嫪毒其徒二十人皆梟首是梟首本秦制

要斬

斬以鈇鉞若今要斬（周禮秋官掌戮注）

廣漢竟坐要斬（趙廣漢傳）

斫頭曰斬斬腰曰腰斬（劉熙釋名）

按要斬之罪次於梟首武帝紀丞相屈氂下獄要斬妻子梟首注鄭氏曰妻作巫蠱夫從坐但要斬也史記李斯具五刑要斬咸陽市是要斬本秦制凡斬皆裸形伏鑕張蒼傳蒼坐法當斬解衣伏質身長大肥白如瓠

棄市（磔附）

殺以刀刃若今棄市（周禮秋官掌戮注）

中二年改磔曰棄市注應劭曰先此諸死刑皆磔於市今改曰棄市自非妖逆不復磔也師古曰磔謂張其尸也

棄市殺之於市也（景帝紀）

吏民守闕告之竟坐棄市（田廣明傳）

市死曰棄市言與衆人共棄之也（劉熙釋名）

按王制刑人於市與衆棄之棄市之制其源久矣亢倉子楚平王棄左右近習於市史記昭襄王五十二年河東守王稽坐與諸侯通棄市注秦法論死於市謂之棄市始皇制天下藏詩書及偶語棄市漢蓋沿秦制也景帝改磔爲棄市然云敞傳王莽殺宇誅滅衛氏謀所聯及死者百餘人吳章坐要斬磔尸東門市王吉傳凡殺人皆磔屍車上隨其罪目宣示屬縣是磔仍未盡廢考二世時十公主矺死於杜是磔亦秦制也（索隱矺與

磔同古今字異）

肉刑三

今法有肉刑三注孟康曰黥劓二刖左右趾合一凡三也（刑法志）

漢法肉刑三謂黥也劓也左右趾也文帝除之當黥者城旦舂當劓者笞三百當左右趾者笞五百（郎顗傳）

按文帝除肉刑後世頗爲仁政然當時論者頗非之今詳列於下以備參考班固刑法志論曰今漢承衰周暴秦極敝之流俗已薄於三代而行堯舜之刑是猶以鞿而御悍突違救時之宜矣且除肉刑本欲以全民也今去髡鉗一等轉而入於大辟以死罔民失本惠矣故死者歲以萬數刑重之所致也至於穿窬之盜忿怒傷人男女淫泆吏爲姦臧若此之惡髡鉗之罰又不足以懲也故刑者歲十萬數民旣不畏又曾不恥刑輕之所生也崔寔傳引政論云文帝雖除肉刑當劓者笞三百當斬左趾者笞五百當斬右趾者棄市右趾者旣殞其命笞撻者往往至死雖有輕刑之名其實殺也當此之時民皆思復肉刑以此言之文帝乃重刑非輕之也意林引物理論云漢太宗除肉刑匹夫之仁也非天下之仁也不忍殘人之肢體而忍殺人蓋當時之論如此至於漢末復肉刑之說漸盛荀悅申鑒肉刑古也或曰復之乎曰古者人民盛焉今也至寡整衆以威撫寡以寬道也復刑非務必也生刑而極死者復之可也自古肉刑之除也斬右趾者死也惟復肉刑是謂生死而息民孔融傳論者多欲復肉刑融乃建議曰被刑之人慮不生全志在思死類多趨惡莫復歸正夙沙亂齊伊戾禍宋趙高英布爲世大患不能

止人遂爲非也適足絕人還吾善耳雖忠如鬻拳信如卞和智如孫臏冤如巷伯才如史遷達如子政一罹刀鋸沒世不齒故明德之君遠度深惟棄短就長不苟革其政者也朝廷善之卒不改焉魏志陳羣傳太祖議復肉刑羣對曰臣父紀以爲漢除肉刑而增加笞本與仁惻而死者更衆所謂名輕而實重者也名輕則易犯實重則傷民且殺人償死合於古制至於傷人或殘毀其體而裁翦毛髮非其理也若用古刑使淫者下蠶室盜者刖其足則永無淫放穿窬之姦矣夫三千之屬雖未可悉復若斯數者時之所患宜先施用漢律所殺殊死之罪仁所不及也其餘逮死者可易以肉刑如此則所刑之與所生足以相貿矣今以笞死之法易不殺之刑是重人肢體而輕人軀命也時鍾繇與衆議同王朗及議者多以爲未可行太祖深善繇言以軍事未罷顧衆議故且罷鍾繇傳繇以爲古之肉刑更歷聖人宜復施行以代死刑議者以爲非悅民之道遂寢馬端臨文獻通考論之曰自孝文立法以笞代劓刖而笞數太多反以殺人後雖減笞數定箠令然笞者猶不免於死於是遂以笞爲死刑其不當死者則幷不復笞之如孝章以來屢有寬刑之詔俱言減死一等者勿笞徙邊蓋懼其笞則必至於死也然鬬狠傷人與姦盜不法之徒若抵以死則太酷免死而止於髡鉗則裁翦其毛髮而略不罹箠楚之毒又太輕矣則曷若斟酌笞數使其可以懲姦而毋至於殺人乃合中道而肉刑固不必議復矣

又按論衡謝短篇云今九章象刑非肉刑也言毒篇云方今象刑象刑重者髡鉗之法也意者文帝廢肉刑之後改稱象刑歟考荀子正論篇云治古無肉刑而有象刑墨黥慅嬰共艾畢菲對屨殺赭衣而不純初學記引白虎

通五帝畫象者其服象五刑也犯墨者蒙巾犯劓者赭其衣犯臏者以墨幪其臏處而畫之犯宮者履屝犯大辟者布衣無領又見尙書大傳及通典引孝經緯漢人解象刑大都如是文帝雖除肉刑以笞代之改稱象刑非其義也王充生漢末其言必有所本姑錄以備考

又按王棠知新錄云孝文詔謂有肉刑三而注家謂黥劓斬止三事但詔中斷支體是指斬止劓刻肌膚是指黥終身不息是指宮刑只不言大辟當是肉刑四何以言肉刑三也考鼂錯傳除去陰刑注張晏曰宮刑也沈氏刑制分考云文帝除肉刑在十三年錯對策在十五年肉刑不用除去陰刑分爲二事似文帝之除肉刑與除宮刑非一時事此說極確蓋必宮刑已廢故曰肉刑三耳梁玉繩史記志疑以劓刖宮爲三肉刑謂黥刑至輕不應數之尤臆斷不足信

宮

漢除肉刑宮刑猶在（尙書呂刑正義）

宮者丈夫割其勢女子閉於宮中今宦男女也（周禮秋官司刑注）

宮者女子淫執置宮中不得出也丈夫淫割去其勢也（白虎通）

蠶室謂腐刑也凡養蠶者欲其溫而早成故爲密室畜火以置之而新腐刑亦有中風之患須入密室乃得以全因呼爲蠶室耳（張安世傳注）

按尚書呂刑宮辟疑赦注宮淫刑也男子割勢女子幽閉馬國翰目耕帖載椓竅之法用木槌擊婦人胸腹卽有一物墜而掩閉其牝戶只能溺便而人道永廢矣是幽閉之說也其解幽閉與古說不同姑錄之以廣異聞

文帝除肉刑而宮不易注張斐曰以淫亂人族類故不易之（史記文帝紀注引崔浩漢律序）

按景帝元年詔孝文皇帝除宮刑出美人重絕人之世也史記宮刑作肉刑據下重絕人之世云云宮字不誤是宮刑文帝已除之矣然考之各傳如李延年傳當坐腐刑周嘉傳高祖父燕當下蠶室陳忠傳忠請除蠶室刑旣云文帝除之矣何又有坐此罪者又有請除此刑者意者除之未久而復歟果爾則漢肉刑當有四也

死罪欲腐者許之（景帝紀）

按宮卽呂刑之椓始於有苗周時公族無刑宮史記集解引三輔故事云始皇時隱宮之徒至七十二萬是宮刑其來已久尚書呂刑注宮次死之刑也司馬遷報任少卿書其次鬄毛髮嬰金鐵受辱謂髡刑也其次毀肌膚斷支體受辱謂肉刑也最下腐刑極矣謂宮刑也是宮刑本爲次死之罪自景帝立此令後至武帝時司馬遷以李陵降匈奴張安世兄賀以衞太子賓客皆下蠶室光武二十八年三十一年詔死罪繫囚皆一切募下蠶室女子宮明帝永平八年詔大逆無道殊死者一切募下蠶室章帝建初七年元和元年章和元年詔犯殊死一切募下蠶室其女子宮和帝永元八年詔犯大逆募下蠶室女子宮終漢之世時以宮刑代死罪皆沿景帝定制也

刖右趾　文帝時廢當斬右趾者棄市

趾足也當斬右足者以其罪次重故從棄市（刑法志注）

右趾謂刖其右足（明帝紀注）

繇言於明帝曰宜如孝景之令當棄市欲斬右趾者許之（魏志鍾繇傳）

按明帝永平十五年詔贖死罪縑四十匹右趾髡鉗城旦舂十匹完城旦至司寇五匹章帝建初七年章和元年詔均列右趾罪名然漢書不載景帝有此令繇生於漢季其言當有所本舊唐書刑法志戴冑魏徵言舊律令重於是議絞刑之屬五十條免死罪斷其右趾應死者多蒙全活太宗尋又愍其受刑之苦謂侍臣曰前代不行肉刑久矣今忽斷人右趾意甚不忍諫議大夫王珪對曰古行肉刑以爲輕罪今陛下矜死刑之多設斷趾之法格本合死今而獲生刑者幸得全命豈憚去其一足且人之見者甚足懲誡上曰本以爲寬故行之然每聞惻愴不能忘懷又謂蕭瑀陳叔達等曰朕以死者不可再生思有矜愍故簡死罪五十條從斷右趾朕復念其受痛極所不忍叔達等咸曰古之肉刑乃在死刑之外陛下於死刑之內改從斷趾便是以生易死足爲寬法上曰朕意以爲如此故欲行之又有上書言此非便公可更思之其後蜀王法曹參軍裴弘獻又駁律令不便於時者四十餘事太宗令參掌刪改之弘獻於是與玄齡等建議以爲古者五刑刖居其一及肉刑廢制爲死流徒杖笞凡五等以備五刑今復設刖足是爲六刑減死在於寬弘加刑又加煩峻乃與八座定議奏聞

於是又除斷趾法改爲加役流三千里居作二年

又按周禮刖罪五百左傳刖強鉏家語季羔爲衛士師刖人之足刖蓋本周制韓非子楚人和氏得玉璞楚山中獻之厲王王以和爲誑而刖其左足武王即位和又奉其璞而獻之武王王又以和爲誑而刖其右足是刖有左右足之別在六國時已如此

刖左趾　文帝時廢當斬左趾者笞五百　景帝元年減爲三百六年又減爲二百

按漢時尚有以釱左右趾代刖之制食貨志私鑄鐵器鬻鹽者釱左趾刑法志注臣瓚曰文帝除肉刑皆有以易之故以完易髡以笞易劓以釱左右趾易刖史記平準書釱左趾注釱踏脚鉗張斐漢晉律序云狀如跟衣著足下重六斤以代刖考光武帝紀注引蒼頡篇云鉗釱也前書音義釱足鉗也朱穆傳臣願黥首繫趾注繫趾謂釱其足也以鐵著足曰釱陳萬年傳注釱在足以鐵爲之魏武帝定甲子科犯釱左右趾者易以斗械是時乏鐵故易以木事見晉志

笞者箠長五尺其本大一寸其竹也末薄半寸皆平其節當笞者笞臀毋得更人畢一罪乃更人注如淳曰然則先時笞背也（刑法志）

漢時笞則用竹今時則用楚（唐律疏義）

按御覽引楚漢春秋曰上敗彭城降人丁固追上被而顧曰丁公何相逼之甚乃迴馬而去上即位欲陳功上

曰使項氏失天下是子也爲人臣用兩心非忠也使下吏笞殺之是漢初已用笞不始於文帝史記范雎傳魏齊使舍人笞擊雎折脅摺齒張儀傳楚相亡璧意疑盜執掠笞數百則六國時已常用之唐六典注載晉時刑制有髡鉗五歲刑笞二百以笞附入髡鉗梁律同之隋志載北齊律刑有五歲四歲三歲二歲一歲之差各加鞭一百其五歲者又加笞八十四歲者六十三歲四十二歲者二十惟一歲者無笞則以笞附入五歲以下二歲以上諸刑後周以笞附加於徒刑其以笞爲五刑之一自隋開皇律始唐因之沿宋明清不改然漢文以笞易肉刑則笞爲獨立刑名同於隋制惟終漢之世恆視笞爲死刑不輕用之橋玄傳時上邽令皇甫禎有臧罪玄收考髡笞死於冀市一境皆震襄楷傳注引謝承後書岑晊捕子禁笞殺之此可爲笞易致死之證其見於漢書各傳者僅耿夔傳元初元年坐徵下獄以減死論笞二百他不概見蓋執法者苟非欲抵之於死恆不行笞而孝章以後且時有勿笞之令是則漢雖有笞刑仍不常用也景帝減笞爲二百然以他書考之則中葉以後此令漸弛東觀漢記郅惲傳芒守丞韓龔受大盜丁仲錢阿擁之加笞八百不死御覽引益部耆舊傳杜眞兄事同郡翟酺酺後被繫獄眞上檄章救酺繫獄笞六百竟免酺難此犯笞之所以恆致死也唐律疏義今律之累決笞杖者不得過二百蓋循漢制

剕

文帝時廢當剕者笞三百景帝元年減爲二百中六年又減一百

按周禮剕罪五百楚策王使剕之毋使逆命御覽引楚漢春秋王疆數言事有告之者下廷尉剕漢初蓋沿舊

制迄文帝而廢

黥　文帝時廢當黥者髡鉗爲城旦舂

按史記太子犯法衛鞅黥其師公孫賈黥布秦時爲布衣及壯坐黥漢蓋沿秦制御覽引晉令奴婢亡黥兩眼梁書除黥面之刑宋史刑法志竊盜滿七貫者決杖黥面隸牢城文帝雖廢黥而六朝以後仍相沿用之特不列爲刑名耳

髡刑　五歲刑　髡鉗城旦舂

男髡鉗爲城旦女爲舂皆作五歲（漢舊儀）

淩爲長遇事髡刑五歲當道掃除（魏志王淩傳注）

鉗以鐵束頸也（高祖紀注）

鉗在頸以鐵爲之（陳萬年傳注）

以鐵錔頭曰鉗錔足曰釱鬄髮曰髡（急就篇顏注）

城旦輕刑之名也晝日伺寇虜夜暮築長城故曰城旦（韓稜傳注）

按刑法志穿窬之盜忿怒傷人男女淫泆吏爲姦臧若此之惡髡鉗之罰又不足以懲云云是漢時此等罪名皆處五歲刑也書鈔四十五引風俗通云秦始皇遣蒙恬築長城徒士犯罪止依鮮卑山後遂繁悉令皆髡頭衣赭

史記始皇本紀燒詩書百家語令下三十日不燒黥爲城旦是髠與城旦皆秦制也周禮司厲女子入於舂稾舂

蓋本周制晉志載魏髠刑凡四等漢無考

又按當時定制減死一等卽入髠鉗仲長統傳肉刑之廢輕重無品下死則得髠鉗下髠鉗則得鞭笞注下猶減

也王吉傳惟吉以忠直數諫得減死髠爲城旦鮑宣傳遂抵宣罪減死一等髠鉗何並傳爲弟請一等之罪願蚤

就髠鉗注如淳曰減死罪一等蔡邕傳有詔減死一等與家屬髠鉗徙朔方馬端臨文獻通考論之曰當時死刑

至多而生刑反少髠鉗本以代墨乃刑之至輕者然減死一等卽止於髠鉗加一等卽入於死而笞箠所以代刵

劓者不聞施用矣

完刑　四歲刑　完城旦舂

完四歲（漢舊儀）

諸當完者完爲城旦舂（刑法志）

應劭曰城旦者旦起行治城舂者婦人不豫外徭但舂作米皆四歲刑孟康曰完不加肉刑髠鬄也（惠帝紀注）

按完者完其髮也謂去其鬢而完其髮故謂之完見說文段注文選王粲詩許歷爲完士一言猶敗秦則六國時

已有此制不始於漢史記索隱云漢令完而不髠曰耐是完士未免從軍也晉志魏完刑凡三等漢無考

作刑三

按酈參傳坐法輸作若盧楊秉傳秉竟坐輸作左校晉志載魏律有作刑三蓋沿漢制

三歲刑　鬼薪　白粲

鬼薪者男當爲祠祀鬼神伐山之薪蒸也女爲白粲者以爲祠祀擇米也皆作三歲（漢舊儀）

應劭曰取薪給宗廟爲鬼薪坐擇米使正白爲白粲皆三歲刑（惠帝紀注）

鬼薪白粲皆三歲刑也男子爲鬼薪取薪以給宗廟女子爲白粲使擇米白粲粲然（宣帝紀注）

斬伐材木斫株根注言徒役之人給此事也（急就篇）

按史記秦皇本紀嫪毒作亂討誅之其徒皆梟首車裂輕者爲鬼薪是鬼薪本秦制也

二歲刑　司寇作

司寇男備守女爲作如司寇皆作二歲（漢舊儀）

滿二歲爲司寇（刑法志）

司寇二歲刑輸作司寇因以名焉（張晧傳注）

司寇刑名也前書曰司寇二歲刑（魯丕傳注）

鬼薪白粲已上皆減本罪各一等輸司寇作（章帝紀）

按周壽昌漢書注校補云司寇始見尚書洪範三八政六曰司寇箕子陳禹九疇而稱司寇則夏制也禮記曲

禮天子之五官曰司寇鄭注此殷時制也而尤莫詳於周尙書司寇掌邦禁春秋左傳康叔爲司寇周禮秋官大司寇小司寇皆是也至秦廢周制不稱司寇名大李（李一作理）一名廷尉漢承秦制有廷尉無司寇司寇是罪名非官名

又按漢制四歲刑至二歲刑統稱爲耐罪史記淮南王安傳注蘇林曰二歲以上爲耐耐能任其罪觀功臣表朝陽侯華當耏爲鬼薪深澤侯趙修有罪耏爲司寇可證也耐或作耏說文耏字下段注云耐之罪輕於髡髡者鬀髮也不鬀其髮僅去須鬢是曰耐亦曰完謂之完者言完其髮也高帝紀注應劭曰輕罪不至於髡完其耏鬢故曰耏古耐字從彡髮膚之意也杜林以爲法度之字皆從寸後改如是如淳曰耐猶任也任其事也禮記禮運注耐古能字疏古者犯罪以髡其鬢謂之耐罪故字從寸寸爲法也不虧刑體猶堪其事故謂之耐陳寵傳耐罪千六百九十八此漢時耐罪總數之尙可考者唐六典載晉刑制二歲刑以上爲耐罪則晉時猶沿此制

一歲刑　罰作（隸臣附）復作（隸妾附）

男爲戍罰作女爲復作皆一歲（漢舊儀）

任之以事若今時罰作（周禮秋官司圜注）

蘇林曰一歲爲罰作（史記淮南王安傳注）

雲中守魏尙削爵罰作之（史記馮唐傳）

非阻寶貨民罰作一歲（食貨志）

李奇曰復作者女徒也謂輕罪男子守邊一歲女子軟弱不任守復令作於官亦一歲故謂之復作徒也（宣帝紀注）

戚圉侯季信坐爲太常縱丞相侵神道爲隸臣注師古曰刑法志一歲爲臣妾然則男子爲隸臣女爲隸妾也（功臣表）

鹵侯張勝孝文四年有罪爲隸臣（同上）

按功臣表武陽侯蕭勝坐不齋耐爲隸臣襄城侯韓釋之坐詐疾不從耐爲隸臣漢制二歲以上爲耐蓋隸臣妾有一歲二歲兩種故表以耐字別之周禮司厲男子入於罪隸左傳斐豹隸也著於丹書注豹犯罪沒爲官奴隸蓋本周制又按漢時輸作之制有可考者急就篇輸屬詔作谿谷山注云輸屬言配入其處也詔敕別有作輸作配於谿谷及山徒之役也箛篍起居課後先注云箛吹鞭也篍吹箭也起居謂晨起夜臥及休食時也言督作之司吹鞭及竹箭爲起居之節度又校其程課先者免罰後者懲責也漢輸作之制蓋如此

又按藝文類聚四引魏武帝明罰令犯者家長半歲刑主吏百日刑御覽五百九十八引廷尉決事冒名渡津廷尉平裴諒議趙禮一歲半刑張策半歲刑是此外尙有一歲半刑半歲刑百日刑三種疑係當時加減之例

今不可考

贖刑

古之贖罪皆用銅漢始改用黃金但少其斤兩令與銅相敵（尙書舜典正義）

贖死金二斤八兩（淮南王安傳）

按晉志載魏贖刑凡十一等晉贖刑金等不過四兩贖死金二斤據此知與晉相差八兩他不可考唐律絞斬贖銅一百二十斤

今律令贖罪以下二千六百八十一（陳寵傳）

按舜典金作贖刑呂刑罰鍰國語管仲制重罪贖以犀甲輕罪贖以鞼盾是贖刑其來已久漢初承秦苛法之餘未有贖罪之制惠帝紀民有爵得買爵三十級以免死罪應劭注一級直錢二千凡爲六萬是爲漢用贖罪之始貢禹傳孝文皇帝時亡贖罪之法故令行禁止武帝始臨天下使犯法者贖罪武帝紀太始二年募死罪入贖錢五十萬減死然是皆偶一行之不爲永制蕭望之傳京兆尹張敞上書願令諸有罪非盜受財殺人及犯法不得赦者皆以差入穀此八郡贖罪事下有司望之以爲如此則富者得生貧者獨死是貧富異刑而法不一聞天漢四年常使死罪入五十萬錢減死罪一等豪強吏民請託假貸至爲盜賊以贖罪此使死罪贖之敗也遂不施敞議是武帝之制至宣帝時已不行也贖罪之行蓋盛於東漢明帝即位詔天下亡命殊死以下

聽得贖論死罪入縑二十匹右趾至髡鉗城旦舂十匹完城旦舂至司寇作三匹永平十五年改贖死罪縑四十匹完城旦至司寇五匹十八年又改贖死罪縑三十匹章帝建初七年詔亡命贖死罪縑二十匹與明帝即位時詔同和帝安帝順帝桓帝靈帝俱有贖罪之令自是遂爲定制

罰金

無爵罰金二斤（景帝紀）

釋之奏此人犯蹕當罰金（張釋之傳）

如淳引令甲諸侯在國名田他縣罰金二兩（哀帝紀注）

按晉志載魏罰金凡六等唐六典載晉罰金有十二兩八兩四兩二兩一兩五等漢無考魏志鮑勛傳有依律罰金二斤之語時尚承用漢律知律固有罰金之條也

奪爵

奪爵爲士伍免之注師古曰謂奪其爵令爲士伍又免其官職卽今律所謂除名也謂之士伍者言從士卒之伍也（景帝紀）

依律有奪爵之法（藝文類聚五十一引王粲爵論）

按史記秦本紀武安君有罪爲士伍注如淳曰嘗有爵而以罪奪之謂之士伍漢舊儀云秦制二十爵男子賜爵

一級以上有罪以減年五十六免無爵爲士伍年六十乃免老有罪各盡其刑漢蓋沿秦制

除名

按陳書沈洙傳引漢律有死罪及除名罪證明白云云知律有此條考晉志載魏罰金之下有雜抵罪七晉律同奪爵除名疑皆雜抵罪之類附於罰金之後唐六典載晉以贖刑罰金雜抵罪三者爲贖罪陳寵傳有贖罪以下云云疑漢制當與晉同

以上所列刑名其先後一依魏晉之例蓋漢初襲用秦制及文帝除肉刑其刑名已非復九章之舊景帝以後代有損益且九章沿秦法經不載刑名魏始集罪例以爲刑名冠於律首故多沿漢制本篇即依之以爲次第其爲漢制所有而不敢以意爲先後者別爲附錄列於下方

夷三族

昔高祖令蕭何作九章之律有夷三族之令（崔寔傳）

當三族者皆先黥劓斬左右趾笞殺之梟其首菹其骨肉於市其誹謗詈詛者又先斷舌故謂之具五刑彭越韓信之屬皆受此誅至高后元年乃除三族罪其後新垣平爲逆復行三族之誅（刑法志）

溫舒受員騎錢他姦利事罪至族自殺其時兩弟及兩婚家亦各自坐他罪而族光祿勳徐自爲曰悲夫夫古有三族而王溫舒罪至同時而五族乎（王溫舒傳）

漢族誅之法每輕用之袁盎陷鼂錯但云方今計獨有斬錯耳景帝使丞相以下劾奏遂至父母妻子同產無少長皆棄市主父偃陷齊王於死武帝欲勿誅公孫弘爭之遂族偃郭解客殺人吏奏解無罪公孫大夫議欲族解且偃解二人本不死因議者之言殺之足矣何遽至族乎用刑之濫如此（容齋隨筆）

按史記秦本紀文公二十年初有夷三族之罪楊終傳秦政酷烈一人有罪延及三族是夷三族本秦制也解三族有二說張晏注父母兄弟妻子也如淳曰父族母族妻族也考刑法志孝文元年詔丞相大尉御史今犯法者已論而使無罪之父母妻子同產坐之及收朕甚勿取李陵傳於是族陵家母弟妻子皆伏誅據此是三族者即父母妻子同產也如淳說非仲尼燕居三族注父子孫也儀禮士昏禮注三族謂父昆弟己昆弟子昆弟鄭說三族亦如此後書肅宗紀元和元年詔曰一人犯罪禁至三屬賢注即三族也謂父族母族妻族蓋承如淳之謬杜氏漢律輯證嘗辨之

徙邊

永平八年募郡國中都官死罪繫囚減死一等勿笞詣度遼將軍營屯朔方五原之邊縣妻子自隨便占著邊縣父母同產欲相代者恣聽之（明帝紀）

按永平十六年章帝建初七年和帝永元八年安帝元初二年及沖帝桓帝時俱有徙邊之令

章和元年赦天下繫囚減死罪一等勿笞詣金城而文不及亡命未發覺者躬上封事言死罪已下並蒙更生而亡

命捕得獨不沾澤臣以爲赦前犯死罪而繫在赦後者可皆勿笞詣金城以全人命有益於邊肅宗從之（郭躬傳）

湯前有討郅支單于功其免湯爲庶人徙邊（陳湯傳）

球送洛陽獄誅死妻子徙邊（陽球傳）

漢武時啓河右四郡議諸疑罪而謫徙之（魏書刑罰志）

蔡邕徙朔方報楊復書云昔此徙者故城門校尉梁伯喜南郡太守馬季長或至三歲近者歲餘多得旅返（書鈔卷四十五）

馬融爲南郡太守坐忤大將軍梁冀竟髡徙朔方（御覽六百四十引三輔決錄）

按史記始皇本紀發諸嘗逋亡人贅壻賈人略取陸梁地爲桂林象郡南海以適遣戍司馬遷報任安書云不韋遷蜀世傳呂覽則遷徙亦秦制也

督

坐養皇曾孫不謹督笞（丙吉傳）

論罪輸掌畜官使斫莝責以員程不得取代不中程輒笞督（尹翁歸傳）

按師古注督謂視察之吳仁傑兩漢刊誤補遺云督爲決罰之名由漢以來用之梁陳猶爾也唐因隋舊凡督罰鞭杖之制并廢不用顏氏有不及知故言督以察視爲義說文督裻二文同篇音督察也裻擊物也蓋古字少故

以督爲殺據此知師古注誤沈欽韓漢書疏證亦嘗辨之

鞭杖

興平元年帝使侯汶出太倉米豆爲飢人作糜粥經日而死者無數帝疑賦卹有虛親於御坐前量試乃知非實於是尙書令以下皆詣省闕謝奏收侯汶考實詔曰不忍致汶於理可杖五十（獻帝紀）

明帝性褊察好以耳目隱發爲明又引杖撞郎朝廷竦慄（循吏傳注）

是時大司農劉據以職事被譴召詣尙書傳呼促步又加以捶撲雄上言九卿位亞三事班在大臣行有佩玉之節動有庠序之儀孝明皇帝始有撲罰皆非古典帝從而改之其後九卿無復捶撲者（左雄傳）

丁邯字叔春選邯爲郎託疾不就詔問實病否耶對曰實不病恥以孝廉爲令史職耳世祖怒曰虎賁滅頭杖之數十（書鈔四十五引三輔決錄）

明帝勤於吏事苛察愈甚或於殿前鞭殺尙書郎（御覽六百四十九引漢晉春秋）

郎有杖起自後漢爾時郎官位卑親主文案與令史不異是以古人多恥爲此職（南史蕭琛傳）

按尙書鞭作官刑左傳鞭徒人費鞭師曹三百其源甚古漢有鞭杖始於世祖然亦僅施之郎官與六朝隋唐以鞭杖列爲五刑者異蓋九章原無此制也

顧山

元始元年天下女徒已論歸家顧山錢月三百注師古曰謂女徒論罪已定并放歸家不親役之但令一月出錢三百以僱人也（平帝紀）

其相傷者常加二等不得顧山贖罪（桓譚傳）

按顧山之制始於平帝原非九章律所有魏以後此制無聞矣

禁錮

元和元年詔曰一人犯罪禁至三屬莫得垂纓仕宦王朝如有賢才而没齒無用朕甚憐之非所謂與之更始也諸以前妖惡禁錮者一皆蠲除之注三屬謂父族母族及妻族（章帝紀）

免官禁錮爰及五屬注謂斬衰齊衰大功小功緦麻也（黨錮傳）

安帝初清河相叔孫光坐臧抵罪遂增錮二世釁及其子注二代謂父子俱禁錮（劉愷傳）

素所厚者皆免廢錮注師古曰終身不得仕（息夫躬傳）

建初元年大旱肅宗召昱問曰旱旣大甚將何以消復災眚對曰臣前在汝南典理楚事繫者千餘人恐未能盡當其罪宜一切還諸徙家屬蠲除禁錮帝納其言（鮑昱傳）

永初中陳忠上言解臧吏三世禁錮事皆施行（東漢會要）

按左傳成公時屈巫奔晉子反請以重幣錮之又襄三年會於商任錮欒氏也禁錮蓋本周制文帝時賈人贅壻

及吏坐贓者皆禁錮不得為吏及東漢則贓吏禁錮幷及子孫殤帝延平元年詔自建武以來諸犯禁錮詔書雖解有司持重多不奉行其皆復為平民是當時一經禁錮雖遇解放仍不得為平民也馴至黨錮禍起漢遂以亡

漢律考　三

律文考

宋王應麟作漢制考引漢律令之見於周禮鄭注及說文者凡二十餘條又著漢藝文志考證於法家增漢律漢令二種皆漢志所未著錄并雜引漢律令文以證之是爲後人考證漢律之始後沈欽韓作漢書疏證引漢律見於史漢注者凡十餘條同光間山陰汪璪氏著松煙小錄亦雜引漢律令然所徵引者許氏說文而已吳縣孫傳鳳洨民遺文所考較詳以吏戶禮兵刑工雜七者分隸之計吏律十條戶律七條禮律七條兵律三條刑律十一條工律四條雜律四條又定罪之次二條凡四十七條皆有律無令此前人引證漢律之尙可考者其輯爲專著者薛允升刑部有漢律輯存一書庚子之亂燬於火其書不傳（沈家本薛大司寇遺稿序云傳聞爲某舍人所獲祕不肯出）今所見者惟巴陵杜貴墀之漢律輯證雖徵引仍多未備且雜糅律令爲一不足豁閱者之目然考漢律者當推此爲最善本矣近人富平張鵬一有漢律類纂之作強以己意竄定律目律文識者譏之茲篇所考專以佚文爲主凡得百八十五條其體例先律目次律文次令次軍法（唐六典載晉令有軍法六篇是軍法亦令也）紀傳表志及他書有可資旁證者則各附於後唐律有明文者亦并及之或亦尋流溯源之一助云爾作律文考

劫略（盜律）

攻惡謂之略（晉書刑法志引張斐律表）

元光五年嗣侯陳何坐略人妻棄市鴻嘉三年嗣蒲侯蘇夷吾坐婢自贖爲民後略以爲婢免（功臣表）

按唐律略人在賊盜四

恐猲（盜律）

將中有惡言爲恐猲（晉書刑法志引張斐律表）

元狩三年平城侯禮坐恐猲取雞以令買償免元鼎三年嗣葛魁侯戚坐縛家吏恐猲受賕棄市師古注猲以威力脅人也賕枉法以財相謝鴻嘉三年嗣侯德天坐恐猲國人受賕臧五百以上免建昭四年籍陽侯顯坐恐猲國民取財物免（王子侯表）

按唐律恐猲取人財物在賊盜三

和賣買人（盜律）

建武二年詔民有嫁妻賣子欲歸父母者恣聽之敢拘執者論如律建武七年詔吏人遭饑亂及爲青徐賊所略爲奴婢下妻欲去留者恣聽之敢拘制不還以賣人法從事（光武紀）

按通典卷一百六十七載後魏律掠人和賣爲奴婢者死又賣子一歲刑五服內親屬在尊長者死賣周親及妾與子婦者流唐律略賣人和同相賣俱在賊盜四

受所監受財枉法（盜律）

吏坐受賕枉法（刑法志）

賕以財物枉法相謝也（說文貝部）

受賕枉法忿怒仇注以財求事曰賕言受人財者枉曲正法忿怒良直反爲仇讎也（急就篇）

事曲則諂意以行賕（潛夫論）

按唐律監主受財枉法在職制二

勃辱強賊（盜律）

還贓畀主（盜律）

按唐名例律取與不和若乞索之贓并還主又諸以贓入罪正贓見在者還官主疏議云官物還官私物還主

欺謾（賊律）

違忠欺上謂之謾（晉書刑法志引張斐律表）

黃龍元年詔上計簿具文而已務爲欺謾以避其課御史察簿疑非實者按之（宣帝紀）

欺謾半言斷頭矣（朱博傳）

宏奏隆前奉使欺謾（杜延年傳）

朕數問君君對輒不如其實九卿以下同時陷於謾欺之罪（薛宣傳）

甘露四年新利侯偃坐上書謾免涉侯緡坐上書謾耐爲鬼薪（王子侯表）

衆利侯郝賢元狩二年坐爲上谷太守入戍卒財物計謾免注師古曰上財物之計簿而欺謾不實（功臣表）

> 按唐律對制上書不以實在詐僞

詐僞（賊律）

背信藏巧謂之詐（晉書刑法志引張斐律表）

詐僞律者魏分賊律爲之歷代相因迄今不改（唐律疏義）

踰封（賊律）

> 按李悝法經雜法有踰制見晉志

矯制（賊律）

詐稱曰矯（公羊何注）

漢家之法有矯制師古注漢家之法擅矯詔命雖有功勞不加賞也（馮奉世傳）

請歸節伏矯制罪（汲黯傳）

石顯匡衡以爲延壽湯擅興師矯制幸得不誅如復加爵土則後奉使者爭欲乘危徼幸生事於蠻夷（陳湯傳）

自劾矯制（孫寶傳）

賊伐樹木（賊律）

漢時界上有封樹（周禮地官封人疏）

殺傷人畜產（賊律）

按唐律盜官私牛馬殺在賊盜三

諸亡印（賊律）

夕陽侯邢崇孫之爲賊所盜亡印綬國除（東觀漢記）

按唐律亡失符印求訪在雜律二

儲峙不辦（賊律）

設儲偫注師古曰謂豫備器物也（孫寶傳）

但以言語及犯宗廟園陵（賊律）

按唐律指斥乘輿在職制二盜園陵內草木在賊盜三

詐僞生死（囚律）

按唐律詐病死傷不實在詐僞

告劾（囚律）

如今劾矣疏劾實也（周禮秋官鄉士注）

漢世斷獄謂之劾（尙書呂刑正義　又見左傳疏）

吏因責如章告劾（杜周傳）

誅罰詐僞劾罪人顏注劾舉案之也（急就篇）

按晉志云魏分漢囚律爲告劾律

傳覆（囚律）

張晏曰傳考證驗也爰書自證不如此言反受其罪訊考三日復問之知與前辭同否也（史記張湯傳注）

繫囚（囚律）

鞫獄（囚律）

按唐律依告狀鞫獄在斷獄一

斷獄（囚律）

斷獄律之名起自於魏魏分李悝囚法而出此篇至北齊與捕律相合更名捕斷律至後周復爲斷獄律釋名云獄者确也以實囚情咎繇造獄夏曰夏臺殷名羑里周曰圜土秦曰囹圄漢以來名獄（唐律疏義）

假借不廉（雜律）

永平時諸侯負責輒有削絀之罰其後皆不敢負民（潛夫論）

孝文三年嗣侯陳信坐不償人債過六月免（功臣表）

元狩二年嗣侯田祖坐當歸軹侯宅不與免（恩澤侯表）

按唐律負債違契不償在雜律一

又按寄簃文存云李悝雜律爲輕狡越城博戲假借不廉淫侈踰制漢賊律之踰封矯制卽雜律之踰制此與李悝不同其餘假借不廉仍在雜律則輕狡越城博戲淫侈四者亦當與李悝同今唐律惟越州鎭戍等城垣在衞禁餘如博戲賭財物及諸姦罪固仍在雜律也

出賣呈（具律）

按寄簃文存云未詳其義

上獄（興律）

擅興徭役（興律）

元康元年江陽侯仁坐役使附落免注師古曰有聚落來附者輒役使之非法制也（王子侯表）

元鼎五年陽平侯杜相爲太常坐擅徭太樂令論注師古曰擅役使人也（百官公卿表）

按唐擅興律有私使丁夫雜匠

乏徭稽留（興律）

按唐律征人稽留丁夫雜匠稽留均在擅興

烽燧（興律）

按唐律烽候不警在衞禁二

告反逮受（廏律）

元康四年詔師古注誣告人及殺傷人皆如舊法（宣帝紀）

酺等奏愔職在匡正而所爲不端遂誣告其王罔以不道皆誅死（陳敬王傳）

趙牧誣奏恭祠祀惡言大逆不道恭上書自訟朝廷令考實無徵牧坐下獄會赦免死（彭城王恭傳）

荊州刺史趙凱誣奏璇實非身破賊而妄有其功璇相與章奏凱有黨助遂檻車徵璇防禁嚴密無由自訟乃噬臂出血書衣爲章具陳破賊形勢又言凱所誣狀潛令親屬詣闕通之詔書原璇拜議郎凱反受誣人之罪（楊璇傳）

按晉書載魏新律序略有囚徒誣告人反罪及親屬異於善人所以累之使省刑息誣也云云是可知漢時誣告尙不過反坐未至罪及親屬至魏時乃加重之也唐律誣告反坐在鬬訟三

乏軍之興（廏律）

汝則有乏軍興之死刑正義曰興軍征伐而有乏少謂之乏軍興（尙書費誓孔傳）

縣官徵聚物曰興今云軍興是也疏鄭舉漢法況之（周禮地官旅師注）

乏軍猥逮詷譿求注律有乏興之法謂官有所興發而輒稽留乏其事也（急就篇）

軍興而致闕乏當死刑也（章帝紀注）

坐擅斥除騎士乏軍興要斬（趙廣漢傳）

按漢制乏軍要斬見魏新律序

爲西域都護以擅發戊己校尉之兵乏興有詔贖論（段會宗傳）

成安侯韓延年元封六年坐爲太常行大行令事留外國書一月乏興入穀贖完爲城旦（功臣表）

漢黃霸爲京兆尹發騎士詣北軍以馬不適士劾乏軍興連貶秩注馬少士多（白帖）

按唐律乏軍興在擅興

上言變事（廐律）

若今時上變事擊鼓矣又若今驛馬軍書當急聞者亦擊此鼓（周禮夏官太僕注）

諸上變事皆得於縣道假軺傳詣行在所條對急政（梅福傳）

驚事告急（廐律）

按晉志魏改漢律以驚事告急別爲驚事律

以上律目凡三十一均見晉書刑法志引魏新律序此漢律目之尙可考者

行言許受財（公羊宣元年傳何注引律　由律行言許受賂也　公羊宣十年傳疏引漢律似若漢律行言許受財之類）

諸爲人請求於吏以枉法而事已行爲聽行者皆爲司寇（恩澤侯表注如淳引律）

平丘侯王遷地節二年坐平尙書聽請受臧六百萬自殺注師古曰有人私請求而聽受之（恩澤侯表）

嗣沈猷侯受元狩五年坐爲宗正聽不具宗室耐爲司寇注師古曰受爲宗正人有私請求者聽之故於宗室之中事有不具而受獲罪（王子侯表）

孝文十三年嗣汾陰侯周意坐行賕髡爲城旦武帝建元六年嗣樂平侯衞侈坐買田宅不法有請賕吏死（功臣表）

臨汝侯灌賢元朔五年坐行賕罪國除（史記功臣表）

按呂刑惟來釋文馬本作求云有請賕也惠定宇曰漢律有受賕之條卽書所云惟貨也又有聽請之條卽書所云惟求也是漢律蓋本周制魏於漢盜律中分出別爲請賕律見晉志唐諸律有所請求者笞五十已施行者各杖一百在職制二

主守而盜直十金棄市（陳萬年傳注如淳引律）

師古曰依當時律條臧直十金則至重罪孟康曰法有主守盜斷官錢自入己也（薛宣傳注）

爲左馮翊部督郵掾趙都案池陽令都得其主守盜十金罪收捕（馮野王傳）

宛令劉立以主守盜十金賊殺不辜南陽太守翟義部掾夏恢等收縛立傳送鄧獄（翟義傳）

劾奏衡監臨盜所主守直十金以上上可其奏勿治丞相免爲庶人（匡衡傳）

主守盜三千萬不道自殺（田延年傳）

按史記平準書注秦以一鎰爲一金漢以一斤爲一金如淳曰黃金一斤直錢萬惠帝紀注鄭氏曰凡言黃金眞金也不言黃謂錢也劉攽曰諸書言若干金則一金萬錢唐律監臨主守自盜加凡盜二等三十匹絞在賊盜三

敢有盜郊祀宗廟之物無多少皆死（尙書微子正義引漢魏律）

盜宗廟服御物者爲奏奏當棄市（史記張釋之傳引律）

按漢書張釋之傳不云引律與史記異

敢盜乘輿服御物（史記呂后本紀集解蔡邕引律　蔡邕獨斷引律同）

按唐律盜大祀神御物在賊盜三

大逆無道要斬（晉書刑法志引漢賊律）

大逆不道父母妻子同產皆棄市（景帝紀注如淳引律）

大逆無道錯當要斬父母妻子同產無少長皆棄市（鼂錯傳）

王前犯大逆罪惡尤深經有正義律有明刑注前書曰大逆無道父母妻子同產無少長皆斬（阜陵質王延傳）

參姊中山太后陷以祝詛大逆之罪參以同產當相坐（馮參傳）

按晉志魏改漢賊律大逆無道家屬從坐不及祖父母孫是漢時從坐幷及祖父母孫也唐律謀反大逆在賊盜

一

殺母以大逆論（通典一百六十六引律）

按唐律十惡四曰惡逆注謂毆及謀殺祖父母父母

殺不辜一家三人爲不道（翟方進傳注如淳引律）

凡殺無辜十六人至一家母子三人逆節絕理當伏顯戮（廣川惠王傳）

按唐律十惡五曰不道注謂殺一家非死罪三人及支解人造畜蠱毒厭魅

敢蠱人及教令者棄市（周禮秋官庶氏注鄭司農引賊律）

坐妻爲巫蠱族（公孫敖傳）

後坐巫蠱族（趙破奴傳）

按唐律造畜蠱毒在賊盜二

過失殺人不坐死（周禮秋官司刺注鄭司農引律）

按唐律諸過失殺傷人者各依其法以贖論在鬬訟三

鬬以刃傷人完爲城旦其賊加罪一等與謀者同罪（薛宣傳引律）

嗣南安侯宣千秋孝景中元年坐傷人免（功臣表）

南利侯昌地節二年坐賊殺人免（王子侯表）

彰子普坐鬬殺游徼會赦國除（東觀漢記馮彰傳）

按唐律鬬故殺用兵刃在鬬訟一

疻痏（薛宣傳注應劭引律　以杖手毆擊人剝其皮膚腫起靑黑而無創瘢者律謂疻痏）

傳曰遇人不以義而見疻者與痏人之罪鈞惡不直也（薛宣傳）

疻毆傷也痏病也（說文　王氏句讀依文選注引改病爲瘢字）

毆人皮膚腫起者曰疻毆傷曰痏（急就篇顏注）

按張衡西京賦所惡成瘡痏李善注瘡痏謂瘢痕與應說無瘡瘢者異見漢書注校補唐律鬬毆手足他物傷在鬬訟一

無故入人室宅廬舍上人車船牽引人欲犯法者其時格殺之無罪（周禮秋官朝士疏引鄭司農舉漢賊律）

按唐律夜無故入人家在賊盜三

撟詔大害要斬有撟詔害撟詔不害（功臣表注如淳引律）

乃劾嬰矯先帝詔害當棄市（灌夫傳）

元鼎中博士徐偃使行風俗偃矯制使膠東魯國鼓鑄鹽鐵御史大夫張湯劾偃矯詔大害法至死（終軍傳）

顯宗時有兄弟共殺人未有所歸帝以兄不訓弟報兄重而減弟死使中常侍孫章宣詔誤言兩報重尚書奏章矯詔當要斬（郭躬傳）

太初元年浩侯王恢坐使酒泉矯制害當死贖罪免（功臣表）

元鼎元年宜春侯衛伉坐矯制不害免（恩澤侯表）

按唐律疏義云有害謂當言勿原而言原之當言千匹而言十匹唐律受制忘誤在職制一詐為官文書增減在詐偽

廢格（史記淮南王安傳注崔浩引漢律　漢律所謂廢格）

雷被等廢格明詔當棄市注如淳曰謂被閣不行（史記淮南王安傳）

楊可方受告緡縱以為此亂民部吏捕其為可使者天子聞使杜式治以為廢格沮事棄縱市（義縱傳）

於是見知之法生而廢格沮誹窮治之獄用矣注如淳曰廢格天子文法使不行也（食貨志）

見知廢格之法起（鹽鐵論）

建武四年吳漢劾朱祐云秦豐狡猾連年固守當伏誅滅以謝百姓祐不即斬截以示四方而廢詔命聽受豐降大不敬（袁宏後漢紀）

按唐律稽緩制書在職制一

非始封十減二（宣帝紀注張晏引律）

列侯墳高四尺關內侯以下至庶人各有差（周禮春官冢人注鄭司農引漢律）

武原侯衞不害坐葬過律免（功臣表）

明帝時桑民摐陽侯坐冢過制髡削（潛夫論）

按御覽五百五十七引禮系曰天子墳高三雉諸侯半之卿大夫八尺士四尺又五百五十八引白虎通曰春秋之義王者墳高三仞樹以松諸侯半之樹以柏大夫八尺樹以欒士四尺樹以槐庶人無墳樹以楊柳漢列侯墳高止四尺已殺於周制也

不得屠殺少齒（應劭風俗通恠神篇引律）

能捕豺貀購百錢（說文引漢律）

捕虎購錢三其狗半之（集韻四十五引漢律）

按爾雅郭注律捕虎一購錢三千其狗半之蓋晉律文也集韻引作漢律蓋晉與漢同（三下當有千字）

諸囚徒私解脫桎梏鉗赭加罪一等為人解脫與同罪（酷吏義縱傳注服虔引律）

按唐律斷獄囚自脫去及迴易所著者亦如之疏義謂擅自脫去枷鏁杻也諸以金刃及他物可以自殺及解脫而與囚者杖一百

與罪人交關三日已上皆應知情（孔融傳引漢律）

事博士焦永為河東太守後以事被考諸弟子皆以通關被繫注交通關涉也（欒恢傳）

知雲亡命罪人而與交通上於是下咸雲獄減死為城旦（朱雲傳）

坐詔獄吏與囚交通抵罪（陳寵傳）

後勳以不軌誅交關者皆獲罪（魏志司馬芝傳）

死罪及除名罪證明白考掠已至而抵隱不服者處當列上（陳書沈洙傳引漢律）

按唐律考囚限滿不首在斷獄一

掠者唯得榜笞立（章帝紀元和三年詔引律）

蒼頡篇曰掠問也廣雅曰榜擊也音彭說文曰笞擊也立謂立而考訊之（章帝紀注）

不服以掠笞定之（杜周傳）

盜賊繫囚榜笞臀注榜笞箠擊之也臀脽也獲盜賊者則拘繫而搥擊其脽考問其狀也（急就篇）

自建武以來雖屢有省刑薄罰之詔然上下相胥以苛酷爲能而拷囚之際尤極殘忍楚王英坐反誅其功曹陸續主薄梁宏駟勳掠拷五毒肌肉消爛戴就係錢塘縣獄燒鋘使就挾於肘腕每上彭考因止飯食不肯下肉焦毀墮地者掇而食之又令臥覆船下以馬通薰之一夜一日不死又復燒地以大鍼刺指爪中使以杷土爪悉墮落（文獻通考）

有故乞鞫（史記夏侯嬰傳注鄧展引律）

晉灼云獄結竟呼囚鞫語罪狀囚若稱枉欲乞鞫者許之（史記夏侯嬰傳注）

按漢制二歲刑以上許以家人乞鞫魏始除之見晉志唐律諸獄結竟徒以上各呼囚及其家屬具告罪名仍取囚服辨在斷獄二

囚以饑寒而死曰瘐（宣帝紀志如淳引律）

蘇林曰囚徒病律名爲瘐（宣帝紀注）

頃數十歲以來州郡翫習又欲避請讞之煩輒託疾病多死牢獄長吏殺生自己死者多非其罪魂神寃結無所歸訴淫厲疾疫自此而起（襄楷傳）

後平忠死獄中朗乃自繫會赦免官（寒朗傳）

按唐律諸拷囚不得過三度以故致死者徒二年在斷獄一

十二月立春不以報囚（章帝紀元和二年詔引律）

王者生殺宜順時氣其定律無以十一月十二月報囚（章帝紀）

蕭何草律季秋論囚避立春之月（陳寵傳）

恭議言十一月十二月陽氣潛藏未得用事大辟之科盡冬月乃斷其立春在十二月中者勿以報囚如故事後卒施行（魯恭傳）

按唐律立春不決死刑在斷獄二

罪人妻子沒爲奴婢黥面（魏志毛玠傳鍾繇引漢律　又唐會要三十九引漢律妻子沒爲奴婢）

坐父兄沒入爲奴（呂氏春秋開春論注高誘引律）

古者從坐男女沒入縣官爲奴其少才知以爲奚今之侍史官婢疏舉漢法言之（周禮天官酒人注）

今之奴婢古之罪人也（周禮秋官司厲注）

私鑄作泉布者與妻子沒入爲官奴婢（食貨志）

男入罪曰奴女入罪曰婢（初學記十九引說文）

古制本無奴婢卽犯事者或原之臧者被臧罪沒入爲官奴婢獲者逃亡獲得爲奴婢也（初學記十九引風俗通）

按韓非子定法篇公孫鞅之治秦也設告相坐而責其實故秦法一人有罪並坐其家室論衡秦有收孥之法然公羊傳僖十九年何休注梁君隆刑峻法一家犯罪四家坐之是連坐之法春秋時已有之不始於秦文帝元年始盡除收帑相坐律令後書梁統傳亦言文帝除肉刑相坐之法然考安帝紀永初四年詔建初以來諸訞言他過坐徙邊者各歸本郡其沒入官爲奴婢者免爲庶人是此法至安帝時猶行意者但除黥面而沒爲奴婢之制則終漢世未嘗廢也

齊人予妻婢姦曰姘（說文女部引漢律）

嗣博成侯張建建始四年坐尙陽邑公主與婢姦主旁數醉罵主免（功臣表）

按玉篇引此文人作民予作與桂氏馥曰齊當爲齋謂齋日不近女廣韻齋與女交罰金四兩曰姘蒼頡篇男女私合曰姘段氏曰禮士有妾庶人不得有妾故平等之民與妻婢私合有罰

淫季父之妻曰報（左傳宣三年杜注引漢律）

立子姦母見乃得殺之（公羊桓六年傳何注引律）

棄妻畀所齎（禮記雜記下鄭注引律）

按急就篇妻婦聘嫁齎媵僮顏注齎者將持而遣之也言婦人初嫁其父母以僕妾財物將送之也所齎蓋卽指

僕妾財物而言

婦告威姑（說文女部引漢律）

按廣雅姑謂之威桂氏曰威姑君姑也唐律告期親尊長在鬪訟四

三人以上無故羣飲罰金四兩（文帝紀注文穎引律史記注同）

復作（宣帝紀注孟康引律）

孔康曰復謂弛刑徒也有赦令詔書去其鉗鈦赭衣更犯事不從徒加與民爲例故當復爲官作滿其本罪年月日

律名爲復作（宣帝紀注）

迺募罪人及免徒須作令居之注臣瓚曰募有罪者及罪人遇赦復作竟其日月者（鼂錯傳）

河南卒戍中都官者二三千人遮大將軍自言願復留作一年以贖太守罪（魏尙傳）

徒復作得輸粟於縣官以贖罪（食貨志）

按此復作不限於女徒係指弛刑徒言之神爵元年中都官徒弛刑注李奇曰弛廢也謂若今徒解鉗鈦赭衣置任輸作也趙充國傳時上已發三輔太常徒弛刑注師古曰弛刑謂不加鉗鈦者也弛之言解也與女徒一歲刑之復作當別爲一事

耐爲司寇爲鬼薪白粲（淮南王安傳注如淳引律）

一人有數罪以重者論之（公羊莊十年傳何注引律　昭六年杞伯益姑卒疏引律同）

按御覽六百三十五引尙書大傳子張曰一夫而被此五刑鄭玄注被此五刑喩犯數罪猶以上一罪刑之是周制已如是也唐律二罪從重在名例六

親親得相首匿（公羊閔元年傳何注引律）

自首匿相坐之法立骨肉之恩廢而刑罪多聞父母之於子雖有罪猶匿之豈不欲服罪爾子爲父隱父爲子隱未聞父子之相坐也（鹽鐵論）

地節四年詔曰自今子首匿父母妻匿夫孫匿大父母皆勿坐其父母匿子夫匿妻大父母匿孫殊死皆上請廷尉以聞（宣帝紀）

元朔五年臨女侯灌賢坐子傷人首匿免（功臣表）

按唐律同居相爲隱在名例六

先自告除其罪（衡山王傳引律）

後事發覺被詣吏自告與淮南王謀反天子欲勿誅（伍被傳）

按唐律諸犯罪未發而自首者原其罪在名例五

年未滿八歲八十以上非手殺人他皆不坐（周禮秋官司剌注鄭司農引今律令）

孝景後三年詔曰高年老長人所尊敬也鰥寡不屬者人所哀憐也其著令年八十以上八歲以下及孕者未乳師侏儒當鞠繫者頌繫之至孝宣元康四年又下詔曰自今以來諸年八十非誣告殺傷人他皆不坐至成帝鴻嘉元年定令年未滿七歲賊鬭殺人及犯殊死者上請廷尉以聞得減死（刑法志）

詔民年七十以上若不滿十歲有罪當刑者皆完之（惠帝紀）

元始四年定著令婦女非身犯法及男子年八十以上七歲以下非坐不道詔所名捕他皆無得繫其當驗問者卽驗問（平帝紀）

建武三年詔男子八十以上十歲以下及婦人從坐者自非不道詔所名捕皆不得繫當驗問者卽就驗（光武紀）

父禮與安衆侯崇起兵誅莽事泄隆以年未七歲故得免（劉隆傳）

籍受證驗記問年顏注記問年者具爲書記抵其本屬問年齒也幼少老耄科罪不同故問年也（急就篇）

按唐律老小廢疾在名例四請減老小在斷獄一

罰金二斤（魏志鮑勛傳引律　依律罰金二斤）

按此條事在魏明帝定律以前時尙承用漢律

有罪失官爵稱士伍（史記淮南厲王傳注如淳引律）

奪爵爲士伍免之（景帝紀）

皆當免官削爵為士伍毋得宦為吏（淮南厲王傳）

爵減完為城旦注師古曰以其身有爵祿故得減罪（薛宣傳）

悼侯周昌曾孫沃侯國士伍明詔復家師古注舊有官爵免為士伍而屬沃侯之國也（功臣表）

按史記秦本紀武安君有罪為士伍漢蓋沿秦制

繇戍（昭帝紀注如淳引律）

卒更有三踐更居更過更（史記吳王濞傳注引漢律）

如淳曰更有三品有卒更有踐更有過更古者正卒無常人皆迭為之一月一更是謂卒更也貧者欲得雇更錢者次直者出錢雇之月二千是謂踐更也天下人皆直戍邊三日亦名為更律所謂繇戍也雖丞相子亦在戍邊之調不可人人自行三日戍又行者出錢三百入官官以給戍者是謂過更也（昭帝紀注）

秦用商鞅之法月為更卒已復為正一歲屯戍一歲力役三十倍於古漢興循而未改注更卒謂給郡縣一月而更者正卒謂給中都官者也（食貨志）

古者更卒不過一月踐更五月而休文穎云五當為三言一歲之中三月居更三日戍邊總九十三日古者役人歲不過三日此所謂一歲力役三十倍於古也（史記項羽本紀注）

漢初因秦法而行之後改為謫乃戍邊一歲（史記吳王濞傳注）

五年初令戍卒歲更（高帝紀）

復是歲更賦注更謂戍卒更相代也賦謂雇更之錢也（明帝紀）

遠方之卒守塞一歲而更（鼂錯傳）

年二十三傅之疇官各從其父疇學之高不滿六尺二寸已下爲罷癃（高帝紀注如淳引律　史記項羽本紀注引父疇下有內字）

若今癃不可事不算卒可事者半之也疏漢時癃病不可給事不算計以爲士卒若今廢疾者也可事者謂不爲重役輕處使之取其半功而已似今殘疾者也（周禮地官大司徒注）

如淳曰漢儀注民年二十三爲正一歲爲衞士一歲爲材官騎士習射御騎馳戰陳又曰年五十六衰老乃得免爲庶民就田里未二十三爲弱過五十六爲老師古曰傅著也言著名籍給公家徭役也孟康曰古者二十而傅三年耕有一年儲故二十三而後役之（高帝紀注）

家業世世相傳爲疇（律歷志注　宋祁曰南本世世相傳爲疇下有歷年二十二傅之疇官各從其父學也按史記集解亦引如淳此條但作律年二十二云云蓋引漢律文也宋祁所見之南本作歷誤）

令天下男子年二十始傅注師古曰舊法二十三今此二十更爲異制也（景帝紀）

按文獻通考徐氏曰漢初民在官三十三年今景帝更爲異制則在官三十有六年矣鹽鐵論今陛下哀憐百姓

寬力役之政二十三始賦五十六而免是昭帝時又復舊制也

人出一算算百二十錢唯賈人與奴婢倍算（惠帝紀注應劭引漢律）

若今賈人倍算矣（周禮天官司會注）

漢王四年八月初爲算賦注如淳曰漢儀注民年十五以上至五十六出賦錢人百二十爲一算（高帝紀）

六年令女子年十五以上至三十不嫁五算注應劭曰使五算罪謫之也劉邠曰予謂女子之算亦不頓謫之自十五至三十爲五等每等加一算也（惠帝紀）

文帝偃武修文丁男三年而一事民賦四十注時天下民多故三歲一賦四十也（文獻通考）

建元元年令民年八十復二算（武帝紀）

甘露三年減民算三十注師古曰一歲減錢三十也（宣帝紀）

建始二年減天下賦錢算四十注孟康曰本算百二十今減四十爲八十（成帝紀）

漢高帝每歲人常賦百二十錢至孝文時省儉減至四十武帝事邊費廣人產子三歲則出口錢孝宣減人算三十孝成減四十光武有產子復以三年之算（漢制考引理道要訣）

民不繇貲錢二十二（說文貝部引漢律）

二十二當作二十三漢儀注曰七歲至十四出口錢人二十以供天子至武帝時又口加三錢以補車騎馬論衡謝

短籍曰七歲頭錢二十三亦謂此也然則民不繇者謂七歲至十四歲（說文段注）

民年七歲以至十四歲出口錢人二十三以供天子其三錢者武帝加口錢以補車騎馬（漢舊儀）

元平元年詔減口賦錢有司奏請減十三上許之（昭帝紀）

古民無賦算口錢起武帝征伐四夷重賦於民民產子三歲則出口錢故民重困至於生子輒殺甚可悲痛宜令民七歲去齒乃出口錢年二十乃算天子下其議令民產子七歲乃出口錢自此始（貢禹傳）

鄭產爲白土嗇夫漢末產子一歲輒出口錢民多不舉產乃勅民勿得殺子口錢當自代出言其郡縣爲表上言錢得除更名白土爲更生鄉（水經注湘水下引零陵先賢傳）

按文獻通考云算賦十五歲以上方出此口賦則十五歲以前未算時所賦也

諸當占租者家長身各以其物占占不以實家長不身自書皆罰金二斤沒入所不自占物及賈錢縣官（昭帝紀注如淳引律）

元狩四年初算緡錢注臣瓚曰茂陵書諸賈人末作貰貸置居邑儲積諸物及商以取利者雖無市籍各以其物自占率緡錢二千而一算（武帝紀）

始元六年令民得以律占租注師古曰占謂自隱度其實定其辭也今猶獄訟之辨曰占皆其意也蓋武帝時賦斂繁多律外而取今始復舊（昭帝紀）

旁光侯殷坐貸子錢不占租免（王子侯表）

及其門首洒潜（說文水部引漢律）

按小徐無門首二字桂氏曰史記貨殖傳洒削薄技也洒削卽洒潜段氏曰蓋謂棄水於人家門前有妨害也

漢中巴蜀廣漢自擇伏日（藝文類聚卷五風俗通引戶律）

按御覽三十一引風俗通曰漢中巴蜀自擇伏日俗說漢中巴蜀廣漢土地溫暑草木早生晚枯氣異中國夷狄畜之故令自擇伏日也所引與類聚同惟佚戶律二字巴蜀下佚廣漢二字茲從類聚

高帝分四郡之衆用良平之策還定三秦席卷天下蓋君子所因者本也論功定封加金帛重復寵異令自擇伏日不同凡俗（初學記四引漢書）

伏日萬鬼行故盡日閉不干他事（和帝紀注引漢官舊儀）

伏日進湯餅名爲辟惡（荊楚歲時記）

按史記秦德公始爲伏祠是伏日本秦制也魏改漢律諸郡不得自擇伏日以齊風俗事見晉志是此律魏時已廢

勒兵而守曰屯（史記傅寬傳注如淳引律）

遷中郎將將屯上谷注師古曰領兵屯於上谷也（趙充國傳）

按文選鮑明遠出自薊北門行注引臣瓚漢書注曰律說勒兵而住曰屯以此條爲律說未知孰是

知虜在前逗留不進（匈奴傳　知虜在前逗留不進皆下吏自殺注孟康曰律語也）

建武十二年詔邊吏力不足戰則守追虜料敵不拘以逗留法（光武紀）

合騎侯敖博望侯騫坐行留當斬（霍去病傳）

伐匈奴坐逗留畏懦下獄死（祭彤傳）

鄧鴻還京師坐逗留失利下獄死注軍法逗留畏懦者斬（南匈奴傳）

按唐律征人稽留在擅興

降敵者誅其身沒其家（史記商君傳注引律）

按周禮秋官司刑注引尚書大傳曰降畔者其刑死是周制已如是北齊立重罪十條四曰降

邊鄙兵所臧直百錢者當坐棄市（白帖九十一董仲舒公羊治獄引律）

胡市吏民不得持兵器及鐵出關（汲黯傳注應劭引律）

按唐律衛禁物私度關在衛禁二

四馬高足爲置傳四馬中足爲馳傳四馬下足爲乘傳一馬二馬一軺傳急者乘一乘傳（高帝紀注如淳引律　鹽鐵論注引同）

四馬高足爲傳置四馬中足爲馳置下足爲乘置一馬二馬爲軺置急乘一馬曰乘（史記孝文本紀注如淳引律）

師古曰傳者若今之驛古者以車謂之傳車其後又單置馬謂之驛騎（高帝紀注）

師古曰置者置傳驛之所因名置也宋祁曰傳傳舍置廄置按廣雅云置驛也（文帝紀注）

元始五年徵天下通知逸經古記天文歷算鍾律小學史篇方術本草及以五經論語孝經爾雅教授者在所爲駕一封軺傳（平帝紀）

爲中郎將與副使王然于等乘四傳之乘使路西南夷（司馬相如傳）

平乘馳傳載周勃代樊噲將（陳平傳）

弟子一人乘軺傳從（申公傳）

以太宰遣侯者乘一乘傳詣行所在（郊祀傳）

奉璽書使者乘馳傳其驛騎也三騎行晝夜千里爲程（漢舊儀）

漢世賤軺車而今貴之（意林引傅子）

諸當乘傳及發駕置傳者皆持尺五寸木傳信封以御史大夫印章其乘傳參封之參三也有期會累封兩端端各兩封凡四封也乘置馳傳五封也兩端各二中央一也軺車二馬再封之一馬一封也（平帝紀注如淳引律）

其以詔使案事御史爲駕一封行赦令駕二封（漢舊儀）

按晉志引魏新律序略云秦世舊有廄置乘傳副車食廚漢初承秦不改後以費廣稍省故後漢但設騎置而無車馬律猶著其文則爲虛設故除廄律取其可用合科者以爲郵驛令據此是漢初舊制至東漢已不行也

諸侯朝天子春朝天子曰朝秋曰請（史記竇嬰傳注引律）

春曰朝秋曰請（吳王濞傳注孟康引律　和帝紀注引漢律）

褚先生曰諸侯王朝見天子漢法凡當四見耳始到入小見到正月朔旦奉皮薦璧玉賀正月法見後三日爲王置酒賜金錢財物後二日復入小見辭去凡留長安不過二十日（史記梁孝王世家）

元狩六年建成侯劉拾坐不朝不敬國除（史記王子侯者表）

翕侯邯鄲坐行來不請長信免注如淳曰長信太后所居也（功臣表）

重侯擔元狩二年坐不使人爲秋請免（王子侯表）

丞相大司馬大將軍奉錢月六萬御史大夫奉月四萬（成帝紀注如淳引律）

眞二千石奉月二萬二千石月萬六千（史記汲黯傳注如淳引律史記外戚世家注如淳引漢律眞二千石奉月二萬）

眞二千石月得百五十斛凡得千八百石二千石得百二十斛凡得一千四百四十石（汲黯傳注如淳引律）

百石奉月六百（宣帝紀注如淳引律）

古者祿皆月別給之月奉亦月給之（周禮天官太宰疏）

如淳曰太守雖號二千石有千石八百石居者有功德茂異乃得滿秩師古曰漢制秩二千石者一歲得一千四百四十石實不滿二千石也其云中二千石者一歲得二千一百六十石舉成數言之故曰中二千石中者滿也（宣帝紀注）

漢延平中眞二千石月錢六千五百米三十六斛（百官志注引晉百官表注）

按後書百官志百官受奉例大將軍三公奉月三百五十斛中二千石奉月百八十斛二千石奉月百二十斛比二千石奉月百斛千石奉月八十斛六百石奉月七十斛比六百石奉月五十斛四百石奉月四十五斛比四百石奉月四十斛三百石奉月四十斛比三百石奉月三十七斛二百石奉月三十斛比二百石奉月二十七斛一百石奉月十六斛斗食俸月十一斛佐史奉月八斛凡諸受奉皆半錢半穀此漢世官奉數之大較也宣帝神爵三年益吏百石以下奉十五注韋昭曰若食一斛則益五斗光武建武二十六年詔有司增百官奉其千石以上減於西京舊制六百石已下增於舊秩此漢世官奉增減之大較也

斗食佐史（惠帝紀注如淳引律）

若今之斗食佐史除吏也（孟子庶人在官者下趙岐注）

書令史斗食缺試書佐高第補（漢舊儀）

斗食月奉一十斛佐史月俸八斛（百官公卿表注引漢官名秩簿）

按秦策范睢謂秦王曰自斗食以上至尉內史及王左右有非相國之人乎是斗食本秦官

太守都尉諸侯內史各一人卒史書佐各十人（史記汲黯傳注如淳引律）

郡卒史書佐各十人（史記蕭相國世家注如淳引律）

郡史主錄記書催期會書佐幹主文書（百官志）

卒史秩百石（兒寬傳注）

營軍司馬中（趙充國傳注如淳引律）

營軍司空軍中司空各二人（杜延年傳注如淳引律）

都軍官長史一人（衞靑傳注如淳引律）

都軍官史一人（史記衞靑傳正義引律）

司空主水及罪人（百官公卿表注如淳引律史記灌嬰傳注如淳引律）

都水治渠堤水門（百官公卿表注如淳引律）

近塞郡置尉百里一人士史尉史各二人巡行徼塞（匈奴傳注師古引漢律）

尉大縣二人主盜賊凡有賊發則推尋之（百官志）

蹶張士（申屠嘉傳注如淳引律史記申屠嘉傳注引律同）

如淳曰材官之多力能腳踏彊弩張之師古曰今之弩以手張者曰擘張以足蹋者曰蹶張（申屠嘉傳注）

高祖命天下郡國選能引關蹶張材力武猛者以爲輕車騎士材官樓船（光武紀注引漢官儀）

迺爲材官蹶張（爰盎傳）

無害都吏（史記蕭相國世家注引律）

以文無害爲沛主吏掾集解云有文無所枉害也一曰無害者如言無比陳留間語（史記蕭相國世家）

以湯爲無害注師古曰無害言其最深也（張湯傳）

郡國秋冬遣無害都吏案訊所主縣諸囚平其罪法論課殿最注無害都吏如今言公平吏（百官志）

文吏曉簿書自謂文無害以戲儒生（論衡）

遣都吏循行如淳注引律說都吏今督郵（文帝紀）

按列女羊叔姬傳云攘羊之事發都吏至是都吏本周制

矯枉以爲吏（景帝紀注臣瓚引律）

二千石以上告歸歸寧道不過行在所者便道之官無辭（馮野王傳注如淳引律）

按文選陸士衡謝平原內史表注引如淳漢書注曰律二千石以上告歸寧不過行在所者便道之官無問也與

此小異

吏二千石有予告有賜告（高帝紀注孟康引漢律　史記高祖本紀注引漢律　初學記二十引漢律）

賜告得去官歸家予告居官不視事（史記汲黯傳注）

李斐曰休謁之名吉曰告凶曰寧（高帝紀注）

孟康曰古者名吏休假曰告予告者在官有功最法所當得也賜告者病滿三月當免天子優賜其使得帶印綬將官屬歸家治病（同上）

按葉夢得避暑錄話云賜告予告孟康解漢書以爲休假之名非也告者以假告於上從之而或賜或予故因謂之告顏師古以爲請謁之言是也

懼不自安遂病滿三月賜告與妻子歸杜陵就醫藥大將軍鳳風中丞劾奏野王賜告養病而私自持虎符出界歸家奉詔不敬杜欽時在大將軍幕府奏記於鳳爲野王言曰竊見令曰吏二千石告過長安謁不分別予賜今有司以爲予告得歸賜告不得歸是一律兩科失省刑之意夫三最予告令也病滿三月賜告詔恩也令告則得詔恩則不得失輕重之差（馮野王傳）

父子俱移病滿三月賜告（疏廣傳）

故事公卿病輒賜告至永獨得卽時免（谷永傳）

上廢太子誅栗卿之屬以綰爲長者不忍乃賜綰告歸（衞綰傳）

永光五年潁川水出流殺人民吏從官縣被害者予告注師古曰凡爲吏爲從官其本縣有被害者皆予休告（元帝紀）

　按高帝紀注至成帝時郡國二千石賜告不得歸家至和帝時予賜皆絕

吏五日得一下沐（初學記二十引漢律　御覽六百三十四引漢律）

每五日洗沐歸謁親注文穎曰郎官五日一下劉奉世曰按霍光秉政亦休沐然則漢公卿以下皆有休沐也（萬石君傳）

孝景時爲太子舍人每五日洗沐（鄭當時傳）

晉灼曰五日一洗沐（楊惲傳注）

均以父任爲郎時年十五每休沐日輒受業博士（宋均傳）

稜典案其事深竟黨與數月不洗沐（韓稜傳）

宣出教曰蓋禮貴和人道尙通日至吏以令休所繇來久曹雖有公職事家亦望私恩意掾宜從衆歸對妻子設酒肴請鄰里壹笑爲樂（薛宣傳）

不爲親行三年服不得選舉（揚雄傳注應劭引律）

博士弟子父母死予寧三年（哀帝紀）

元初中鄧太后詔長吏以下不爲親行服者不得典城選舉時有上書牧守宜同此制詔下公卿議者以爲不便（劉愷傳）

按陳忠傳元初三年有詔大臣得行三年喪建光中尚書復奏請絕告寧之典如建武故事著於令劉愷傳云舊制二千石刺史不得行三年喪由是內外衆職幷廢喪禮是終漢之世士人小吏得行三年喪大臣二千石例不得行也通典引後魏律居三年喪而冒哀求仕者制五歲刑唐律冒哀求仕者徒一年

祠宗廟丹書告（說文系部引漢律）

祠祉司命（說文示部引漢律）

師古曰司命文昌第四星也（郊祀志注）

今民間獨祀司命刻木長尺二寸爲人像行者擔篋中居者別作小屋齊地大尊重之（風俗通）

見姅變不得侍祠（說文女部引漢律　史記五宗世家注引漢律）

齋日內有汚染解齋（禮儀志）

稻米一斗得酒一斗爲上尊稷米一斗得酒一斗爲中尊粟米一斗得酒一斗爲下尊（平當傳注如淳引律　御覽二百四引斗作㪷）

事酒酌有事者之酒其酒則今之醳酒也昔酒今之酋久白酒所謂舊醳者也淸酒今中山冬釀接夏而成（周禮天官酒正注）

賜養牛上樽酒十斛（劉隆傳）

丞相有病皇帝法駕親至問疾及瘳視事則賜以養牛上尊酒（御覽二百四引漢舊儀）

按晉書劉弘傳酒用麴米而優劣三等齊民要術造粱米酒法四時皆得作笨麴一斗殺米六斗大率一石用水三斗又穄（按卽稷）米酎法笨麴不一斗殺米六斗計六斗米用水一斗一石米不過一斗醋粟米酒法惟正月得作餘月悉不成用笨麴不用神麴大率麴米一斗水八斗殺米一石四酘畢四七二十八日酒熟貧薄之家所宜用之

會稽獻蕷一斗（說文艸部引漢律）

會稽獻蕵（禮記內則注引漢律）

會稽郡獻鮚醬三斗（說文魚部引漢律）

會稽獻鮚醬二升（御覽九百四十一引漢律）

按此二條必有一誤說文解字無三斗字玉海漢制考有之說文校議云升爲斗之誤逸周書王會解載伊尹四方獻令正東以鰂醬爲獻蓋古有是制漢特著爲律耳

皮幣率鹿皮方尺直金一斤（史記孝武本紀注引漢律）

賜衣者縵表白裏（說文系部引漢律）

素沙者今之白縳（今作絹）也六服皆袍制以白縳爲裏使之章顯疏擧漢法而言謂漢以白縳爲裏似周時素沙爲裏耳（周禮天官內司服注）

綺絲數謂之絩布謂之總綬組謂之首（說文系部引漢律）

乘輿黃赤綬五百首諸侯王赤綬三百首相國綠綬二百四十首公侯將軍紫綬百八十首九卿中二千石二千石青綬百二十首千石六百石黑綬八十首四百石三百石二百石黃綬六十首（輿服志）

船方長爲舳艫（說文舟部引漢律）

嘐田茠艸（說文田部引漢律）

箄小筐也（說文竹部引漢律令）

籞（宣帝紀注蘇林引律　折竹以繩緜連禁禦使人不得往來律名爲籞）

詔池籞未御幸者假與貧民注服虔曰籞在池水中作室可用棲鳥鳥入中則捕之應劭曰籞者禁苑也臣瓚曰籞者所以養鳥也設爲藩落周覆其上令鳥不得出猶苑之畜獸池之畜魚也（宣帝紀）

嚴籞池田注蘇林曰嚴飾池上之屋（元帝紀）

按魏志卷二注載文帝令曰池苑所以禦災荒設禁非所以便民其除池籞之禁是漢時原有是禁至魏乃除也

使節稱漢（通典八十四魏劉劭皇后銘旌議引漢律）

如今時使者持節矣（周禮春官典瑞注）

今漢使者擁節（禮記玉藻注）

節以毛爲之上下相重取象竹節將命者持之以爲信（高帝紀注）

征和元年更節加黃旄（武帝紀）

節所以爲信以竹爲之柄長八尺以旄牛尾爲其眊三重（光武紀注）

鑄僞黃金棄市（楚元王傳注如淳引律）

中六年定鑄錢僞黃金棄市律注應劭曰文帝五年聽民放鑄律尙未除先時多作僞金終不可成而徒損費轉相誑燿窮則起爲盜賊故定其律也（景帝紀）

元狩五年嗣侯樂買之坐鑄白金棄市（功臣表）

吏劾更生鑄僞黃金繫當死（劉向傳　漢書注校補云此比例之誤也當時鑄作黃金不成事本創見無科罪專條漢律惟有鑄僞黃金棄市之語故吏引以爲比遂成死罪刑法志云所欲陷則予死比此則直予死比也）

太史試學童能諷書九千字以上乃得爲史又以六體試課最者以爲尙書御史史書令史吏民上書字或不正輒舉

劾（藝文志引蕭何律）

學僮十七已上始諷籀書九千字乃得爲史又以八體試之郡移太史並課最者以爲尚書史書或不正輒舉劾之（說文敍引尉律）

按困學紀聞云說文敍尉律試八體亡新使甄豐等改定古文時有六書書正義亦云秦有八體亡新六書藝文志謂以六體試之六體非漢興之法當從說文敍改六爲八考魏書江式傳秦有八體漢興有尉律學以八體試之亡新居攝使大司空甄豐校文字之部頗改定古文時有六書此卽王氏之說所本

卒踐更一月休十一月（昭帝紀注如淳引尉律）

陳屬車於庭（周禮典路注引上計律）

永初四年春正月元日會徹樂不陳充庭車注每大朝會必陳乘輿法物擧輦於庭以年饑故不陳（安帝紀）

卑者之子不得舞宗廟之酎除吏二千石到六百石及關內侯到五大夫子取適子高五尺以上年二十到三十顏色和身體修治者以爲舞人（周禮春官大胥注鄭司農引漢大樂律　百官志注引大樂律同）

無干車無自後射（周禮夏官大司馬注引漢田律　秋官士師注引作軍禮　賈疏云無干車謂無干犯他車無自後射象戰陳不逐奔走）

羣盜起不發覺發覺而弗捕滿品者二千石以下至小吏主者皆死（酷吏減宣傳引沈命法又見史記楊僕傳）

三人謂之羣取非其物謂之盜（晉書刑法志引張斐律表）

御史大夫敕上計丞長史問今年盜賊孰與往年得無有羣輩大賊對上（漢舊儀）

高陽侯薛宣永始二年坐西州盜賊羣輩免（恩澤侯表）

杜緩爲太常坐盜賊多免（百官公卿表）

疏宜糺增舊科以防來事自今強盜爲上官若它郡縣所糺覺一發部吏皆正法尉貶秩一等令長三月奉贖罪二發尉免官令長貶秩一等三發以上令長免官（陳忠傳）

按應劭曰沈沒也敢匿盜賊者沒其命也史稱張湯趙禹始作監臨部主見知故縱之法此殆其一也唐律諸部內有一人爲盜及容止盜者里正笞五十三人加一等縣內一人笞三十四人加一等册府元龜六百十六長慶二年勅云若從沈命之科恐失度情之義是唐時猶用此語也

以上漢律佚文凡一百八條考晉志稱漢律錯糅無常盜律有賊傷之例賊律有盜章之文諸書所引漢律如官制官俸諸條疑多屬越宮朝律及旁章各篇非蕭何律所有無從強爲隸目茲姑以類相從略依九章次第以爲先後其疑屬旁章以下者次之屬專律者又次之取便觀覽而已

死者不可復生刑者不可復息（宣帝紀引令甲）

諸侯在國名田他縣罰金二兩（哀帝紀注如淳引令甲）

有司條奏諸王列侯得名田國中列侯在長安及公主名田縣道關內侯吏民名田皆無得過三十頃諸侯王奴婢二百人列侯公主百人關內侯吏民三十人年六十以上十歲以下不在數中賈人皆不得名田為吏犯者以律論諸名田畜奴婢過品皆沒入縣官（哀帝紀）

丞相孔光大司空何武奏請諸侯王列侯皆得名田國中列侯在長安公主名田縣道及關內侯吏民名田皆毋過三十頃諸侯王奴婢二百人列侯公主百人關內侯吏民三十人期盡三年犯者沒入官時田宅奴婢賈為減賤丁傅用事董賢隆貴不便也遂寢不行（食貨志）

按唐律占田過限在戶婚二

女子犯罪作如徒六月顧山遣歸（平帝紀注如淳引令甲）

令甲女子犯徒遣歸家每月出錢顧人於山伐木名曰顧山（光武紀注）

令甲第六（見後書律曆志）

呵人受錢（晉書刑法志引令乙）

不以罪名呵為呵人以罪名呵為受賕（晉書刑法志引張斐律表）

騎乘車馬行馳道中已論者沒入車馬被具（江充傳注如淳引令乙）

充出逢館陶公主行馳道中充呵問之公主曰有太后詔充曰獨公主得行車騎皆不得盡劾沒入官（江充傳）

官屬以令行道中宣出逢之沒入其車馬（鮑宣傳）

從上甘泉行馳道中司隸校尉陳慶劾奏方進沒入車馬（翟方進傳）

乘車馬馳行道中吏舉苛而不止以爲盜馬而罪亦死（鹽鐵論）

植嘗乘車行馳道中開司馬門出太祖大怒公車令坐死（魏志陳思王植傳）

按秦本紀始皇二十七年治馳道注應劭曰馳道天子道也賈山傳秦爲馳道於天下東窮燕齊南極吳楚江湖之上濱海之觀畢至道廣五十步三丈而樹厚築其外隱以金椎樹以青松是馳道本秦制元帝著令太子得絕馳道卽指此也

蹕先至而犯者罰金四兩（張釋之傳注如淳引令乙）

若今衞士塡街蹕疏漢儀大駕行幸使衞士塡塞街巷以止行人備非常也（周禮天官宮正注）

出稱警入言蹕注師古曰警者戒肅也蹕止行人也言出入者互文耳出亦有蹕漢儀注皇帝輦動左右侍帷幄者稱警出殿則傳蹕止人淸道也（文三王傳）

嗣侯丙信建元三年坐出入屬車間免注師古曰天子出行陳列屬車而輒至於其間（功臣表）

按唐律車駕行衝隊在衞禁一

箠長短有數（章帝紀引令丙）

詐自復免（晉書刑法志引令甲）

舍者謂有復除不收役事也貴者謂若今宗室及關內侯皆復也服公事者謂若今吏有復除也老者謂若今八十九十復羨卒也疾者謂若今癃不可事者復之（周禮地官鄉大夫注）

今寬力役之政二十三始賦五十六而免所以輔耆壯而息老艾也（鹽鐵論）

漢之有復除猶周官之有施舍皆除其賦役之謂也然西京時或以從軍或以三老或以孝悌力田或以明經或以博士弟子或以功臣後以至民產子者大父母父母之年高者給崇高之祠者莫不得復其間美意至多至東都所復不過濟陽南頓元氏數邑蓋專爲天子之私恩矣（東漢會要）

按漢代復除之制凡有數種有因從軍而復者如高帝十二年詔吏二千石入蜀漢定三秦者皆世世復是也有因豐沛或宗室而復者如高帝十一年令豐人徙關中者皆復終身十二年以沛爲湯沐邑復其民世世無有所與文帝四年復諸劉有屬籍者家無所與是也有因孝悌力田或高年而復者如惠帝四年舉民孝悌力田者復其身武帝建元元年民年八十復二算九十復甲卒是也有因功臣後而復者如元康元年復高皇帝功臣絳侯周勃等百三十六人家其毋嗣者復其次是也有因博士弟子或通經而復者如武帝爲博士官置弟子五十人復其身元帝好儒能通一經者復是也有因流民而復者如地節三年詔流民還歸者且勿算事是也甚有因入粟或入奴婢而復者如桑弘羊令民入粟以復終身武帝募民能入奴婢者得終身復是也詐自復免指不應復

免詐爲復免者而言唐律詐自復除在詐僞

邊郡數被兵離飢寒夭絕天年父子相告令天下共給其費（蕭望之傳引金布令甲）

不幸死死所爲櫝傳歸所居縣賜以衣棺（高帝紀注臣瓚引金布令）

漢王四年八月下令軍士不幸死者吏爲衣衾棺斂轉送其家八年十一月令士卒從軍死者爲槥歸其縣縣給衣衾棺葬具（高帝紀）

毀傷亡失縣官財物（晉書刑法志引金布律）

按魏晉皆有毀亡律北齊曰毀損律隋開皇律刪毀亡唐律棄毀官私器物在雜律二

罰贖入責以呈黃金爲價（同上引金布律）

皇帝齋肅親帥羣臣承祠宗廟羣臣宜分奉請諸侯列侯各以民口數率千口奉金四兩奇不滿千口至五百口亦四兩皆會酎少府受又大鴻臚食邑在九眞交阯日南者用犀角長九寸以上若玳瑁甲一鬱林用象牙長三尺以上若翡翠各二十準以當金（禮儀志注引漢律金布令　章帝志注引作丁孚漢儀式）

諸出入殿門公車司馬門乘軺傳者皆下不如令罰金四兩（史記張釋之傳注如淳引宮衞令）

嗣侯魏宏嗣侯丙顯甘露元年坐酎宗廟騎至司馬門不敬削爵一級爲關內侯（恩澤侯表）

以列侯侍祠孝惠廟當晨入廟天雨淖不駕駟馬車而騎至廟下有司劾奏削爵爲關內侯（韋元成傳）

吏死官得法賻（何並傳注如淳引公令）

吾生素餐日久死雖當得法賻勿受注師古曰贈終者布帛曰賻（何並傳）

舊典二千石卒官賻百萬（羊續傳）

陰安侯高帝嫂也（又帝紀注如淳引祠令）

天子行有所之出河沈用白馬珪璧各一衣以繒緹五尺祠用繒二束酒六升鹽一升涉渭灞涇雒他名水如此者沈珪璧各一在所給祠具及行沈祠佗川水先驅投石少府給珪璧不滿百里者不沈（祭祀志注引祀令）

都船治水官（百官公卿表注如淳引獄令）

若盧主治庫兵將相大臣（同上如淳引獄令）

永光九年復置若盧獄官注主鞫將相大臣也（和帝紀）

若盧郎中二十人主弩射（同上如淳引品令）

姬並內官也秩比二千石位次婕妤下在八子上（文帝紀注臣瓚引秩祿令）

按史記呂后本紀注臣瓚引此文無並字八子上有七子二字

商者不農（黃香傳引田令）

理國之道舉本業而抑末利是以先帝禁人二業（桓譚傳）

永平中下令禁民二業般上言郡國以官禁二業至有田者不漁捕（劉般傳）

諸當試者不會都所免之（燕刺王傳注張晏引光祿挈令）

　八月太守都尉令長相丞尉會都試課殿最水處爲樓船亦習戰射行船（漢舊儀）

⿰糸式（說文糸部引樂浪挈令）

人有產子者復勿算三歲（章帝紀引令）

　按高帝紀七年令民產子復勿事二歲注師古曰勿事不役使也是產子者已免其役此則幷免其賦

諸侯王朝得從其國二千石（哀帝紀引令）

吏二千石告過長安謁（馮野王傳引令）

諸使有制得行馳道中者行旁道無得行中央三丈（鮑宣傳注如淳引令）

諸侯有制得行馳道中者行旁道不得行中央三丈也不如令沒入其車馬（三輔黃圖引漢令）

犯法者各以法時律令論之（孔光傳引令）

　將以制刑爲後法者則野王之罪在未制令前也刑賞大信不可不愼（馮野王傳）

　按通典引此條法時作發時唐律犯時未老疾發時老疾者以老疾論犯時幼小發時長大者以幼小論

完而不髠曰耐（史記趙奢傳索隱江遂引漢令）

蠻夷卒有額（說文糸部引漢令）

蠻夷長有罪當殊之（說文歺部引漢令）

蠻夷戎狄有罪當殊（史記蘇秦列傳集解風俗通義引漢令）

按史記注云殊者死也與誅同指段氏曰漢詔云殊死者皆謂死罪身首分離也蠻夷有罪非必執而殺之也殊之者絕之也

解衣耕謂之襄（說文衣部引漢令）

蹶張士百人（史記申屠嘉傳注孟康引漢令　說文走部引漢令蹶作趣無士字）

髳長（說文髟部引漢令）

按書牧誓庸蜀羌髳微盧彭濮人段氏曰髳長蓋如趙佗自稱蠻夷大長亦謂其酋豪也

歷（說文鬲部引漢令　鬲漢令作歷）

正亡屬將軍將軍有罪以聞二千石以下行法（胡建傳引軍法）

吏卒斬首以尺籍書下縣移郡令人故行不行奪勞二歲（史記馮唐傳注如淳引軍法）

按索隱云尺籍謂書其斬首之功於一尺之板故行不行謂故命人行而身不自行故與雇同唐律征人冒名相代在廐庫

行逗留畏懦者要斬（武帝紀注如淳引軍法）

行而逗留畏橈者要斬（史記韓安國傳注如淳引軍法）

兩軍相當將施令曰斬首拜爵而屈橈者要斬然而隊階之卒皆不能前遂斬首之功而後被要斬之罪（淮南子氾論訓）

彤到不見虜而還坐逗留畏懦下獄歐血死（祭彤傳）

博望侯張騫坐以將軍擊匈奴畏懦當斬贖罪免將梁侯楊僕坐爲將軍擊朝鮮畏懦入竹二萬箇贖完爲城旦（功臣表）

按戰國齊策田忌戰而不勝曲橈而誅是戰國時已如是文選任彥昇奏彈曹景宗云臣聞顧望避敵逗橈有刑是六朝時猶沿是制也

五人爲伍五伍爲兩兩有司馬執鐸（說文金部引軍法　依集韻韻會引兩下補有字）

百人爲卒五人爲伍（周禮夏官諸子注引軍法）

父子俱有死事得與喪歸（灌夫傳引漢法　宋祁曰漢法浙本作軍法）

有人從軍屯及給事縣官者大父母父母死未滿三月皆勿徭令得送葬（陳忠傳）

以上漢令佚文凡四十六條考漢令自令甲以下凡三百餘篇其佚文猶時散見於各書惟所存較之律文僅三之一

此外因大臣條奏天子隨時增訂律令者或稱定令見刑法志及霍去病傳或稱著令見史記平準書景帝成帝各紀及馮野王傳或并稱定著令見平帝紀吳芮韋元成傳周壽昌漢書注校補云上特定著令則在律之外猶今之欽定專條也其詳皆分見雜考及沿革考中茲不錄

漢律考　四

律令雜考上

漢律久佚然史漢紀傳表志時得以一人一事之故推究當時律制鄭司農注周禮以漢制解經其所稱舉漢法以況者亦多屬漢律杜氏漢律輯證已搜討及之而摭拾尙多遺漏引證亦略茲篇於佚文之外旁搜博采雜抄之又得百三十四條逐事標目以類相從間引唐律以資考證代遠無徵不復能辨其孰爲律孰爲令孰爲科比也作律令雜考

不道

漢制九章雖并湮沒其不道不敬之目見存原夫厥初蓋起諸漢（唐律疏義）

逆節絕理謂之不道（晉書刑法志引張斐律表）

時御史大夫子遷亡過父故吏侯史吳會赦侯史吳自出繫獄議者知大將軍指皆執吳爲不道延年奏記光以爲吏縱罪人有常法今更詆吳爲不道恐於法深（杜延年傳）

師丹等劾宏誤朝不道（同上）

以爲寬饒指意欲求禪大逆不道（蓋寬饒傳）

博執左道虧損上恩以結信貴戚背君嚮臣傾亂政治奸人之雄附上罔下爲臣不忠不道（朱博傳）

左將軍丹奏商執左道以亂政爲臣不忠罔上不道（王商傳）

言事恣意迷國罔上不道（兩龔傳）

當賀良等執左道亂朝政傾覆國家誣罔主上不道皆伏誅（李尋傳）

劾奏勝非議詔書毀先帝不道下獄（夏侯勝傳）

坐怨望非謗政治不道棄市（嚴延年傳）

宣坐距閉使者無人臣禮大不敬不道（鮑宣傳）

望之劾奏延壽上僭不道（韓延壽傳）

大爲姦利臧千餘萬司隸校尉昌案劾罪至不道（丙吉傳）

弘農太守張匡坐臧百萬以上狡猾不道有詔卽訊，（陳湯傳）

議者以爲昌猛擅以漢國世世子孫與夷狄詛盟令單于得以惡言上告於天羞國家傷威重不可得行昌猛奉使無狀至不道（匈奴傳）

嗣成陵侯德鴻嘉三年坐弟與後母亂共殺兄德知不舉不道下獄（王子侯表）

嗣湘成侯監益昌五鳳四年坐爲九眞太守盜使人出買犀奴婢臧百萬以上不道誅邔侯李壽坐爲衛尉居守擅出長安界送海西侯至高橋又使吏謀殺方士不道誅（功臣表）

按史記酷吏傳獄久者至更數赦十有餘歲而相告言大抵盡詆以不道陳湯傳亦云廷尉增壽議以爲不道無正法以所犯劇易爲罪臣下承用失其中蓋漢時聽斷獄訟各有正法王尊傳所謂尊以正法案誅皆伏其辜是也不道不敬皆無正法故議者易於比附

大不敬　不敬

虧禮廢節謂之不敬（晉書刑法志引張斐律表）

湯稱詐虛設不然之事非所宜言大不敬（陳湯傳）

御史中丞衆等奏言敬近臣爲其近主也禮下公門式路馬君畜產且猶敬之上浸之原不可長也況首爲惡明手傷功意俱惡皆大不敬（薛宣傳）

上以問將軍中朝臣皆對以大臣奏事不宜漏洩令吏民傳寫流聞四方廷尉劾丹大不敬（師丹傳）

秺侯商丘成坐爲詹事侍祠孝文廟醉歌堂下大不敬自殺（功臣表）

天子之弓當戴之於首上何敢置地大不敬卽收虎賁付獄置罪（御覽三百四十七引謝承後漢書）

充國劾安國奉使不敬（趙充國傳）

大將軍鳳風御史中丞劾奏野王賜告養病而私自便持虎符出界歸家奉詔不敬（馮野王傳）

有司復奏望之前所坐明白無譖訴者而教子上書稱引亡辜之詩失大臣體不敬請逮捕（蕭望之傳）

劾灌夫罵坐不敬繫居室（灌夫傳）

嗣侯魏宏嗣侯丙顯甘露元年坐酎宗廟騎至司馬門不敬削爵一級爲關內侯（外戚恩澤侯表）

按唐律十惡五曰不道六曰大不敬唐六典注北齊立重罪十條一反逆二大逆三叛四降五惡逆六不道七不敬八不孝九不義十內亂隋氏頗有損益唐律疏義周齊雖具十條之名而無十惡之目開皇創制始備此科酌於舊章數存於十是漢時尚無十惡之名也

不孝

太子爽坐告王父不孝棄市（衡山王傳）

按孝經五刑之屬三千而罪莫大於不孝公羊文十六年何注無尊上非聖人不孝者斬首梟之劉逢祿公羊釋例云秦法也唐律十惡七曰不孝注謂告言詛罵祖父母父母

禽獸行

有司案驗因發淫亂事奏立禽獸行請誅（濟川王傳）

子定國與父康王姬姦生子男一人奪弟妻爲姬與子女三人姦事下公卿皆議曰定國禽獸行亂人倫逆天道當誅上許之定國自殺（燕王劉澤傳）

隆慮侯陳蟜坐母長公主薨未除服姦禽獸行當死自殺（功臣表）

宣帝之世燕代之間有三男共取一婦生四子及至將分妻子而不可均乃致爭訟廷尉范延壽斷之曰此非人類當以禽獸從母不從父也請戮三男以兒還母（搜神記卷六）

按唐律十惡十曰內亂注謂姦小功以上親父祖妾及與和者

先請

議親若今時宗室有罪先請議賢若今時廉吏有罪先請議貴若今時吏墨綬有罪先請疏漢法丞相中二千石金印紫綬御史大夫二千石銀印青綬縣令六百石銅印墨綬（周禮秋官小司寇注）

令郎中有罪耐以上請之（高帝紀）

黃龍元年詔吏六百石位大夫有罪先請之（宣帝紀）

元始元年令公列侯嗣子有罪耐以上先請之（平帝紀）

建武三年詔吏不滿六百石下至墨綬長相有罪先請之（光武紀）

昭平君獄繫內官以公主子廷尉先請（東方朔傳）

吏二千石有罪先請（劉屈氂傳）

宗正卿歲因計上宗室名籍若有犯法當髡以上先上諸宗正宗室以聞乃報決（百官志）

按八議之制見於周禮至秦而廢商君書賞刑篇刑無等級自卿相將軍以至大夫庶人有不從王令犯國禁亂

上制者罪死不赦漢承秦制高帝時雖有郎中耐以上先請之令然特以爲恩惠文帝時絳侯周勃下獄賈誼上疏極諫謂古者廉恥節禮以治君子故有賜死而無戮辱是以黥劓之罪不及大夫帝深納其言至孝武時稍復入獄應劭傳安帝時河間人尹次穎川人史玉皆坐殺人當死尚書陳忠以罪疑從輕議活次玉劭駮之謂陳忠不詳制刑之本而信一時之仁遂廣引八議求生之端蓋勳傳注引續漢書勳謂儁曰吾以子罪在八議故爲子言樂成靖王傳安帝詔曰朕覽八辟之議不忍致之於理是八議之說至漢末始盛吳志孫霸傳太平二年盜乘御馬收付獄亮問侍中刁玄曰盜乘御馬罪云何玄對曰科應死然魯王早終惟陛下哀原之亮曰法者天下所共何得阿以親親故耶當思可以釋此者奈何以情相迫乎玄曰舊赦有大小亮曰解人不當爾耶乃赦宮中基以得免夫至因親親之故不得已而出於赦則律無八議甚明三國時蓋猶沿漢制唐六典注八議始於魏是漢時尙未以八議入律也

監臨部主見知故縱

漢承秦制蕭何定律除參夷連坐之罪增部主見知之條（晉書刑法志）

張湯趙禹始作監臨部主見知故縱之例其見知而故不舉劾各與同罪失不舉劾各以贖論其不知不見不坐（同上）

始元四年廷尉李种坐故縱死罪棄市（昭帝紀）

湯欲致其文丞相見知張晏注見知故縱以其罪罪之（張湯傳）

上方怒下吏責問御史大夫曰司直縱反者丞相斬之法也大夫何以擅止之勝之惶恐自殺（劉屈氂傳）

劾廷尉少府縱反者注師古曰縱放也（杜延年傳）

遷杜陵坐故縱亡命會赦（朱雲傳）

孝成皇帝悔之下詔書二千石不爲縱注孟康曰二千石不以故縱爲罪所以優也（王嘉傳）

太初元年邳離侯路博德坐見知子犯逆不道罪免元鼎二年曲成侯蟲皇柔坐爲汝南太守知民不用赤側錢爲賦爲鬼薪元鼎五年商陵侯趙周坐爲丞相知列侯酎金輕下獄自殺（功臣表）

膠西太守齊徐仁爲少府坐縱反者自殺左馮翊賈勝胡坐縱謀反者棄市（百官公卿表）

按史記秦始皇本紀吏見知不舉者與同罪李斯傳將軍恬與扶蘇居外不匡正宜知其謀是此法秦已有之唐律鬭訟四諸監臨主司知所部有犯法不舉劾者減罪人罪三等

故縱故不直

出罪爲故縱入罪爲故不直（功臣表注）

緩深故之罪急縱出之誅注孟康曰孝武欲急刑吏深害及故入人罪者皆寬緩師古曰吏釋罪人疑以爲縱則急誅之（刑法志）

二十年大司徒戴涉下獄死注引古今注曰坐入故太倉令奚涉罪（光武紀）

寶坐失死罪免（孫寶傳）

臣敞賊殺無辜鞠獄故不直雖伏明法死無所恨（張敞傳）

元狩五年戚圉侯季信坐爲太常縱丞相侵神道爲隸臣元康元年商利侯王山壽坐爲代郡太守故劾十人罪不直免元鼎二年翩侯嚴青翟坐爲丞相建御史大夫湯不直自殺（功臣表）

按史記始皇本紀三十四年適治獄吏不直者築長城及南方越地是此法秦已用之漢蓋承秦制也唐律官司出入人罪在斷獄一

故誤

法令有故誤誤者其文則輕（郭躬傳）

聖君原心省意故誅故貰誤故賊加增過誤減損（論衡）

其知而犯之謂之故不意誤犯謂之過失（晉書刑法志引張斐律表）

時詔賜降胡子縑尚書案事誤以十爲百帝見司農上簿大怒召郎將笞之意因入叩首曰過誤之失常人所容若以懈慢爲愆則臣位大罪重臣當先坐（鍾離意傳）

造意　首惡

唱首先言謂之造意（晉書刑法志引張斐律表）
偃本首惡非誅偃無以謝天下迺遂族偃（主父偃傳）
張湯曰被首爲王畫反計罪無赦遂誅被（伍被傳）
況首爲惡明手傷功意俱惡（薛宣傳）
寶到部親入山谷諭告羣盜非本造意渠率皆得悔過自出（孫寶傳）
太祖收逵等當坐家長送獄取造意逵即言我造意遂詣獄（魏志賈逵傳）
何敞爲交州刺史表壽常律殺人不至族誅然壽爲惡首令鬼神訴者千載無一請皆斬之（搜神記十六）
按唐律共犯罪造意爲首在名例五

公罪

種所坐以盜賊公負罪至徵徒非有大惡注太山之賊種不能討是力不足以禁之法當公坐故云公負（第五種傳）
淩爲長遇事髡刑五歲當道掃除時太祖車過問此何徒左右以狀對太祖曰此子師兄子也所坐亦公耳於是主者選爲驍騎主簿（魏志王淩傳注引魏略）
按晉張斐律表有犯罪爲公爲私云云知晉律與漢同唐律同職犯公坐及公事失錯俱在名例五

首匿

謾訑首匿愁勿聊注首匿爲頭首而藏匿罪人也（急就篇）

漢正首匿之罪制亡從之法惡其隨非而與人人爲羣黨也（論衡）

武帝軍役數興豪傑犯禁姦吏弄法故重首匿之科（梁統傳）

亡之諸侯游宦事人及舍匿者論皆有法注師古曰舍匿謂舍止而藏隱也（淮南厲王傳）

皆以爲桑遷坐父謀反而侯史吳臧之非匿反者乃匿爲隨者也卽以赦令除吳罪後侍御史治實以桑遷通經術知父謀反而不諫爭與反者身無異侯史吳故三百石吏首匿遷不與庶人匿隨從者等吳不得赦（杜延年傳）

後坐藏匿亡命削良鄉安次文安三縣（燕剌王傳）

元封四年畢梁侯嬰坐首匿罪人爲鬼薪元康元年嗣侯崇坐首匿死罪免元康元年修故侯福坐首匿羣盜棄市五鳳三年嗣侯延壽坐知女妹夫亡命笞二百首匿罪免（王子侯表）

始元五年軍正齊王平子心爲廷尉坐縱首匿謀反者棄市（百官公卿表）

平侯執孝景中五年坐匿死罪會赦免瀘淸侯參天漢二年坐匿朝鮮亡虜下獄瘐死（功臣表）

子伯少有猛志後坐藏亡命被繫當死（魏志婁圭傳注引吳書）

按唐律知情藏匿罪人在捕亡

誹謗訞言

除訞言令師古注過誤之語以爲訞言（高后紀）

二年五月詔民或祝詛上以相約而後相謾吏以爲大逆其有他言吏又以爲誹謗自今有犯此者勿聽治師古注

高后元年詔除訞言之令今此又有訞言之罪是則中間曾復設此條也（文帝紀）

除誹謗詆欺之法（哀帝紀）

元和元年詔諸以前訞惡禁錮者一皆除之（章帝紀）

永初四年詔自建初以來諸訞言他過坐徙邊者各歸本部其沒入官爲奴婢者免爲庶人（安帝紀）

元鳳二年丞相屬寶長安單安國安陵搯劾壽王吏八百石古之大夫服儒衣誦不祥之辭作訞言欲亂制度不道

誹謗益甚竟以下吏（律歷志）

廷尉定國奏惲幸得列九卿諸吏宿衞近臣上所信任不竭忠愛盡臣子義而妄怨望稱引爲訞惡言大逆不道請

逮捕治（楊惲傳）

廷尉奏賜孟妄設祅言惑衆大逆不道皆伏誅（眭弘傳）

坐怨望非謗政治不道棄市（嚴延年傳）

王怒謂勝爲祅言縛以屬吏（夏侯勝傳）

遂詐作飛章下司隷誣弼誹謗檻車徵（御覽四百二十引司馬彪續漢書）

按路溫舒傳秦之時正言者謂之誹謗遏過者謂之訞言是此律秦已有之漢蓋沿秦制也高后文帝皆有除誹謗訞言之令而哀帝時又除誹謗法章帝安帝諸紀所載復有坐訞言者魏志崔琰傳注引魏略太祖以爲琰腹誹心謗乃收付獄髠刑輸徒是此法終漢世未盡除也通鑑長編紀事本末載王安石云文帝除誹謗訞言皆蕭何法之所有是九章原有此律也

祝詛

廣陵厲王胥五鳳四年坐祝詛上自殺（諸侯王表）

鄗侯舟征和四年坐祝𥛠上要斬注師古曰𥛠古詛字澎侯屈釐坐爲丞相祝𥛠要斬平曲節侯曾五鳳四年坐父祝詛上免（王子侯表）

嗣曲周侯終根祝詛上要斬嗣陽河侯其仁征和三年坐祝詛要斬嗣戴侯祕蒙後元年坐祝詛上大逆要斬嗣弓高侯韓興坐祝詛上要斬（功臣表）

詆欺

詔書無以詆欺成罪（薛宣傳）

朔擅詆欺天子從官當棄市（東方朔傳）

令司隸校尉尊妄詆欺加非於君方下有司問狀（匡衡傳）
司隸慶平心舉劾方進不自責悔而內挾私恨伺忌慶之從容語言以詆欺成罪（翟方進傳）
傷於詆欺之文上不得以功除罪（王尊傳）
以春月作詆欺遂其姦心蓋國之賊也其免爲庶人（孫寶傳）
尙書決事多違故典罪法無例詆欺爲先（陳忠傳）
按以上各傳幷舉詆欺爲罪名是當時必已著爲律令哀帝紀除誹謗詆欺法是此法至哀帝時始廢也

誣罔

誣罔君臣使事失實（周禮爲邦誣註　韓證云此八字疑漢律語）
元鼎元年欒通侯欒大坐誣罔要斬（武帝紀）
熹平二年沛相師遷坐誣罔國王下獄死（靈帝紀）
夏陽人成方遂詐稱衛太子誣罔不道要斬（雋不疑傳）
知而白之此誣罔罪也皆在大辟（杜延年傳）
誣罔主上不道皆伏誅（李尋傳）
湯鄉侯朱博建平二年坐誣罔自殺新甫侯王嘉元壽元年罔上下獄瘐死（外戚恩澤侯表）

始元元年司隸校尉雒陽李仲季主爲廷尉坐誣罔下獄棄市（百官公卿表）

漏洩省中語

建昭二年淮陽王舅張博魏郡太守京房坐窺道諸侯王以邪意漏洩省中語博要斬房棄市（元帝紀）

陳咸爲御史中丞坐漏洩省中語下獄（朱博傳）

捐之漏洩省中語罔上不道（賈捐之傳）

於是石顯微伺知之白奏咸漏洩省中語下獄掠治減死髡爲城旦（陳萬年傳）

告邛泄省中語下吏自殺（趙充國傳）

憲奏弘大臣漏洩密事帝詰讓弘收上印綬弘自詣廷尉（鄭弘傳）

詔書侍中駙馬都尉遷巧佞無義漏洩不忠國之賊也免歸故郡（孔光傳）

河平三年楚相齊宋登爲京兆尹貶爲東萊都尉坐漏洩省中語下獄自殺元鳳四年蒲侯蘇昌爲太常後坐籍霍山書洩祕書免（百官公卿表）

袁敞坐子與尚書郎張俊交通漏泄省中語策罷遂自殺（袁宏後漢紀）

按漢法以漏洩省中語爲大罪容齋隨筆嘗論之唐律漏洩大事在職制一

刺探尚書事

若今刺探尚書事疏漢尚書掌機密（周禮秋官士師注）

尚書奏倫探知密事徼以求直坐不敬結鬼薪（楊倫傳）

司徒潁川韓演伯南爲丹陽太守坐從兄季朝爲南陽太守刺探尚書演法車徵（風俗通）

按惠棟九經古義沈約曰寫書謂之刺漢制不得刺尚書事是也後漢書楊倫傳尚書奏倫探知密事蓋漢律有此條故鄭據以爲說

不當得爲

首匿見知縱所不當得爲之屬議者或言其法可蠲除今因此令贖其便益甚（蕭望之傳）

昌邑哀王歌舞者十八王薨當罷歸大傅豹等擅留以爲園中人所不當得爲師古注於法不當然（昌邑王傳）

奏言商賈或豫收上方不祥器冀其疾用欲以求利非臣民所當爲請沒入縣官（田延年傳）

曹騰字季興少除黃門從官遷至中常侍大長秋蜀郡太守因計吏修敬於騰益州刺史种暠於函谷關搜得其牋上太守并奏騰內臣外交所不當爲請免官治罪（魏志卷一注引續漢書）

按御覽六百四十八引尚書大傳非事之事入不以道義誦不祥之辭者其刑墨注非事而事之今所不當得爲也是此律其源甚古唐律不應得爲在雜律一

非所宜言

壽王非漢曆逆天道非所宜言大不敬（律曆志）

又知張美人體御至尊而妄稱引羌胡殺子蕩腸非所宜言（元后傳）

丞相御史奏湯惑衆不道妄稱詐歸異於上非所宜言（陳湯傳）

非所宜言有司案驗請逮捕（昌邑王傳）

而稱引亡秦以爲比喩誈誤聖朝非所宜言（師丹傳）

下之廷尉必曰非所宜言大不敬（梅福傳）

徵博下獄以非所宜言棄市（王莽傳）

人有上書告長樂非所宜言事下廷尉（楊惲傳）

卑君尊臣非所宜稱失大臣體（王尊傳）

臣敞謬預機密言所不宜罪名明白當塡牢獄（邳惲傳）

後坐帝事下獄獄窮訊得其宿與人言漢朝當生勇怒子如武帝者勍暴以爲先帝爲怒子非所宜言大不敬（羣書治要四十四引桓子新論）

按史記叔孫通傳二世令御史案諸生言反者下吏非所宜言漢蓋本秦律也初學記廿四引梁沈約奏彈孔橐肆此醜言比物連類非所宜稱云云是六朝時猶用此律

輕侮

安丘男子毋丘長與母俱行市道遇醉客辱其母長殺之而亡安丘追蹤於膠東得之祐呼長謂曰子母見辱人情所恥然孝子忿必慮難動不累親今若背親逞怒白日殺人赦若非義刑若不忍將如之何長以械自繫曰國家制法囚身犯之明府雖加哀矜恩無所施（吳祐傳）

建初中有人侮辱人父者而其子殺之肅宗貰其死刑而降宥之自後因以爲比遂定其議以爲輕侮法（張敏傳）

按張敏傳極言輕侮法之非以爲先帝一切之恩未有成科頒之律令也是西漢原無此律然考周禮地官調人注云父母兄弟師長嘗辱焉而殺之者如是爲得其宜雖所殺人之父兄不得讎也使之不同國而已司農時以漢法解經知此法漢末尚未改也

報讎

父不受誅子復讎可也父受誅子復讎推刃之道也（公羊定四年何注）

二千石以令解仇怨後復相報移徙之（周禮地官調人注）

今人相殺傷雖已伏法而私結冤讎子孫相報後忿深至於滅戶殄業今宜申明舊令若已伏官誅而私相殺傷者雖一身逃亡皆徙家屬於邊其相傷者常加二等不得顧山贖罪如是則讎怨自解盜賊息矣（桓譚傳）

兄爲鄉人所殺朗白日操刃報讎於縣中（魏朗傳）

漢時官不禁報怨民家皆高樓鼓其上有急卽上樓擊鼓以告邑里令救助（御覽五百十八引王褒僮約注）

按曲禮父之讎弗與共戴天兄弟之讎不反兵漢制蓋猶近古晉志魏改漢律賊鬬殺人以劾而亡許依古義聽子弟得追殺之會赦及過誤相不得報讎所以止殺害也云云是漢時雖赦或過誤猶得報讎可知

殺人

南利侯寶坐殺人奪爵（廣陵厲王傳）

湖陽公主蒼頭白日殺人因匿主家吏不能得及主出行而以奴驂乘宣於夏門亭候之乃駐車叩馬以刀畫地大言數主之失叱奴下車因格殺之（董宣傳）

嗣河間王元坐殺人廢遷房陵（諸侯王表）

軹侯薄昭孝文十年坐殺使者自殺（恩澤侯表）

茲侯明元朔三年坐殺人自殺原洛侯敢征和三年坐殺人棄市宜城康侯福太初元年坐殺弟棄市（王子侯表）

執金吾馬適建坐殺人下獄（百官公卿表）

按公羊文十六年何注殺人者刎脰釋例云蓋秦法也高祖入關約法三章殺人者死見史記

謀殺

二人對議謂之謀（晉書刑法志引張斐律表）

羊勝公孫詭謀刺袁盎自殺（梁孝王傳）

嗣章武侯竇常生元狩元年坐謀殺人未殺免（恩澤侯表）

滎關侯騫坐謀殺人會赦免（王子侯表）

嗣博陽侯陳塞坐謀殺人會赦免（功臣表）

按唐律謀殺人在賊盜一

鬬殺

兩訟相趣謂之鬬（晉書刑法志引張斐律表）

變鬬殺傷捕伍鄰注變鬬者爲變難而相鬬也殺傷相傷及相殺也捕收掩也有犯變鬬傷殺者則同伍及鄰居之人皆被收掩也（急就篇）

按史記商鞅令民爲什伍而相收司李悝法經有囚捕二篇漢九章中捕律沿秦之舊故於鬬殺傷猶捕及鄰伍也

戲殺

兩和相害謂之戲（晉書刑法志引張斐律表）

律有甲娶乙丙共戲甲旁有櫃比之爲獄舉置櫃中復之甲因氣絕論當鬼薪（酉陽雜俎）

按唐律戲殺傷人在鬭訟三

狂易殺人

忠奏狂易殺人得減重論事皆施行（陳忠傳）

河內太守上民張大有狂病病發殺母弟應梟首遇赦謂不當除之梟首如故（御覽六百四十八引廷尉決事）

使人殺人

嗣侯陽戎奴元狩五年坐使人殺季父棄市嗣侯蕭獲永始元年坐使奴殺人減死完爲城旦（功臣表）

嗣侯毋害本始二年坐使人殺兄棄市武安侯慢元壽二年坐使奴殺人免樂侯義坐使人殺人髡爲城旦陽興侯昌坐朝私留他縣使庶子殺人棄市富侯龍元康元年坐使奴殺人下獄瘐死（王子侯表）

鉅鹿太守朱壽爲廷尉元鳳五年坐侍中邪元下獄風吏殺元棄市（百官公卿表）

嗣侯姬君當坐使奴殺家丞棄市（恩澤侯表）

周玘字孟玉爲右將軍掾弟子使客殺人被罪（御覽五百十二引風俗通）

殺繼母

漢景帝時廷尉上囚防年繼母陳論殺防年父防年因殺陳依律殺母以大逆論帝疑之武帝時年十二爲太子在旁帝命問之太子答曰夫繼母如母明不及母緣父之故比之於母今繼母無狀手殺其父則下手之日母恩絕矣

宜與殺人者同不宜與大逆論從之（通典一百六十六）

按魏改漢律正殺繼母與親母同防繼假之隙見晉志引魏新律序

殺子孫

小民因貧多不養子彪嚴爲其制與殺人同罪（賈彪傳）

宗慶遷長沙太守人多以乏衣食產乳不舉慶切讓三老禁民殺子比年之間民養子者三千餘人（書鈔七十五引謝承後漢書）

按書康誥於父不能字厥子乃疾厥子刑茲無赦公羊傳僖五年晉侯殺其世子申生曷爲直稱晉侯甚之也何休注甚之者甚惡殺親親也漢以前疑無殺子孫減輕之律故賈彪得嚴其制與殺人同罪通考引魏鬬律祖父母父母忿怒以兵刃殺子孫者五歲刑毆殺及愛憎而故殺者各減一等唐律以刃殺子孫者徒二年故殺者加一等

殺奴婢

建武十一年詔敢炙灼奴婢論如律免所炙灼者爲庶民（光武紀）

首鄉侯段曹曾孫勝坐殺婢國除（東觀漢記）

按唐律主殺奴婢在鬬訟二

殺牛棄市

法禁殺牛犯之者誅（淮南子高誘注）

曲周民父病以牛禱縣結正棄市（魏志陳矯傳）

按曲禮諸侯無故不殺牛是周時已有禁漢特嚴其制耳

殺傷人所用兵器盜賊臧加責沒入縣官（周禮秋官司厲注）

按疏云加責卽今倍贓唐律名例諸彼此俱罪之臧及犯禁之物則沒官

保辜

古者保辜辜內當以弒君論之辜外當以傷君論之疏其弒君論之者其身梟首其家執之其傷君論之其身斬首而已罪不累家漢律有其事（公羊襄七年何注）

疻痏保辜謕呼號注保辜者各隨其狀輕重令毆者以日數保之限內至死則坐重辜也（急就篇）

嗣昌武侯單德元朔三年坐傷人二旬內死棄市（功臣表）

按唐律保辜在鬭訟一

毆父母

妻甲夫乙毆母甲見乙毆母而殺乙公羊說甲爲姑討夫猶武王爲天誅紂鄭駁云乙雖不孝但毆之耳殺之大甚

凡在官者未得殺之殺之者士師也（禮記檀弓正義）

甲父乙與丙爭言相鬬丙以佩刀刺乙甲卽以杖擊丙誤傷乙甲當何論或曰毆父也當梟首（御覽六百四十引董仲舒決獄）

按唐律毆詈父母在鬬訟四

毆兄姊

毆兄姊加至五歲刑以明教化也（晉書刑法志）

按魏改漢律加毆兄姊至五歲刑則漢律當在四歲刑以下

發墓

天子縣官法曰發墓者誅（淮南子氾論訓）

宦者趙忠喪父歸葬安平僭爲璵璠玉匣偶人穆聞之下郡案驗吏遂發墓剖棺陳尸出之帝聞大怒徵穆詣廷尉輸作左校（朱穆傳）

上洛男子張盧死二十七日人盜發其冢盧得蘇起問盜人姓名郡縣以盜元意姦軌盧復由之而生不能決豫州牧呼延謨以聞詔曰以其意惡功善論笞三百不齒終身（御覽五百五十九引漢記）

按唐律發冢在賊盜三

篡囚

奏謀篡死罪囚有司請誅上不忍削立五縣注師古曰逆取曰篡（濟川王傳）

攸輿侯則太初元年坐篡死罪囚棄市（王子侯表）

按魏改漢律正篡囚棄市之罪事見晉志唐律刼囚在賊盜一

持質

漢科有持質（晉書刑法志）

刼名其財爲持質（同上引張斐律表）

富人蘇回爲郎二人刼之有頃廣漢將吏到家自立庭下使長安丞龔奢叩堂戶曉賊曰京兆尹趙君謝兩卿無得殺質此宿衞臣也釋質束手得善相遇幸逢赦令或時解脫二人素聞廣漢名卽開戶出下堂叩頭卽送獄敕吏謹遇給酒肉至冬當出死豫爲調棺給斂葬具告語之皆曰死無所恨（趙廣漢傳）

玄少子十歲獨遊門次卒有三人持杖刼執之入舍登樓就玄求貨玄瞋目呼曰玄豈以一子之命而縱國賊促令兵進玄子亦死矣乃詣闕謝罪乞下天下凡有刼質皆命殺之不得贖以財寶開張姦路詔書下其章刼質遂絕（橋玄傳）

乃著令自今以後有持質者皆當幷擊勿顧由是刼質者遂絕注孫盛曰按光武紀建武九年盜刼陰貴人母弟吏

以不得拘質迫逐盜盜遂殺之（魏志夏侯惇傳）

張敞爲太原太守有三人劫郡界持三人爲質敞詣所諭曰釋質太守釋汝乃解印綬以示之曰丈夫不相欺賊釋質自首遂縱之（書鈔三十九）

按唐律賊盜諸有所規避而執持人爲質者皆斬部司及鄰伍知見避質不格者徒二年

盜園陵物

人有盜發孝文園瘞錢丞相嚴青翟自殺（張湯傳）

元鼎四年嗣侯張拾坐入上林謀盜鹿完爲城旦（功臣表）

漢諸陵皆屬太常人有盜柏棄市（御覽九百五十四引三輔舊事）

盜官物棄市

樂安侯匡衡建始四年坐顓地盜土免陽城侯田延年坐爲大司農盜都內錢三十萬自殺（恩澤侯表）

太子郭夫人弟爲曲周縣吏斷盜官布法應棄市（魏志鮑勛傳）

遷大理正有盜官練置都廁上者吏疑女工收以付獄（魏志司馬芝傳）

盜馬盜牛

故盜馬者死盜牛者加所以重本而絕輕疾之資也（鹽鐵論刑德篇）

鄉里有盜牛者主得之盜請罪曰刑戮是甘乞不使王彥方知也(王烈傳)

平侯遂坐知人盜官毋馬爲臧(王子侯表)

按唐律盜官私牛馬殺在賊盜三

盜傷與殺同罪

盜傷與殺同罪所以累其心而責其意也(鹽鐵論)

按唐律因盜過失殺傷人在賊盜四

和姦

嗣侯董朝元狩三年坐爲濟南太守與城陽王女通耐爲鬼薪嗣侯賁生元朔二年坐與人妻姦免(功臣表)

利取侯畢尋玄孫守坐姦人妻國除(東觀漢記)

按唐律諸姦者徒一年半疏議謂指和姦言之

強姦

不和謂之強(晉書刑法志引張斐律表)

庸釐侯端坐強姦人妻會赦免(王子侯表)

按唐律強姦加和姦一等

居喪姦

堂邑侯陳季須坐母公主卒未除服姦當死自殺嗣侯融坐母喪未除服姦自殺（功臣表）

嗣常山王勃坐憲王喪服姦廢徙房陵（諸侯王表）

按唐律居父母及夫喪姦者加凡姦罪一等

姦部民妻

謝夷吾字堯卿山陰人也爲州刺史行部到南魯縣遇孝章皇帝巡狩有亭長姦部民妻者縣言和上意以吏姦民妻何得言和觀刺史決當云何頃夷吾呵之曰亭長詔書朱幘之吏職在禁姦今爲惡之端何得言和切讓三老孝弟兄長罪（御覽六百三十九引會稽典錄　又見通典一百六十八）

按唐律監主於監守內姦在雜律一

亂妻妾位

孔鄉侯傅晏坐亂妻妾位免（恩澤侯表）

按孟子齊桓五禁一曰無以妾爲妻唐律以妻爲妾在戶婚二

七棄三不去

婦人有七棄三不去無子棄絕世也淫泆棄亂類也不事舅姑棄悖德也口舌棄離親也盜竊棄反義也嫉妒棄亂

家也惡疾棄不可奉宗廟也嘗更三年喪不去不忘恩也賤取貴不去不背德也有所受無所歸不去不窮窮也

（公羊莊二十七年何注）

婦有七去不順父母去無子去淫去妬去有惡疾去多言去竊盜去不順父母去爲其逆德也無子爲其絕世也淫爲其亂族也妬爲其亂家也有惡疾不可與共粢盛也口多言爲其離親盜竊爲其反義也婦有三不去有所取無所歸不去與更三年喪不去前貧賤後富貴不去（大戴禮記本命篇）

按唐律戶婚雖犯七出有三不去而出之者杖一百疏義七出者依令疑漢當亦同是七棄三不去之文皆載於漢令今不可考矣近人李慈銘越縵堂日記論之曰七出之條自漢律至今沿之不改其六者無論矣至於無子非人所自主也以此而出則狂且蕩色者將無所不爲唐律疏義申之曰妻年五十以上無子聽立庶以長卽是四十九以下無子未合出之斯言也深知禮意妻而無子情之所矜必待至五十則有不更三年喪者寡矣古人三十而娶五十服官政則貧賤有不富貴者寡矣律雖設而未嘗用也鄭君儀禮注云天子諸侯后夫人無子不出天子元士視子男今之五品以上皆古之諸侯則士大夫家無以無子出者也穀梁傳云一人有子三人緩帶言姪娣有子則嫡不去今無姪娣而許有妾則妾有子者妻亦不去也此七出之制盡善無可議也其論頗精附識於此

無子聽妻入獄

安丘男子毋丘長白日殺人以械自繫祐問長有妻子乎對曰有妻未有子也卽移安丘逮長妻妻到解其桎梏使同宿獄中妻遂懷孕至冬盡行刑長泣謂母曰妻若生子名之吳生（吳祐傳）

鮑昱爲泚陽長縣人趙堅殺人繫獄其父母詣昱自言年七十餘惟有一子適新娶今繫獄當死長無種類涕泣求哀昱憐其言令將妻入獄遂妊身有子（御覽六百四十三引東觀漢記）

按晉書喬智明傳張兌爲父報讎有妻無子智明愍之令兌將妻入獄於獄產一男會赦得免北史後周時裴政爲司憲用法寬平囚徒犯極刑者許其妻子入獄就之是魏晉以來久已著爲成例然其制實始於漢趙翼陔餘叢考謂近世囚無子者許其妻入宿古時未有定制特長吏法外行仁恐不盡然

孕婦緩刑

孕者未乳當鞫繫者頌繫之（刑法志）

宇（王莽子）使寬夜持血灑莽第門吏發覺之莽執宇送獄飲藥死宇妻焉懷子繫獄須產子巳殺之（王莽傳）

按魏志何夔傳注引干寶晉紀毋丘儉孫女適劉氏以孕繫廷尉魏書刑罰志世祖定律婦人當刑而孕產後百日乃決此皆孕婦緩刑之例然其制實始於漢也

漢律考　五

律令雜考下

搏揜

掘冢博掩犯姦成富（史記貨殖傳）

元鼎四年嗣侯張拾蔡辟方坐搏揜完爲城旦元鼎元年嗣侯黃遂坐搏揜奪公主馬髡爲城旦注師古曰搏揜謂搏擊揜襲人而奪其物也搏字或作博一曰六博也揜意錢之屬也皆謂戲而取人財也（功臣表）

太子勃私姦飲酒博戲天子遣大行騫驗問（常山憲王傳）

按晉志載李悝雜律有博戲唐律博戲賭財物亦在雜律吳仁傑兩漢刊誤補遺引潛夫論今人奢衣服侈飲食或以游博持掩爲事則搏當作博顏注謂戲而賭取財物此說是也搏揜本漢人語符漢人宜得其實沈欽韓漢書疏證所引亦同今本潛夫論浮侈篇作或以游敖博弈爲事蓋傳寫之誤

通行飲食

至於通行飲食罪至大辟注通行飲食猶今律云過致資給與同罪也（陳忠傳）

捕長安中輕薄少年惡子數百人皆劾以通行飲食羣盜（尹賞傳）

暴勝之等奏殺二千石誅千石以下及通行飲食者（元后傳）

及以後誅通飲食坐連諸郡甚者數千人（史記楊僕傳）

夜行

以詔夜士夜禁禁宵行者夜游者注夜士主行夜徼候者如今都候之屬（周禮秋官司寤注）

尉曰今將軍尚不得夜行何故也（李廣傳）

靈帝愛幸小黃門蹇碩叔父夜行卽殺之京師斂迹莫敢犯者（魏志卷一注引曹瞞傳）

年過七十而以居位譬猶鐘鳴漏盡而夜行不休是罪人也（魏志田豫傳）

永寧詔鐘鳴漏盡洛陽城中不得有行者（文選鮑明遠放歌行注引崔實政論）

按唐律犯夜在雜律一

出界

嗣陽邱侯偃孝景四年坐出國界耐爲司寇祝茲侯延年坐棄印綬出國免（王子侯表）

邗侯李壽坐爲衛尉居守擅出長安界送海西侯至高橋誅嗣終陵侯華祿坐出界耐爲司寇嗣寧嚴侯魏指孝文

後三年坐出國界免（功臣表）

坐擅離部署會赦免歸家（王尊傳）

按唐律刺史縣令私出界在職制一

無籍入宮殿門

無引籍不得入宮司馬殿門賈疏謂漢法言引籍者有門籍及引人乃得出入也司馬殿門者漢宮殿門每門皆使司馬一人守門比千石皆號司馬殿門（周禮天官宮正注）

今宮門有簿籍疏云舉漢法以況之（周禮秋官士師注）

令從官給事宮司馬中者得爲大父母父母兄弟通籍注應劭曰籍者爲二尺竹牒記其年紀名字物色縣之宮門按省相應乃得入也（按崔豹古今注引此條二尺作尺二）顏師古曰司馬門者宮之外門也衛尉有八屯衛候司馬主衛士徼巡宿衛每面各二司馬故謂宮之外門爲司馬門（元帝紀）

太后除嬰門籍不得朝請（竇嬰傳）

梁之侍中郎謁者著引籍出入天子殿門與漢宦官無異（梁孝王傳）

按唐律無著籍入宮殿在衛禁一

闌入宮掖

天子宮門曰司馬闌入者爲城旦殿門闌入者棄市（賈誼新書）

闌入尙方掖門注應劭曰無符籍妄入宮曰闌（成帝紀）

充國爲大醫監闌入殿中下獄當死（上官皇后傳）

嗣侯曹宗征和二年坐與中人姦闌入宮掖門入財贖完爲城旦嗣侯王當元封元年坐闌入甘泉上林免（功臣表）

嗣侯衞伉太初五年坐闌入宮完爲城旦（恩澤侯表）

按唐律闌入宮門闌入非御在所均在衞禁一

失闌

以明經射策甲科爲郎坐戶殿門失闌免注師古曰戶止也嘉掌守殿門止不當入者而失闌入之故坐免也（王嘉傳）

不衞宮

延熹二年大將軍梁冀被誅廣與司徒韓演司空孫朗坐不衞宮皆減死一等奪爵土免爲庶人（胡廣傳）

按唐律宿衞上番不到在衞禁一

兵所居比司馬闌入者髡（白帖引春秋決獄）

官府禁無故擅入城門禁離載下帷（周禮秋官士師注　賈疏云離載下帷者謂在車離耦耦載而下帷恐是姦非故禁之）

闌出入關

元封三年嗣侯杜相夫坐爲大常與大樂令中可當鄭舞人擅繇闌出入關免注師古曰擇可以爲鄭舞而擅從役使之人闌出入關（功臣表）

而文吏繩以爲闌出財物如邊關乎注應劭曰闌妄也臣瓚曰無符傳出入爲闌（汲黯傳）

今邊塞未正闌出不禁（西域傳）

按唐律私度關在衞禁二

關用傳出入

傳如今過所文書賈疏過所文書當載人年幾及物多少至關至門皆別寫一通入關家門家乃案勘而過其自內出者義亦然（周禮地官司關注）

十二年除關無用傳注張晏曰傳信也若今過所也如淳曰兩行書繒帛分持其一出入關合之乃得過謂之傳也李奇曰傳棨也師古曰張說是也古者或用棨或用繒帛棨者刻木爲合符也（文帝紀）

元年詔曰孝文皇帝臨天下通關梁不異遠方注張晏曰孝文十二年除關不用傳令遠近若一四年復置諸關用傳出入注應劭曰文帝十二年除關無用傳至此復用傳以七國新反備非常（景帝紀）

本始四年詔上書入穀輸長安倉助貸貧民民以車傳載穀入關者得毋用傳（宣帝紀）

舊法行者持符傳卽不稽留（王莽傳注）

繻符也書帛裂而分之若劵契矣蘇林曰繻帛邊也舊關出入皆以傳傳煩因裂繻頭各以爲信也（終軍傳注）

過所至關津以示之也傳轉也移轉所在識以爲信也（釋名）

凡傳皆以木爲之長五寸書符信於上又以一板封之皆封以御史印章所以爲信也如今之過所也（崔豹古今注）

按唐律諸不應度關而給過所及冒名請過所而度者各徒一年在衞禁二册府元龜一百九十一載梁開平四年詔司門過所先須經中書門下點檢宜委宰臣趙光逢專判出給是五代時猶沿過所之名也

馬高五尺六寸齒未平弩十石以上皆不得出關

中元四年御史大夫綰奏禁馬五尺九寸以上齒未平不得出關注服虔曰馬十歲齒下平（景帝紀）

始元五年罷天下亭母馬及馬弩關注孟康曰舊馬高五尺六寸齒未平弩十石以上皆不得出關（昭帝紀）

禁游宦諸侯及無得出馬關者豈不曰諸侯國衆車騎則力益多（賈誼新書）

因關馬及弩不得出絕游說之路諸侯王遂以弱主父偃之謀也（劉向新序）

內珠入關者死（烈女傳引漢法）

買塞外禁物

孝景二年嗣侯宋九坐寄使匈奴買塞外禁物免（功臣表）

按唐律衞禁共化外人私相交易者準盜論

販賣租銖

除其販賣租銖之律注師古曰租銖謂計其所賣物價平其錙銖而收租也（食貨志）

除其租銖之律注師古曰租稅之法皆依田畝不得雜計百物之銖兩（貢禹傳）

市買爲劵書以別之各得其一訟則案劵以正之（周禮秋官士師注）

按唐律買奴婢牛馬立劵在雜律一

得遺物及放失六畜持詣鄉亭縣廷大物沒入公家小物自畀（周禮秋官朝士注）

按唐律得闌遺物在雜律二

一室二尸則官與之棺（周禮秋官小行人注）

私鑄鐵器鬻鹽者釱左趾沒入其器物（食貨志）

私鑄錢罪黥

鑄錢之情非殽鉛鐵及錫雜銅也不可得而贏而殽之甚微實皆黥罪也（賈誼新書）

鑄銅錫爲錢敢雜以鉛鐵爲他巧者其罪黥（食貨志）

自五銖錢起已來七十餘年民坐盜鑄錢被刑者甚衆（貢禹傳）

文帝除鑄錢令山對以爲錢者亡用器也而可以易富貴富貴者人主之操柄也令民爲之是與人主共操柄不可長也其後復禁鑄錢云（賈山傳）

文帝之時縱民得鑄錢冶鐵煮鹽吳王擅鄣海澤鄧通專西山山東奸猾咸聚吳國秦雍漢蜀因鄧氏吳鄧錢布天下故有鑄錢之禁（鹽鐵論）

按唐律私鑄錢在雜律一

加貴取息坐臧

若今時加貴取息坐臧（周禮秋官朝士注）

郚侯黃遂元鼎元年坐賣宅縣官故貴國除（史記功臣侯表）

按唐雜律諸市司評物價不平者計所貴賤坐贓論

取息過律

王莽時民貸以治產業者但計嬴所得受息無過歲什一疏云此與周少異周時不計其嬴所得多少（周禮地官泉府注）

旁光侯殷元鼎元年坐貸子錢不占租取息過律免師古注以子錢貸人律合收租匿不占取息利又多陵鄉侯訢建始二年坐使人傷家丞又貸穀息過律免師古注以穀貸人而多取其息（王子侯表）

按史記貨殖傳吳楚兵起長安中列侯封君行從軍旅齎貸子錢家子錢家以為關東成敗未決莫肯予唯毋鹽氏出捐千金貸其息十之三月吳楚平一歲之中則毋鹽氏息十倍用此富埒關中索隱謂出一得十倍是漢初尙無定律也

事國人過律

嗣東第侯劉告孝文十六年坐事國人過員免注師古曰事役吏之員數也嗣信武侯靳亭祠祝阿侯高成孝文後三年坐事國人過律免（功臣表）

按唐律職制若有吉凶借使所監臨者不得過二十人人不得過五日

平賈

治河卒非受平賈者爲著外繇六月注蘇林曰平賈以錢取人作卒顧其時庸之平價也（溝洫志）

平賈一月得錢二千（同上注如淳引律說）

漢科有平庸坐臧（晉書刑法志）

按唐名例律平功庸者計一人一日爲絹三尺

擅賦

祚陽侯仁初元五年坐擅興繇賦削爵一級（王子侯表）

斂人財物積藏於官爲擅賦（晉書刑法志引張斐律表）

射擅

元光二年嗣侯緡它坐射擅免注師古曰方大射擅自罷去也（功臣表）

按唐律校閱違期在擅興

擅發兵

未賜虎符而擅發兵厥罪乏與注師古曰擅發之罪與乏軍與同科也（王莽傳）

弓高侯告膠西王曰未有詔書虎符擅發兵王其自圖之卬遂自殺（吳王濞傳）

安乃劾之曰擅發邊兵警惑吏乏人二千石論死（袁安傳）

元狩二年從平侯公孫戎奴坐爲上黨太守發兵擊匈奴不以聞免軑侯黎扶元封元年爲東海太守行過擅發卒爲衛當斬會赦免（功臣表）

按漢時發兵須有虎符周禮春官牙璋注以牙璋發兵若今時以銅虎符發兵齊王傳魏勃紿召平曰王欲發兵非有漢虎符驗也嚴助傳上新卽位不欲出虎符發兵郡國迺遣助以節發兵會稽會稽守欲距不爲發是其證也唐律擅發兵在擅興

擅棄兵

延和四年嗣侯多卯坐與歸義趙文王將兵追反虜到弘農擅棄兵還贖罪免（功臣表）

按唐律主將臨陳先退在擅與

從軍逃亡

臣將種也請得以軍法行酒頃之諸呂有一人醉亡酒章追拔劍斬之而還報曰有亡酒一人臣謹行軍法斬之（高五王傳）

時天下草創多逋逃故重士亡法罪及妻子（魏志盧毓傳）

舊法軍征士亡考竟其妻子太祖患猶不息柔曰士卒亡軍誠在可疾然竊聞其中時有悔者愚謂乃宜貸其妻子（魏志高柔傳）

按唐律從軍征討亡在捕亡

失期當斬

以將軍出北地後票騎失期當斬贖爲庶人（公孫敖傳）

龎參以失期軍敗抵罪（西羌傳）

漢法博望侯後期當死贖爲庶人（李廣傳）

騫後期當斬（張騫傳）

休猶挾前意欲以後期罪逵（魏志賈逵傳注引魏書）

按荀子君道篇引書曰不逮時者殺無赦韓詩外傳引作周制陳勝傳度已失期失期法斬漢蓋沿秦制也

亡失士卒多當斬

出代亡卒七千八當斬贖爲庶人再出擊匈奴至余吾亡士多下吏當斬（公孫敖傳）

吏當廣亡失多爲虜所生得當斬贖爲庶人（李廣傳）

按項羽傳陳餘遺章邯書云所亡失巳十萬數恐二世誅之漢蓋本秦制

盜增鹵獲

宣帝時以虎牙將軍擊匈奴坐盜增鹵獲自殺（車千秋傳）

雲中守尙坐上功首虜差六級下吏削爵（馮唐傳）

宜冠侯高不識坐擊匈奴增首不以實當斬贖罪免（功臣表）

後漢楊熊起中郎趙序坐詐增首級徵還棄市（白帖）

亦可謂盜武庫兵而殺之乎（鹽鐵論）

盜武庫兵

甲盜武庫兵當棄市乎（白帖引董仲舒公羊治獄）

漢成帝鴻嘉三年廣漢鉗子盜庫兵伏誅（水經注）

按三輔黃圖武庫在未央宮蕭何造以藏兵器

放散官錢

延壽在東郡時放散官錢千餘萬望之與丞相丙吉議吉以為更大赦不須考（韓延壽傳）

按魏志載許允以放散官物徙樂浪是魏時猶以此科罪唐律放散官物坐贓論在廄庫

受官屬飲食受故官屬財物

元年七月詔曰吏及諸有秩受其官屬所監所治所行所將其與飲食計償費而論吏遷徙免罷受其故官屬所將監治送財物奪爵為士伍免之無爵罰金二斤令沒入所受有能捕告畀其所受臧（景帝紀）

人常有言部亭長受其米肉遺者茂辟左右問之曰亭長為從汝求乎為汝有事囑之而受乎將平居自以恩意遺之乎人曰往遺之耳茂曰遺之而受何故言耶人曰今我畏吏是以遺之吏既卒受故來言耳茂曰汝為敝人矣亭長素善吏歲時遺之禮也人曰苟如此律何故禁之茂笑曰律設大法禮順人情今我以禮教汝汝必無怨惡以律治汝何所措其手足乎（卓茂傳）

清安侯申屠臾元鼎元年坐為九江太守受故官送免（功臣表）

鍾離意為郡督郵縣亭長有受人酒禮郡下法記治之意封記曰政化自近及遠宜先清府內闊略遠縣微細之愆

（白帖）

按唐律監臨受供饋去官受舊官屬財物在職制三

詐取

孝景六年嗣侯楊毋害坐詐紿人臧六百免元狩元年嗣侯鄲平坐詐衡山王取金免（功臣表）

按唐律詐欺官私取財在詐僞

詐官

建和元年詔若有擅相假印綬者與殺人同棄市論（桓帝紀）

胡倩詐稱光祿大夫從車騎數十言使督盜賊止陳留傳舍太守謁見欲收取之廣明覺知發兵皆捕斬焉（田廣明傳）

爲茂陵令御史大夫桑弘羊客詐稱御史止傳丞不以時謁客怒縛丞相疑其有姦收捕按致其罪論棄客市（魏相傳）

按唐律詐假官在詐僞

詐疾病

正月旦百官朝賀光祿勳劉嘉廷尉趙世各辭不能朝高賜舉奏皆以被病篤困不謹不敬請廷尉治嘉罪河南尹

治世罪（百官志注引蔡質漢儀）
詐稱病不朝於古法當誅（吳王濞傳）
坐以詐疾徵下獄（龐參傳）
以祠廟嚴肅徵疾不齋中常侍蔡倫奏敞詐病坐抵罪（何敞傳）
丞相御史遂以玄成實不病劾奏之（韋玄成傳）
嗣侯韓釋之元朔四年坐詐疾不從耐爲隸臣（功臣表）
梁冀執金吾歲朝託疾不朝司隸楊雄治之詔以二月俸贖罪（御覽二百三十七引謝承後漢書）

按唐律詐疾病有所避在詐僞

詐璽書

坐詐璽書伏重刑以有功論司寇（段熲傳）

按唐律僞造皇帝寶及詐爲官文書增減均在詐僞

教人誑告

義陽侯衛山太始四年坐教人誑告衆利侯當時棄市（功臣表）

上書觸諱

元康二年詔曰聞古天子之名難知而易諱也今百姓多上書觸諱以犯罪者朕甚憐之其更諱詢諸觸諱在令前者赦之（宣帝紀）

班諱之典爰自漢世（齊書王慈傳）

按唐律上書奏事犯諱在職制二

擅議宗廟

遺詔敢有所興作者以擅議宗廟法從事（明帝紀）

高后時患臣下妄非議先帝宗廟寢園官故定著令敢有擅議者棄市至元帝改制蠲除此令成帝時以無繼嗣又復擅議宗廟之命（韋玄成傳）

不舉奏

王舅張博數遺王書所言悖逆無道王不舉奏而多與金錢辜至不赦（淮陽王欽傳）

按唐律事應奏而不奏在職制二

舉奏非是

饒坐舉奏大臣非是左遷爲衛司馬師古注非是不以實也（蓋寬饒傳）

湯坐言事非是幽囚久繫歷時不決執憲之吏欲致之大辟（陳湯傳）

元狩二年隨成侯趙不虞坐爲定襄都尉匈奴敗太守以聞非實謾免（功臣表）

按唐律奏事不實在詐僞

選舉不實

帝卽位詔曰今選舉不實邪佞未去權門請託殘吏放手有司明奏罪名幷正舉者（明帝紀）

舊典選舉委任三府三府有選參議掾屬咨其行狀度其器能受試任用責以成功若無可察然後付之尙書尙書

舉劾請下廷尉覆案虛實行其誅罰（呂強傳）

二千石選舉不實是以在位多不任職（于定國傳）

富平侯張勃舉湯茂才湯待遷父死不奔喪司隸奏湯無循行勃舉不以實坐削戶二百湯下獄（陳湯傳）

元延元年詔舉方正仁陽侯立舉陳咸方進奏咸不當舉方正幷奏立選舉故不以實（翟方進傳）

司隸奏業爲太常選舉不實業坐免官（杜延年傳）

爲濟陰太守以舉吏不實免（胡廣傳）

藏涉坐所舉人盜金下獄帝以三公參職乃策免融（竇融傳）

有薦士於丹者因選舉之而後所舉者陷罪丹坐以免（王丹傳）

元朔元年山陽侯張當居爲太常坐選子弟不以實免韓立子淵爲執金吾坐選舉不實免張譚爲御史大夫竟寧

三年坐選舉不實免（百官公卿表）

鄗侯王勳坐選舉不實罵廷史不敬免（恩澤侯表）

陽嘉四年太尉施延以選舉貪汚免（袁宏後漢紀）

建初八年十二月己未詔自今以後審四科辟召及刺史二千石察舉茂才尤異者孝廉吏務實校試以職有非其人不習官事正舉者故舉不實爲法罪之（御覽六百二十八引漢官儀）

按史記范雎傳秦法任人而所任不善者各以其罪罪之漢蓋沿秦制也楊倫傳任嘉所坐狼籍未受辜戮而改典大郡者此等非案坐舉主無以禁絕姦萌貢禹傳亦言守相選舉不以實及有臧者輒行其誅亡但免官魏志何夔傳可修保舉故不以實之令上以觀朝臣之節下以塞爭競之原據此知漢中葉以後積久廢弛至魏時竟不復坐舉主也唐律貢舉非其人在職制一保任不如所任在詐僞

更相薦舉

長安令楊興與捐之相善捐之謂興曰京兆尹缺使我得見言君興曰我復見言君房也石顯奏興捐之更相薦譽請論如法捐之棄市（賈捐之傳）

恭顯奏望之堪更生朋黨相稱舉（蕭望之傳）

於是武舉公孫祿可大司馬而祿亦舉武莽風有司劾奏武公孫祿互相稱舉皆免（何武傳）

上書言方進與長深結厚更相稱薦長陷大辟獨得不坐（杜業傳）

甫曰卿更相拔擧迭爲脣齒其意如何（范滂傳）

典郡四年坐與宗正劉軼少府丁鴻等更相屬託（馬嚴傳）

華陰丞嘉上封事言朱雲兼資文武可使以六百石秩試守御史大夫匡衡以爲大臣國家股肱明主所愼擇而嘉猥稱雲欲令爲御史大夫妄相擧薦疑有姦心嘉竟坐（朱雲傳）

三互

初期議以州郡相黨人情比周乃制婚姻之家及兩州人士不得對相監臨至是復有三互法禁忌轉密選用艱難

注云三互謂婚姻之家及兩州人不得交互爲官也（蔡邕傳）

史弼遷山陽太守其妻鉅野薛氏女以三互自上轉拜平原相（蔡邕傳注引謝承後漢書）

阿黨

阿黨謂治獄吏以私恩曲撓相爲也（禮記月令注）

諸侯有罪傅相不擧奏爲阿黨（高五王傳注）

稜孫演桓帝時爲司徒大將軍梁冀被誅演坐阿黨抵罪以減死論（韓稜傳）

大司馬喜阿黨大臣無益政治（朱博傳）

馮石劉喜以阿黨閻顯江京等策免（馮魴傳）

有司舉奏專權驕奢策收印綬自殺阿黨者皆免（侯覽傳）

按阿黨亦曰阿附韓演以阿黨抵罪已見稜傳而黃瓊傳又云梁冀被誅太尉胡廣司徒韓演司空孫朗皆坐阿附免是其證也袁安傳阿附反虜法與同罪魏志有十餘縣長吏多阿附貴戚贓汚狼籍於是奏免其八

附益

建武二十四年詔有司申明舊制阿附蕃王法注阿曲附益王侯者將有重法（光武紀）

設附益之法注張晏曰律鄭氏說封諸侯過限曰附益或曰阿媚王侯有重法也（諸王侯表）

汝昌侯傅商元嘉元年坐外附諸侯免（恩澤侯表）

附下罔上擅以地附益大臣皆不道（匡衡傳）

孝武皇帝時重附益諸侯之法（新序）

按論語季氏富於周公而求也爲之聚斂而附益之是春秋時已有此語說苑引泰誓附下而罔上者死漢律蓋多本古制

左道

皆姦人惑衆挾左道（郊祀志）

不知而白之是背經術惑左道也皆在大辟（杜延年傳）
當賀良等執左道亂朝政皆伏誅（李尋傳）
左將軍丹奏商執左道以亂政甫刑之辟皆爲上戮（王商傳）
許皇后坐執左道廢處長定宮（淳于長傳）

乏祠

太初二年睢陵侯張昌坐爲太常乏祠免注師古曰祠事有闕也（功臣表）
按唐律諸大祀以故廢事者徒二年在職制一

不齋

嗣侯蕭勝坐不齋耐爲隸臣（功臣表）
元狩元年衞尉充國坐齋不謹棄市（百官公卿表）
按唐律職制大祀散齋不宿正寢者一宿笞五十

犧牲不如令

元狩六年嗣侯欒賁坐爲太常犧牲不如令免（功臣表）
元封四年鄭侯蕭壽成爲太常坐犧牲不如令論（百官公卿表）

按唐律大祀犧牲不如法在廏庫

不會

建成侯拾元鼎二年坐賀元年十月不會免注師古曰時以十月爲歲首有賀而不及會也（王子侯表）

按唐律職制應集而不至者笞五十

不合衆心

哀帝亦欲改易大臣遂策免武曰君舉錯煩苛不合衆心（何武傳）

高安侯董賢元壽二年坐爲大司馬不合衆心免自殺（恩澤侯表）

輭弱不勝任

古者大臣坐罷軟不勝任者不謂罷軟曰下官不職（賈誼新書）

尊子伯亦爲京兆尹坐輭弱不勝任免（王尊傳）

丈夫爲吏正坐殘賊免追思其功效則復進用矣一坐輭弱不勝任免終身廢棄無有赦時其羞辱甚於貪汚坐臧（尹賞傳）

廣漢太守輭弱不任職寶到部親諭告羣盜非本造意渠率皆得悔過自出遣歸田里自劾矯制奏商爲亂首注師古曰由商不任職故有賊盜故云亂首也（孫寶傳）

光祿大夫張譚仲叔爲京兆尹不勝任免（百官公卿表）

按魏志鍾繇傳注引魏略云又聰明蔽塞爲下所欺弱不勝任數罪讁以劾臣請法車徵詣廷尉治繇罪孫禮傳禮上疏云此臣軟弱不勝其任臣亦何顏尸祿素餐是魏時猶沿漢制也

免罷守令自非詔徵不得妄到京師（蘇不韋傳引漢法）

非正

元始三年嗣平周侯丁滿坐非正免元壽二年嗣汝昌侯傅昌以商兄子紹奉祀封坐非正免陽新侯鄭業坐非正免元延三年嗣榮平侯趙岑坐父欽詐以長安女子王君俠子爲嗣免（恩澤侯表）

復陽侯陳彊元狩二年坐父拾非嘉子免嗣杜侯福河平四年坐非子免（功臣表）

岑坐非子免國除（趙充國傳）

按唐律非正嫡詐承襲在詐僞

稟給

建武六年詔郡國有穀者給稟高年鰥寡孤獨及篤癃無家屬貧不能自存者注漢律今亡（光武紀）

元和三年詔嬰兒無父母親屬及有子不能養食者稟給如律

按程大昌演繁露云風俗通論漢法九章因言曰夫吏者治也當先自正然後正人故文書下如律令言當承憲

履繩勳不失律令也今道流符咒家凡行移悉倣官府制度則其符咒之云如律令者是倣官文書爲之

稟假貧人

瓌坐稟假貧人徙封羅侯注稟假貧人非侯家之法故坐焉（竇憲傳）

是時長吏二千石聽百姓謫罰者輸贖號爲義錢託爲貧人儲而守令因以聚斂永平章和中州郡以走卒錢給貸貧人司空劾案州及郡縣皆坐免黜今宜遵前典蠲除權制（虞詡傳）

按唐律出納官物有違在廄庫

稟貧人不實

拜陳留太守坐稟貧人不實司寇論（魯丕傳）

度田不實

河南尹張伋及諸郡守十餘人坐度田不實皆下獄死（光武紀）

是時天下墾田多不以實又戶口年紀互有增減詔下州郡檢覈其事而刺史太守多不平均於是遣謁者考實具知姦狀隆坐徵下獄其疇輩十餘人皆死以隆功臣特免爲庶人（劉隆傳）

坐度人田不實以章有功但司寇論（李章傳）

般上書吏舉度田欲令多前可申敕刺史二千石務令實覈其有增加皆與脫田同罪（劉般傳注引華嶠後漢書）

永以度田不實被徵（東觀漢記鮑永傳）

按晉書傅玄傳玄上便宜五事首以二千石雖奉務農之詔猶不勤心以盡地利昔漢氏以墾田不實徵殺二千石以十數臣愚以爲宜申漢氏舊典以警戒天下郡縣皆以死刑督之是此律至晉已廢也

田租三十稅一

漢興天下既定高帝約法省禁輕田租什五而稅一（食貨志）

減田租復什五稅一注鄧展曰漢家初什五稅一儉於周什稅一也中間廢今復之也（惠帝紀）

三年令民半出田租三十而稅一（景帝紀）

詔曰頃者師旅未解用度不足故行什一之稅今軍士屯田糧儲差積其令郡國收見田租三十稅一如舊制（光武紀）

古者制田百步爲畝什而籍一先帝哀憐百姓之愁苦衣食不足制田二百四十步爲一畝率三十而稅一（鹽鐵論）

十傷二三實除減半

若今十傷二三實除減半疏云舉漢法以況謂漢時十分之內傷二分三分餘有七分八分在實除減半者謂就七分八分中爲實在仍減去半不稅於半內稅之（周禮地官司稼注）

詔今年郡國秋稼爲旱蝗所傷其什四以上勿收田租芻藁有不滿者以實除之注所損十不滿四者以見損除也（和帝紀）

被災害什四以上

建始元年詔郡國被災什四以上毋收田租（成帝紀）

詔令水所傷縣邑及他郡國災害什四以上民貲不滿十萬皆無出今年租賦（哀帝紀）

熹平四年詔令郡國遇災者減田租之半其傷什四以上勿收責（靈帝紀）

出爲淸河太守坐郡中被災害什四以上免（何武傳）

按唐律部內旱澇霜雹在戶婚二

河決

建始三年尹忠爲御史大夫坐河決自殺（百官公卿表）

按唐律失時不修隄防在雜律一

郵程

如今郵行有程矣（周禮地官掌節注）

其驛騎也三騎行晝夜千里爲程（漢舊儀）

按唐律驛使稽程在職制二

八月案比

今時八月案比疏漢時八月案比而造籍書周以三年大比未知定用何月故以漢法況之（周禮地官小司徒注）

高祖四年八月初爲算賦故漢率用八月算人（東漢會要）

望後利日

若今時望後利日疏利日卽合刑殺之日（周禮秋官鄉士注）

按唐律有禁殺日在斷獄二

考竟

獄死曰考竟考得其情竟其命於獄也（釋名）

永初元年詔自今長吏被考竟未報（安帝紀）

陽嘉三年詔以久旱京師諸獄無輕重皆且勿考竟（順帝紀）

其令中都官繫囚罪非殊死考未竟者一切任出以須立秋（質帝紀）

再遷臨淮太守數年坐法免注東觀記曰坐考長吏囚死獄中（朱暉傳）

按唐律斷獄死罪囚辭窮竟疏義曰謂死罪囚辭狀窮竟度尙傳詔書徵尙到廷尉辭窮受罪急就篇辭窮情得

具獄堅義與唐律同然則考竟者乃考實以竟其事非謂竟其命於獄中也釋名恐誤

讀鞫

漢世問罪謂之鞫（尙書呂刑正義）

讀鞫已乃論之疏鞫謂劾囚之要辭行刑之時讀已乃論其罪（周禮秋官小司寇注）

當伏重刑已出穀門復聽讀鞫詔書馳赦（袁敞傳）

孝宣倍深文之吏立鞫訊之法（宋書謝莊傳）

按唐律斷獄二諸獄結竟徒以上各呼囚及其家屬具告罪名仍取囚服辨

乞鞫

徒論決滿三月不得乞鞫（周禮秋官朝士注）

二歲刑以上得以家人乞鞫（晉書刑法志）

辭訟有劵書爲治之（周禮秋官朝士注）

書罪

楬頭明書其罪法疏明用刑以板書其姓名及罪狀著於身（周禮秋官司烜注）

故常願捐一旦之命不待時而斷姦臣之首縣於都市編書其罪使四方明知爲惡之罰（諸葛豐傳）

叱吏斷頭持還縣所剝鼓置都亭下署曰故侍中王林卿坐殺人埋冢舍使奴剝寺門鼓（何並傳）

大巻帛於其背注賈山云衣赭衣書其背漢之罪人如此（惠棟後漢書補注）

鞫獄不實

新時侯趙弟太始三年坐爲太常鞫獄不實入錢百萬贖死完爲城旦（功臣表）

下廣漢廷尉獄又坐賊殺不辜鞫獄故不以實擅斥除騎士乏軍興數罪（趙廣漢傳）

赦

踐祚改元立皇后太子赦天下每赦自殊死以下及謀反大逆不道諸不當得赦者皆赦除之命下丞相御史復奏可分遣丞相御史乘傳駕行郡國解囚徒布詔書郡國各分遣吏傳廄車馬行屬縣解囚徒（初學記二十引漢舊儀）

陳赦前事

詔有司無得舉赦前事（哀帝紀）

令有司毋得陳赦前事置奏上有不如詔書爲虧恩以不道論（平帝紀）

御史中丞劾尊妄詆欺非謗赦前事（王尊傳）

知喜武前已蒙恩詔決事更三赦博執左道虧損上恩（朱博傳）

鍾威所犯多在赦前（何並傳）
　按唐律以赦前事相告言在鬭訟四

率

制衆建計謂之率（晉書刑法志引張斐律表）
孤兒幼年未滿十歲無罪而坐率注服虔曰率坐刑法也如淳曰率家長也師古曰幼年無罪坐爲父兄所率而幷
徙如說近之（萬石君傳）
民有誣告濟爲謀叛主率者（魏志蔣濟傳）
　按唐賊盜律謀叛條有率部衆百人以上及所率雖不滿百人等語又小注協同謀計乃坐被驅率者非餘條被
驅率者準此疑率本漢律中語唐蓋沿漢律也

減死一等

元和元年詔郡國中都官繫囚減死一等（章帝紀）
廷尉免冠爲弟請一等之罪注如淳曰減死罪一等（何並傳）
元帝初元五年輕殊死刑三十四事哀帝建平元年輕殊死刑八十一事其四十二事手殺人者減死一等（梁統
傳）

按魏志鍾繇傳科律自有減死一等之法是減死一等亦漢律中語也

二百五十以上

師古曰二百五十以上者當時律令坐罪之次若今律條言一尺以上一匹以上矣（蕭望之傳注）

十金以上

師古曰十金以上當時律定罪之次若今律條言一尺以上一匹以上（匡衡傳注）

晝夜共百刻

漏之箭晝夜共百刻冬夏之間有長短焉太史立成法有四十八箭疏此據漢法而言（周禮春官挈壺氏注）

馬融云晝有五十刻夜有五十刻據日出日入爲限蔡邕以爲星見爲夜日入後三刻據日出前三刻皆屬晝晝有五十六刻夜有四十四刻鄭康成注尚書云日中星以爲日見之漏五十五刻不見之漏四十五刻與蔡校一刻也大略亦同（禮記月令疏）

漏以銅盛水刻節晝夜百刻（說文）

按哀帝紀以建平元年爲太初元年號曰陳聖劉太平皇帝漏刻以百二十爲度注韋昭曰舊漏晝夜共百刻今增其二十是中葉曾爲異制也唐律名例稱日者以百刻蓋沿漢制

漢律考　六

沿革考

漢自高祖約法三章蕭何造律及孝文即位躬修玄默其時將相皆舊功臣少文多質議論務在寬厚刑罰太省斷獄四百有刑措之風焉孝武外事四夷之功內盛耳目之好徵發煩數百姓貧耗窮民犯法姦軌不勝於是招進張湯趙禹之屬條定律令法令之繁自武帝始也宣帝少在閭閻知民疾苦及即尊位即置廷平齋戒決事號稱治平元帝因鄭昌之議下詔刪定律令有司奉行故事鈎摭微細以塞詔旨哀平以降王氏秉國多改漢制及光武中興解王莽之繁密還漢世之輕法其時梁統請重刑罰桓譚請校科比羣臣又上言宜增科禁皆寢不報明帝號稱苛察郎官率用鞭杖章帝素知人厭明帝苛切事從寬厚感陳寵之議則除慘酷之科深元元之愛則著胎養之令故史稱明帝察察章帝長者和殤以降王室寖微建安中葉應劭有刪定律令之議然其時政在曹氏無可為者蓋自蕭何定律三百餘年之間代有增損其間天子之詔令臣工之建議尚有可得而考者茲依編年之例詳著於篇作沿革考

高帝

漢元年冬十一月召諸縣豪傑曰父老苦秦苛法久矣誹謗者族耦語者棄市吾與諸侯約先入關者王之吾當王關中與父老約法三章耳殺人者死傷人及盜抵罪餘悉除去秦法（紀）

其後四夷未附兵革未息三章之法不足以禦姦於是相國蕭何攈摭秦法取其宜於時者作律九章（刑法志）

四年八月初爲算賦（紀）

七年令郎中有罪耐以上請之（紀）

是年制詔御史自今以來縣道官獄疑者各讞所屬二千石官二千石官以其罪名當報之所不能決者皆移廷尉廷尉亦當報之廷尉所不能決謹具爲奏所當比律令以聞（刑法志）

十一年令諸侯王通侯常以十月朝獻及郡各以其口數率人歲六十三錢以給獻費（紀）

張蒼定章程（紀）

高祖令賈人不得衣絲乘車（史記平準書）

按食貨志云今法律賤商人是已著爲律也羣書治要四十五引政論云律令雖有輿服制度然禁之又不密賈人之列戶蹈踰侈矣又云婢妾皆戴瑱楴之飾而被織文之衣是中葉以後此令已漸弛也

惠帝

孝惠即位叔孫通定宗廟儀法及稍定漢諸儀法（叔孫通傳）

以通爲奉常遂定儀法未盡備通而終（禮樂志）

秦有天下悉內六國禮儀采擇其善雖不合聖制其尊君抑臣朝廷濟濟依古以來至於高祖光有四海叔孫通頗

有所增益減損大抵皆襲秦故自天子稱號下至佐僚及宮室官名少所變改（史記禮書）

爵五大夫吏六百石以上及宦皇帝而知名者有罪當盜械者皆頌繫上造以上及內外公孫耳孫有罪當刑及當爲城旦舂者皆耐爲鬼薪白粲民年七十以上若不滿十歲有罪當刑者皆完之（紀）

元年民有罪得買爵三十級以免死罪（紀）

四年省法令妨吏民者除挾書律（紀）

六年令民得買爵（紀）

高后

元年詔曰前日孝惠皇帝言欲除三族罪妖言令議未決而崩今除之（紀）

高后時復弛商賈之律然市井之子孫亦不得仕宦爲吏（史記平準書）

定著令敢有擅議宗廟者棄市（韋玄成傳）

文帝

元年盡除收帑相坐律令（紀）

應劭曰秦法一有罪幷坐其家室今除此律（史記集解）

是年三月養老具爲令（紀）

二年詔曰今法有誹謗妖言之罪是使衆臣不敢盡情而上無由聞過失也將何以來遠方之賢良其除之民或祝詛上以相約而後相謾吏以爲大逆其有他言吏又以爲誹謗此細民之愚無知抵死朕甚不取自今以來有犯此者勿聽治（紀）

四年絳侯周勃有罪逮詣廷尉詔獄賈誼上疏曰古者廉恥節禮以治君子故有賜死而無戮辱是以黥劓之罪不及大夫今自王侯三公之貴皆天子所改容而禮之也而令與衆庶同黥劓髠刖笞傌棄市之法被戮辱者不大迫乎夫嘗已在貴寵之位今而有過廢之可也退之可也賜之死可也滅之可也若夫束縛之係緤之輸之司寇編之徒官司寇小吏詈罵而榜笞之殆非所以令衆庶見也是時丞相周勃免就國人有告勃謀反逮繫長安獄治卒無事故誼以此譏上上深納其言是後大臣有罪皆自殺不受刑至武帝時稍復入獄自寧成始（文獻通考）

五年除錢律（史記將相名臣表）

十二年除關無用傳（紀）

十三年除祕祝（紀）

祝官有祕祝有災祥輒祝祠移過於下（郊祀志）

按王安石云文帝除祕祝法爲蕭何法之所有

是年五月除肉刑（紀）

太倉令淳于公有罪當刑詔獄逮繫長安淳于公無男有五女當行會逮罵其女曰生子不生男緩急非有益其少女緹縈自傷悲泣迺隨其父至長安上書曰妾父爲吏齊中皆稱其廉平今坐法當刑妾傷夫死者不可復生刑者不可復屬雖後欲改過自新其道亡繇也妾願沒入爲官婢以贖父刑罪使得自新書奏天子憐悲其意遂下令曰制詔御史蓋聞有虞氏之時畫衣冠異章服以爲戮而民弗犯何治之至也今法有肉刑三而姦不止其咎安在非乃朕德之薄而教不明與吾甚自愧故夫訓道不純而愚民陷焉詩曰愷弟君子民之父母今人有過教未施而刑已加焉或欲改行爲善而道亡繇至朕甚憐之夫刑至斷支體刻肌膚終身不息何其刑之痛而不德也豈爲民父母之意哉其除肉刑有以易之及令罪人各以輕重不亡逃有年而免具爲令丞相張蒼御史大夫馮敬奏言肉刑所以禁姦所由來者久矣陛下下明詔憐萬民之一有過被刑者終身不息及罪人欲改行爲善而道亡繇至甚盛德臣等所不及也臣謹議請定律曰諸當完者完爲城旦舂當黥者髡鉗爲城旦舂當劓者笞三百當斬左趾者笞五百當斬右趾及殺人先自告及吏坐受賕枉法守縣官財物而即盜之已論命復有笞罪皆棄市罪人獄已決完爲城旦舂滿二歲爲鬼薪白粲鬼薪白粲一歲爲隸臣妾隸臣妾一歲免爲庶人隸臣妾滿二歲爲司寇司寇一歲及作如司寇二歲皆免爲庶人其亡逃及有耐罪以上不用此令前令之刑城旦舂歲而非禁錮者完爲城旦舂歲數以免臣昧死請制曰可（刑法志）

是年除田租稅律（史記將相名臣表）

是年除戍卒令（同上）

後元年新垣平詐覺謀反夷三族（紀）

後七年令天下吏民令到出臨三日皆釋服無禁取婦嫁女祠祀飲酒食肉自當給喪事服者皆無踐（注徒跣也）經帶無過三寸無布車及兵器無發民哭臨宮殿中當臨者皆以旦夕各十五舉音禮畢罷非旦夕臨時禁無得擅哭臨以下服大紅十五日小紅十四日纖七日釋服他不在令中者皆以此令比類從事布告天下（紀）

令民入粟邊六百石爵上造稍增至四千石爲五大夫萬二千石爲大庶長（食貨志）

作酎金律（禮儀志注）

景帝

元年詔曰吏受所監臨以飲食免重受財物賤買貴賣論輕廷尉與丞相更議著令（紀）

是年詔曰加笞與重罪無異幸而不死不可爲人其定律笞五百者曰三百笞三百者曰二百（刑法志）

二年令天下男子年二十始傅（紀）

中元二年改磔曰棄市勿復磔（紀）

四年死罪欲腐者許之（紀）

是年復置諸關用傳出入（紀）

五年詔諸獄疑若雖文致於法而於人心不厭者輒讞之（紀）

六年定鑄錢僞黃金棄市律（紀　荀悅漢紀律作令）

是年詔曰加笞者或至死而笞未畢朕甚憐之其減笞三百曰二百笞二百曰一百又曰笞者所以教之也其定箠令（刑法志）

是年五月詔曰夫吏者民之師也車駕衣服宜稱吏六百石以上皆長吏也亡度者或不吏服出入閭里與民無異令長吏二千石車朱兩幡千石至六百石朱左幡車騎從者不稱其官衣服下吏出入閭巷亡吏體者二千石上其官屬三輔舉不如法令者（紀）

後元年詔曰獄重事也人有智愚官有上下獄疑者讞有司有司所不能決移廷尉有令讞而後不當讞者不爲失（紀）

三年著令年八十以上八歲以下及孕者未乳師侏儒當鞠繫者頌繫之（刑法志）

是年令郡國務勸農桑益種樹可得衣食物吏發民若取庸采黃金珠玉者坐臧爲盜二千石聽者與同罪（紀）

復修賣爵令（食貨志）

景帝以錯爲內史法令多所更定（鼂錯傳）

令當棄市欲斬右趾者許之（魏志鍾繇傳）

武帝

孝武即位招進張湯趙禹之屬條定法令作見知故縱監臨部主之法（刑法志）

張湯制越宮律（御覽刑法部引張斐律序）

趙禹作朝會正見律（同上）

作左官之律（諸侯王表）

作沈命法（減宣傳）

重首匿之科（梁統傳）

太常著功令（儒林傳）

定令令票騎將軍秩祿與大將軍等（霍去病傳）

著令封君以下至三百石吏以上差出牡馬（食貨志）

嗣侯召延元封六年坐不出牡馬要斬（功臣表）

著令令民得畜邊縣官備母馬三歲而歸及息什一（同上）

下緡錢令（功臣表）

張湯奏顏異九卿見令不便不入言而腹非論死是後有腹非之法比（同上）

吏二千石有罪先請（劉屈氂傳）

加口錢（明帝紀注引漢儀注）

始啓河右四郡議諸疑罪而謫徙之（魏書刑罰志）

元狩五年徙天下姦猾吏民於邊（紀）

太初四年令死罪入贖錢五十萬減死一等（紀）

昭帝

始元元年詔往時令民共出馬其止勿出（紀）

六年令民得以律占租（紀）

宣帝

宣帝初卽位溫舒上書言宜尙德緩刑上善其言（路溫舒傳）

本始四年詔律令有可蠲除以安百姓者條奏（紀）

地節三年初置廷尉平四人（紀）

是年諫議大夫鄭昌上疏言今明主躬垂明聽雖不置廷尉平獄將自正若開後嗣不若删定律令律令一定愚民知所避吿姦吏無所弄權柄今不正其本而救其末世衰毁則廷尉平招權而爲亂首矣（荀悅漢紀）

四年二月詔曰自今諸有大父母父母喪者勿繇事使得收斂送終盡其子道（紀）

孝宣舊令云人從軍屯及給事縣官者大父母死未滿三月皆勿繇令得葬送（陳忠傳）

是年五月詔自今子首匿父母妻匿夫孫匿大父母皆勿坐其父母匿子夫匿妻大父母匿孫罪殊死皆上請廷尉以聞（紀）

是年九月詔曰今繫者或以掠辜若饑寒瘐死獄中何用心逆人道也朕甚痛之其令郡國歲上繫囚以掠笞若瘐死者亦坐名縣爵里丞相御史課殿最以聞（紀）

元康三年令三輔毋得以春夏擿巢探卵彈射飛鳥具爲令（紀）

四年詔曰朕惟耆老之人髮齒墮落血氣衰微亦亡暴虐之心今或罹文法拘執囹圄不終天命朕甚憐之自今以來諸年八十以上非誣告殺傷人他皆勿坐（紀）

神爵二年上方用刑法蓋寬饒奏封事曰方今聖道寖微儒術不行以刑餘爲周召以法律爲詩書書奏上以寬饒爲怨謗遂下獄寬饒引佩劍自殺（荀悅漢紀）

三年詔曰吏不廉平則治道衰今小吏皆勤事而奉祿薄欲其毋侵漁百姓難矣其益吏百石以下奉十五（紀）

五鳳二年詔曰夫婚姻之禮人倫之大者也酒食之會所以行禮樂也今郡國二千石或擅爲苛禁禁民嫁娶不得具酒食相賀召由是廢鄉黨之禮令民亡所樂非所以導民也勿行苛政（紀）

黃龍元年詔吏六百石位大夫有罪先請（紀）

宣帝時于定國刪定律令科條（唐六典注）

于定國集諸法律凡九百六十卷大辟四百九十條千八百八十二事（魏書刑罰志）

元帝

元帝初立下詔曰夫法令者所以抑暴扶弱欲其難犯而易避也今律令煩多而不約自典文者不能分明而欲羅元元之不逮斯豈刑中之意哉其議律令可蠲除輕減者條奏（刑法志）

初元五年省刑罰七十餘事除光祿大夫以下至郎中保父母同產之令注應劭曰舊時相保一人有過皆當坐之（紀）

是年輕殊死刑三十四事（東觀漢記）

蠲除擅議宗廟棄市之令（韋玄成傳）

著令令太子得絕馳道（紀）

成帝

河平中詔曰甫刑云五刑之屬三千大辟之罰其屬二百今大辟之刑千有餘條律令煩多百有餘萬言其與中二千石博士及明習律令者議減死刑及可蠲除約省者（刑法志）

鴻嘉元年令年未滿七歲賊鬭殺人及犯殊死者上請廷尉以聞得減死（同上）

永始四年詔靑綠民所常服且勿止注師古曰然則禁紅紫之屬（紀）

復擅議宗廟棄市令（韋玄成傳）

哀帝

哀帝卽位詔諸侯王列侯公主二千石及豪富民多畜奴婢田宅亡限與民爭利百姓失職重困不足其議限列有司條奏諸王列侯名田國中列侯在長安及公主名田縣道關內侯吏民名田皆無得過三十頃諸侯王奴婢二百人列侯公主百人關內侯吏民三十人年六十以上十歲以下不在數中賈人皆不得名田爲吏犯者以律論諸名田畜奴婢過品皆沒入縣官（紀）

除任子令及誹謗詆欺法（紀）

禁有司無得舉赦前往事（紀）

建平元年輕殊死刑八十一事（東觀漢記）

平帝

平帝卽位詔曰夫赦令者將與天下更始誠欲令百姓改行絜己全其性命也往者有司多舉奏赦前事累增罪過誅陷亡辜殆非重信愼刑洒心自新之意也及選舉者其歷職更事有名之士則以爲難保廢而不舉甚謬於赦小

過舉賢材之義諸有臧及內惡未發而薦舉者皆勿案驗令士厲精鄉進不以小疵妨大材自今以來有司無得陳赦前事置奏上有不如詔書爲虧恩以不道論定著令布告天下使明知之（紀）

元始元年令公列侯嗣子有罪耐以上先請（紀）

天下女徒已論歸家顧山錢月三百（紀）

四年詔敕百寮婦女非身犯法及男子年八十以上七歲以下家非坐不道詔所名捕它皆無得繫其當驗者即驗問定著令（紀）

哀平即位日淺丞相嘉等猥以數年之間虧除先帝舊律百有餘事咸不厭人心（袁宏後漢紀）

光武帝

光武長於民間頗達情僞天下已定務用安靜解王莽之繁密還漢世之輕法注王莽春夏斷人於市一家鑄錢保伍人入沒爲官奴婢男子檻車女子步鐵鎖琅璫其頸愁苦死者十七八（循吏傳）

建武二年詔曰頃獄多冤人用刑深刻朕甚愍之孔子云刑罰不中則民無所措手足其與中二千石諸大夫博士議郎議省刑罰（紀）

是年五月詔曰民有嫁妻賣子欲歸父母者恣聽之敢拘執論如律（紀）

三年七月詔曰吏不滿六百石下至墨綬長相有罪先請男子八十以上十歲以下及婦人從坐者自非不道詔所

名捕皆不得繫當驗問者即就驗女徒顧山歸家（紀）
六年命郡國有穀者給稟高年鰥寡孤獨及篤癃無家屬貧不能自存者如律（紀）
七年詔中都官三輔郡國出繫囚非犯殊死皆一切勿案其罪見徒免爲庶民耐罪亡命吏以文除之（紀）
是年五月詔吏人遭饑亂及爲青徐賊所略爲奴婢下妻欲去留者恣聽之敢拘制不還以賣人法從事（紀）
十一年二月詔曰天地之性人爲貴其殺奴婢不得減罪（紀）
是年八月詔曰敢炙灼奴婢論如律免所炙灼者爲庶民（紀）
是年十月詔除奴婢射傷人棄市律（紀）
十三年高山侯梁統上疏請嚴刑不報（文獻通考）
略曰自高祖之興至於孝宣因循舊章不輕改革海內稱理初元建平所減刑罰百有餘條而盜賊寖多歲以萬數刑輕之作反生大患議上不報（梁統傳）
統拜太中大夫在朝廷數陳便宜以爲法令既輕下姦不勝宜重刑罰以遵舊典（書鈔五十六引續漢書）
是年十二月詔易州民自八年以來被略爲奴婢者皆一切免爲庶民或依託爲人下妻欲去者恣聽之敢拘留者比青徐二州以略人法從事（紀）
十四年羣臣請增科禁不許（文獻通考）

羣臣上言古者肉刑嚴重則人畏法令今憲律輕薄故姦軌不勝宜增科禁以防其源詔下公卿杜林奏以爲宜如舊制不合翻移從之（杜林傳）

十六年遣使者下郡國聽羣盜自相糾擿五人共斬一人者除其罪吏雖逗留迴避故縱者皆勿問聽以禽討爲效其牧守令長坐界內盜賊而不收捕者又以畏愞捐城委守者皆不以爲負但取獲賊多少爲殿最惟蔽匿者乃罪之於是更相追捕賊並解散徙其魁帥於他郡賦田受稟使安生業（紀）

十八年詔曰今邊郡盜穀五十斛罪至於死開殘吏妄殺之路其蠲除此法同之內郡（紀）

十九年馬援條奏越律與漢律駮者十餘事與越人申明舊制以約束之（馬援傳）

二十二年令徒皆弛解鉗衣絲絮注舊法在徒役者不得衣絲絮今赦許之（紀）

二十四年詔有司申明舊制阿附蕃王法（紀）

二十六年詔有司增百官奉其千石已上減於西京舊制六百石已下增於舊秩（紀）

二十八年詔死罪繫囚皆一切募下蠶室其女子宮三十一年亦有此令（紀）

二十九年詔天下繫囚自殊死已下減本罪各一等不孝不道不在此書（袁宏後漢紀）

桓譚上疏請令通義理明習法律者校定科比一其法度書奏不省（桓譚傳）

明帝

明帝卽位詔天下亡命殊死以下聽得贖論死罪入縑二十匹右趾至髠鉗城旦舂十匹完城旦舂至司寇作三匹其未發覺詔書到先自告者半入贖（紀）

按永平十五年詔增贖死罪縑四十匹完城旦至司寇五匹十七年詔又改贖死罪三十匹

永平三年詔有司詳刑罰明察單辭（紀）

八年詔三公募郡國中都官死罪繫囚減罪一等勿笞詣度遼將軍營屯朔方五原之邊縣妻子自隨便占著邊縣父母同產欲相代者恣聽之其大逆無道殊死者一切募下蠶室亡命者令贖罪各有差（紀）

九年詔郡國死罪囚減罪與妻子詣五原朔方占著所在（紀）

十六年詔令郡國中都官死罪繫囚減死罪一等勿笞詣軍營屯朔方敦煌妻子自隨父母同產欲求從者恣聽之女子嫁爲人妻勿與俱謀反大逆無道不用此書（紀）

十七年令武威張掖酒泉敦煌及張掖屬國繫囚右趾已下任兵者皆一切勿治其罪詣軍營（紀）

明帝時政事嚴峻故卿皆鞭杖（袁宏後漢紀）

明帝性褊察常以事怒郎梁崧以杖撞崧崧走入牀下上怒甚疾言曰郎出郎出崧曰天子穆穆諸侯皇皇未聞人君自起撞郎上乃赦之（御覽九十一及二百十五引）

帝尤任文法總攬威柄權不借下（御覽九十一引華嶠後漢書）

章帝

建初五年詔曰今吏多不良擅行喜怒或案不以罪迫脅無辜致令自殺者一歲且多於斷獄甚非爲人父母之意也有司其議糾舉之（紀）

七年詔天下繫囚減死一等勿笞詣邊戍妻子自隨占著所在父母同產欲相從者恣聽之有不到者以乏軍興論及犯殊死一切募下蠶室其女子宮繫囚鬼薪白粲已上皆減本罪各一等輸司寇作亡命贖死罪入縑二十匹右趾至髡鉗城旦舂十匹完城旦至司寇三匹吏人有罪未發覺詔書到日自告者半入贖（紀　元和元年章和元年詔略同）

建初中有人侮辱人父者而其子殺之肅宗貰其死自後因以爲比遂定其議以爲輕侮法（張敏傳）

元和元年詔曰自往者大獄已來掠考多酷鉆鑽之屬慘苦無極念其痛毒怵然動心書曰鞭作官刑豈云若此宜及秋冬理獄明爲其禁（紀）

肅宗初寵爲尚書是時承永平故事吏政尚嚴切尚書決事率近於重寵以帝新即位宜改前世苛俗帝納寵言每事務於寬厚其後遂詔有司絕鉆鑽諸慘酷之科解妖惡之禁除文致之請讞五十餘事定著於令（陳寵傳）

是年令郡國募人無田欲徙他界就肥饒者恣聽之到在所賜給公田爲雇耕傭賃種餉貰與田器勿收租五歲除算三年其欲還本鄉者勿禁（紀）

是年十二月詔曰往者妖言大獄所及廣遠一人犯罪禁至三屬莫得垂纓士宦王朝如有賢才而沒齒無用朕甚憐之非所謂與之更始也諸以前妖惡禁錮者一皆蠲除之以明棄咎之路但不得在宿衞而已（紀）

二年胎養具爲令（紀）

是年又詔曰方春生養萬物孚甲宜助萌陽以育時物其令有司罪非殊死且勿案驗及吏人條書相告不得聽受冀以息事寧人敬奉天氣立秋如故（紀）

是年七月定律無以十一月十二月報囚（紀）

漢舊事斷獄報重常盡三冬之月是時帝始改用冬初十月而已元和二年旱長水校尉賈宗等上言以爲斷獄不盡三冬故陰氣微弱陽氣發泄招致災旱事在於此帝以其言下公卿議陳寵奏曰夫冬至之節陽氣始萌故十一月有蘭射干芸荔之應時令曰諸生蕩安形體天以爲正周以爲春十二月陽氣上通雉雊雞乳地以爲正殷以爲春十三月陽氣已至天地以交萬物皆出蟄蟲始振人以爲正夏以爲春三微成著以通三統周以天元殷以地元夏以人元若以此時行刑則殷周歲首皆當流血不合人心不稽天意月令曰孟冬之月趣獄刑無留罪明大刑畢在立冬也又仲冬之月身欲寧事欲靜若以威怒不可謂寧若以行大刑不可謂靜議者咸曰旱之所由咎在改律臣以爲殷周斷獄不以三微而化致康平無有災害自元和以前皆用三冬而水旱之異往往爲患由此言之災害自爲他應不以改律秦爲虐政四時行刑聖漢初興改從簡易蕭何草律季秋論囚俱避立春

之月而不計天地之正三王之春實頗有違陛下探幽析微允執其中革百載之失建永年之功上有迎承之敬下有奉微之惠稽春秋之文當月令之意聖功美業不宜中疑書奏帝納之遂不復改（陳寵傳）

三年詔曰蓋人君者視民如父母有憯怛之憂有忠和之教匍匐之救其嬰兒無父母親屬及有子不能養食者稟給如律（紀）

是年郭躬條諸重文可從輕者四十一事奏之事皆施行著於令（郭躬傳）

章和元年正月召曹褒持班固所上叔孫通漢儀十二篇勅褒曰此制散略多不合經今宜依禮條正使可施行褒乃次序禮事依準舊典爲百五十篇其年十二月奏上會帝崩太尉張酺尙書張敏等奏褒擅制漢禮破亂聖術宜加刑誅而漢禮遂不行（曹褒傳）

和帝

永元六年陳寵鉤校律令條法溢於甫刑者除之其略曰今律令死刑六百一十耐罪千六百九十八贖罪以下二千六百八十一溢於甫刑者千九百八十九宜令三公廷尉平定律令應經合義者可使大辟二百而耐罪贖罪二千八百幷爲三千悉刪除其餘事未施行（陳寵傳）

八年詔郡國中都官繫囚減死一等詣敦煌戍其犯大逆募下蠶室其女子宮自死罪已下至司寇及亡命者入贖各有差（紀）

九年復置若盧獄官注主鞫將相大臣也（紀）

十五年有司奏以爲夏至微陰起靡草死可以決小事是歲初令郡國以日短至按薄刑（紀）

殤帝

延平九年詔自建武以來諸犯禁錮詔書雖解有司持重多不奉行其皆復爲平民（紀）

安帝

永初元年魯恭代梁鮪爲司徒初和帝末下令麥秋得案驗薄刑而州郡好以苛察爲政因此遂盛夏斷獄恭上疏以爲宜以立秋爲斷以順時節又肅宗時斷獄皆以冬至之前自後論者互多駁異鄧太后詔公卿以下會議恭議言十一月十二月陽氣潛藏未得用事大辟之科盡冬月乃斷其立春在十二月中者勿以報囚如故事後卒施行（魯恭傳）

是年詔死罪以下及亡命贖各有差（紀　二年及延光三年俱有贖罪之令）

四年詔自建初以來諸訞言它過坐徙邊者各歸本郡其沒入官爲奴婢者皆免爲庶人（紀）

永初中陳忠奏上二十三條爲決事比又上除蠶室刑解臧吏三世禁錮狂易殺人得減重論母子兄弟相代死聽赦所代者事皆施行（陳忠傳）

元初三年初聽大臣二千石刺史行三年喪（紀）

建光元年復斷大臣二千石以上服三年喪（紀）

尙書令祝諷尙書孟布等奏以爲孝文皇帝定約禮之制光武皇帝絕告寧之典宜復建武故事陳忠上疏言羣司營祿念私鮮循三年之喪臣願陛下登高北望以甘陵之思揆度臣子之心宦豎不便之竟寢忠奏而從諷布議遂著於令（陳忠傳）

五年詔曰舊令制度各有科品欲令百姓務崇節約遭永初之際人離荒厄朝廷躬自菲薄去絕奢飾食不兼味衣無二綵比年雖獲豐穰尙乏儲積而小人無慮不圖久長嫁娶送終紛華靡麗至有走卒奴婢被綺穀著珠璣京師尙若斯何以示四遠設張法禁懇惻分明而有司惰任訖不奉行且復重申以觀後效（紀）

順帝

永建元年詔減死罪以下徙邊其亡命贖各有差（紀　陽嘉元年永和五年漢安二年俱有贖罪之令）

四年詔民入山鑿石發洩藏氣有司檢察所當禁絕者如建武永平故事（紀）

是年詔宦官襲封爵定著令（孫程傳）

陽嘉二年郞顗條便宜七事以爲文帝改法除肉刑之罪至今適三百載宜因斯際大蠲法令（郞顗傳）

冲帝

冲帝卽位令郡國中都官繫囚減死一等徙邊謀反大逆不用此令（紀）

質帝

質帝即位詔中都官繫囚非殊死考未竟者一切任出以須立秋（紀）

本初元年詔曰頃者州郡輕慢憲防競逞殘暴造設科條陷入無罪其勑有司罪非殊死且勿案驗以崇在寬（紀）

桓帝

桓帝即位詔臧吏子孫不得察舉（紀）

建和元年詔州郡不得迫脅驅逐長吏長吏臧滿三十萬而不糾舉者刺史二千石以縱避爲罪若有擅相假印綬者與殺人同棄市論（紀）

是年詔郡國繫囚減死罪一等勿笞惟謀反大逆不用此書十一月減天下死罪一等戍邊（紀　三年及和平元年永興元年二年俱有減死罪及贖罪之令）

靈帝

建寧元年令天下繫囚未決入縑贖各有差（紀　三年熹平三年四年五年光和三年五年中平四年各有此令）

二年中常侍侯覽諷有司奏前司空虞放等皆爲鉤黨下獄死者百餘人妻子徙邊諸附從者錮及五屬（紀）

獻帝

建安元年應劭刪定律令爲漢儀奏之（文獻通考）

建安中議者欲復肉刑孔融建議不可從之（同上）

蔡邕請除三互法（蔡邕傳）

橋玄乞天下凡有刼質者皆幷殺之不得贖以財寶開張姦路詔書下其章（橋玄傳）

漢律考 七

春秋決獄考

漢時去古未遠論事者多傅以經義食貨志公孫弘以春秋之義繩臣下取漢相五行志武帝使仲舒弟子呂步舒持斧鉞治淮南獄以春秋誼專斷兒寬傳寬爲奏讞掾以古法義決疑獄張湯甚重之蓋漢人家法如是考漢志有公羊董仲舒治獄十六篇七錄作春秋斷獄五卷隋志作春秋決事十卷董仲舒撰唐志作春秋決獄崇文總目作春秋決事比幷十卷是書宋初尙存後不知佚於何時應劭傳膠東相董仲舒老病致仕朝廷每有政議數遣廷尉張湯親至陋巷問其得失於是作春秋決獄二百三十二事動以經對王應麟困學紀聞云仲舒春秋決獄其書今不傳太平御覽載二事通典載一事所謂二百三十二事今僅見三事而已朱彝尊經義考云藝文類聚有引決獄君獵得麑事是尙存四事也（按類聚六十六所引係韓非子朱蓋誤記玉函山房輯本引作白帖卷二十六）今存者有王謨漢魏遺書馬氏玉函山房黃氏漢學堂叢書諸輯本然皆寥寥數則不足以饜閱者之意按漢時大臣最重經術武帝且詔太子受公羊春秋鹽鐵論謂春秋之治獄論心定罪志善而違於法者免志惡而合於法者誅故其治獄時有出於律之外者古義紛綸迴異俗吏固不獨仲舒如是也茲篇所輯於仲舒決獄佚文之外又得若干條兩漢春秋決獄之事略具於斯匪獨仲舒一家之說抑亦治漢律者所必不可缺也作春秋決獄考

董仲舒春秋決獄

時有疑獄曰甲無子拾道旁棄兒乙養之以爲子及乙長有罪殺人以狀語甲甲藏匿乙甲當何論仲舒斷曰甲無子振活養乙雖非所生誰與易之詩云螟蛉有子蜾蠃負之春秋之義父爲子隱甲宜匿乙而不當坐（通典六十九東晉成帝咸和五年散騎侍郎喬賀妻于氏上表引）

甲有子乙以乞丙乙後長大而丙所成育甲因酒色謂乙曰汝是吾子乙怒杖甲二十甲以乙本是其子不勝其忿自告縣官仲舒斷之曰甲生乙不能長育以乞丙於義已絕矣雖杖甲不應坐（同上）

君獵得麑使大夫持以歸大夫道見其母隨而鳴感而縱之君慍議罪未定君病恐死欲託孤乃覺之大夫其仁乎遇麑以恩況人乎乃釋之以爲子傅於議何如仲舒曰君子不麛不卵大夫不諫使持歸非義也然而中感母恩雖廢君命徙之可也（白帖二十六引）

甲爲武庫卒盜強弩弦一時與弩異處當何罪論曰兵所居比司馬闌入者髡重武備責精兵也弩蘗機郭弦軸異處盜之不至盜武庫兵陳論曰大車無輗小車無軏何以行之甲盜武庫兵當棄市乎曰雖與弩異處不得弦不可謂弩矢射不中與無矢同不入與無鏃同律曰此邊鄙兵所臧直百錢者當坐棄市（白帖九十一引）

甲父（據玉函山房本增父字）乙與丙爭言相鬬丙以佩刀刺乙甲卽以杖擊丙誤傷乙甲當何論或曰毆父也當梟首論曰臣愚以父子至親也聞其鬬莫不有怵悵之心扶杖而救之非所以欲詬父也春秋之義許止父病進藥於

其父而卒君子原心赦而不誅甲非律所謂毆父不當坐（御覽六百四十引）

甲夫乙將船會海風盛船沒溺流死亡不得葬四月甲母丙即嫁甲欲皆何論或曰甲夫死未葬法無許嫁以私爲人妻當棄市議曰臣愚以爲春秋之義言夫人歸於齊言夫死無男有更嫁之道也婦人無專制擅恣之行聽從爲順嫁之者歸也甲又尊者所嫁無淫行之心非私爲人妻也明於決事皆無罪名不當坐（同上）

漢以春秋決獄之例

太后意欲立梁王爲帝太子帝問其狀袁盎等曰殷道親親者立弟周道尊尊者立子殷道質質者法天親其所親故立弟周道文文者法地尊者敬也敬其本始故立長子周道太子死立適孫殷道太子死立其弟帝曰於公何如皆對曰方今漢家法周周道不得立弟當立子故春秋所以非宋宣公宋宣公死不立子而與弟弟受國死復反之與兄之子弟之子爭之以爲我當代父後即刺殺兄子以故國亂禍不絕故春秋曰君子大居正宋之禍宣公爲之臣請見太后白之袁盎等入見太后太后言欲立梁王梁王即終欲誰立太后曰吾復立帝子袁盎等以宋宣公不立正生禍禍亂後五世不絕小不忍害大義狀報太后太后乃解說即使梁王歸就國而梁王聞其議出於袁盎諸大臣所怨望使人來殺袁盎謀反端頗見太后不食日夜泣不止景帝甚憂之問公卿大臣大臣以爲遣經術吏往治之乃可解於是遣田叔呂季主往治之此二人皆通經術知大禮來還至廐霸昌取火悉燒梁之反辭但空手來對景帝景帝曰何如對曰言梁王不知也造爲之者獨其幸臣羊勝公孫詭之屬爲之耳謹以伏誅死梁王無恙也景帝喜說曰急趨謁太

后太后聞之立起坐飡氣平復故曰不通經術知古今之大禮不可以爲三公及左右近臣（史記梁孝王世家）

呂步舒持節使決淮南獄於諸侯擅專斷不報以春秋之義正之天子皆以爲是（史記儒林列傳）

趙王彭祖列侯讓等四十三人皆曰淮南王安大逆無道謀反明白當伏誅膠西王端議曰安廢法度行邪僻有詐僞心以亂天下營惑百姓背畔宗廟妄作妖言春秋曰臣毋將將而誅安罪重於將謀反形已定當伏法（淮南王安傳）

有司案驗因發淫亂事奏立禽獸行請誅大中大夫谷永上疏曰春秋爲親者諱今梁王年少頗有狂病始以惡言按驗既亡事實而發閨門之私非所以爲公族隱諱天子由是寢而不治（濟川王傳）

始元五年有一男子乘黃犢車建黃旐衣黃襜褕著黃冒詣北闕自謂衞太子公車以聞詔使公卿將軍中二千石雜識視長安中吏民聚視者數萬人右將軍勒兵闕下以備非常丞相御史二千石至者立莫敢發言京兆尹不疑後到叱從吏收縛或曰是非未可知且安之不疑曰諸君何患於衞太子昔蒯聵違命出奔輒拒而不納春秋是之衞太子得罪先帝亡不卽死今來自詣此罪人也遂送詔獄天子與大將軍霍光聞而嘉之曰公卿大臣當用經術明於大誼繇是名聲重於朝廷（雋不疑傳）

徐偃矯制使膠東魯國鼓鑄鹽鐵御史大夫張湯劾偃矯制大害法至死偃以爲春秋之義大夫出疆有可以安社稷存萬民顓之可也湯以致其法不能詘其義有詔下軍問狀軍詰偃曰古者諸侯國異俗分百里不通時有聘會之事安危之勢呼吸成變故有不受辭造命顓己之宜今天下爲一萬里同風故春秋王者無外偃巡封域之中稱以出疆

何也偃窮詘辭服當死（終軍傳）

丞相議奏延年主守盜三千萬不道霍將軍召問延年欲爲道地延年抵曰本出將軍之門蒙此爵位無有是事光曰即無事當窮竟御史大夫田廣明謂太僕杜延年春秋之義以功覆過當廢昌邑王時非田子賓之言大事不成今縣官出三千萬自乞之何哉願以愚言白大將軍（田延年傳）

斬郅支首及名王以下宜縣頭槀街蠻夷邸間以示萬里明犯彊漢者雖遠必誅事下有司丞相匡衡御史大夫繁延壽以爲郅支及名王首更歷諸國蠻夷莫不聞知月令春掩骼埋胔之時宜勿縣車騎將軍許嘉右將軍王商以爲春秋夾谷之會優施笑君孔子誅之方盛夏首足異門而出宜縣十日迺埋之有詔將軍議是（陳湯傳）

廣侯太守扈商者大司馬車騎將軍王晉姊子軟弱不任職寶到部親入山谷諭告羣盜非本造意渠率皆得悔過自出遣歸田里自劾矯制奏商爲亂首春秋之義誅首惡而已（孫寶傳）

哀帝方即位博士申咸給事中亦東海人也毀宣不供養行喪服薄於骨肉前以不忠孝免不宜復列封侯在朝省宜子況爲右曹侍郎數聞其語賕客楊明欲令創咸面目使不居位會司隸缺況恐咸爲之遂令明遮斫咸宮門外斷鼻脣身八創事下有司御史中丞等奏敬近臣爲近主也禮下公門式路馬君畜產且猶敬之春秋之義意惡功遂不免於誅上浸之源不可長也況首爲惡明手傷功意俱惡皆大不敬明當以重論及況皆棄市廷尉直以爲雖與被門外傷咸道中與凡民爭鬬無異殺人者死傷人者刑古今之通道春秋之義原心定罪原況以父見謗發忿怒無他大惡

加誣欺輯小過成大辟陷死刑違明詔恐非法意不可施行聖王不以怒增刑明當以賊傷人不直況與謀者皆爵減完爲城旦上以問公卿議臣丞相孔光大司空師丹以中丞議是自將軍以下至博士議郎皆是廷尉況竟減罪一等徙敦煌宣坐免爲庶人（薛宣傳）

彭宣等劾奏博執左道虧損上恩以結信貴戚背君鄉臣傾亂政治姦人之雄附下罔上爲臣不忠不道趙玄知博所言非法枉義附從大不敬孔鄉晏與博議免大司馬喜失禮不敬臣請詔謁者召博玄晏詣廷尉詔獄制曰將軍中二千石二千石諸大夫博士議郎議右將軍蟜望等四十四人以爲如宣等言可許諫大夫龔勝等十四人以爲春秋之義姦以事君常刑不舍魯大夫叔孫僑如欲顓公室譖其族兄季孫行父於晉晉執囚行父以亂魯國春秋重而書之今晏放命圮族干亂朝政要大臣以罔上本造計謀職爲亂階宜與博玄同罪罪皆不道（朱博傳）

司隸校尉駿少府忠行廷尉事劾奏衡監臨盜所主守直十金以上春秋之義諸侯不得專地所以一統尊法制也衡位三公輔國政領計簿知郡實正國界計簿已定而背法制專地盜土以自益及賜明阿承衡意猥舉郡計亂減縣界附下罔上擅以地附益大臣皆不道於是上可其奏（匡衡傳）

遂册免丁明曰蓋君親無將將而誅之是以季友鴆叔牙春秋賢之趙盾不討賊謂之弑君朕閔將軍陷於重刑故以書飭將軍遂非不改復與丞相嘉相比令嘉有依得以罔上有司致法將軍請獄治朕惟噬膚之恩未忍其上票騎將軍印綬罷歸就第（董賢傳）

時平原多盜賊熹與諸郡討捕斬其渠帥餘黨當坐者數千人熹上言惡惡止其身（注公羊傳曰善善及子孫惡惡止其身）可一切徙京師近郡帝從之（趙熹傳）

廣陵王荆有罪帝以至親悼傷之詔儵與羽林監南陽任隗雜理其獄事竟奏請誅荆引見宣明殿帝怒曰諸卿以我弟故欲誅之卽我子卿等敢爾耶儵仰而對曰天下高帝天下非陛下之天下也春秋之義君親無將將而誅焉是以周公誅弟季友鴆兄經傳大之臣等以荆屬託母弟陛下留聖心加惻隱故敢請耳如令陛下子臣等專誅而已儵以此知名（樊儵傳）

永和四年中常侍張逵等謀共譖商及中常侍曹騰孟賁云欲徵諸王子圖議廢立請收商等案罪帝曰大將軍父子我所親貴賁我所愛必無是但汝曹共妬之耳逵等知言不用懼迫遂出矯制收縛騰賁於省中帝震怒收逵等悉伏誅辭所連染及在位大臣商懼多侵枉乃上疏曰春秋之義功在元帥罪止首惡故賞不僭溢刑不淫濫竊聞考中常侍張逵等辭語多所牽及大獄一起無辜者衆宜早訖竟以止逮捕之煩帝納之罪止坐者（梁商傳）

帝以望不先表請章示百官詳議其罪時公卿皆以望之專命法有常條鍾離意獨曰昔華元子反楚宋之良臣不稟君命擅平二國春秋之義以爲美談帝意議赦而不罪（王望傳）

初淸河相叔通光坐臧抵罪遂增錮二世釁及其子是時居延都尉范邠復犯臧罪詔下三公廷尉議司徒楊震司空陳褒廷尉張晧議依光比愷獨以爲春秋之義善善及子孫惡惡止其身所以進人於善也如令使臧吏禁錮子孫非

先王詳刑之意也有詔太尉議是（劉愷傳）

敞在職以寬和爲政舉寃獄以春秋義斷之是以郡中無怨聲（何敞傳）

有人誣譖舅宋光於大將軍梁商者以爲妄刊章文坐繫洛陽詔獄掠考困極譖時年十五奏記於商曰譖聞春秋之義原情定過赦事誅意故許止雖弑君而不罪趙盾以縱賊而見書此仲尼所以垂王法漢世所宜遵前修也光之所坐情旣可原守闕連年而終不見理不偏不黨其若是乎商高譖才志卽爲奏原光罪（霍譖傳）

時淸河趙騰上言災變譏刺朝政章下有司收騰繫考所引黨輩八十餘人皆以誹謗當伏重法皓上疏諫曰臣聞春秋採善書惡騰等雖干上犯法所言本欲盡忠正諫如當誅戮天下杜口帝乃悟減騰死罪一等餘皆司寇（張皓傳）

魏諷反廙弟偉爲諷所引當相坐誅太祖令曰叔向不坐弟虎古之制也特原不問（魏志劉廙傳）

梁人取後妻後妻殺夫其子又殺之孔季彥返魯過梁梁相曰此子當以大逆論禮繼母如母是殺母也季彥曰若如母則與親母不等欲以義督之也昔文姜與殺魯桓春秋去其姜氏傳曰絕不爲親禮也絕不爲親卽凡人爾且夫手殺重於知情知情猶不得爲親則此下手之時母名絕矣方之古義是子宜以非司寇而擅殺當之不得爲殺母而論以逆也梁相從其言（孔叢子　按通典一百六十六有武帝論防年殺繼母一條與此情節相同惟不引春秋爲稍異耳詳見律令雜考）

黃浮爲濮陽令同歲子爲掾犯罪當死一郡望浮爲主浮曰周公誅二弟石碏討其子今雖同歲所不能赦遂竟治之

（書鈔三十七引汝南先賢傳）

漢論事援引春秋

梁王令人刺殺爰盎上疑梁殺之使者冠蓋相望責梁王王長君者王美人兄也鄒陽乘間以請曰長君誠能精爲上言毋竟梁事長君必固自結於太后太后厚德長君入於骨髓昔者魯公子慶父使僕人殺子般獄有所歸季友不探其情而誅焉慶父親殺閔公季子緩追免賊春秋以爲親親之過也魯哀姜薨於夷孔子曰齊桓公法而不譎以爲過也以是說天子徼幸梁事不奏長君曰諾乘間入而言之事果得不治（鄒陽傳）

大鴻臚禹奏元前以刃賊殺奴婢子男殺謁者爲刺史所舉罪名明白故春秋之義誅君之子不宜立元雖未伏誅不宜立嗣奏可國除（趙敬肅王傳）

助恐上書謝稱春秋天王出居於鄭不能事母故絕之臣事君猶子事父母也臣助當伏誅陛下不忍加誅願奉三年計最詔許（嚴助傳）

奉世遂西至大宛大宛聞其斬莎車王敬之異於他使得其名馬象龍而還上甚說下議封奉世丞相將軍皆曰春秋之義大夫出疆有可以安國家則顓之可也奉世功效尤著宜加爵土之賞少府蕭望之獨以奉世奉使有指而擅矯制違命發諸國兵雖有功效不可以爲後法（馮奉世傳）

光與羣臣連名奏王尙書令讀奏曰五辟之屬莫大不孝周襄王不能事母春秋曰天王出居於鄭繇不孝出之絕之

於天下也宗廟重於君陛下未見命高廟不可以承天序奉祖宗廟子萬姓當廢（霍光傳）

石顯匡衡以爲延壽湯擅興師矯制幸得不誅如復加爵土則後奉使者爭欲乘危徼幸生事於蠻夷爲國招難漸不可開元帝內嘉延壽湯功而重違衡顯之議議久不決故宗正劉向上疏曰昔齊桓公前有尊周之功後有滅項之罪君子以功覆過而爲之諱行事宜以時解縣通籍除過勿治尊寵爵位以勸有功（陳湯傳）

久之大將軍霍光薨宣帝始親政事封光兄孫山雲皆爲列侯以光子禹爲大司馬頃之山雲以過歸第敞聞之上封事曰臣聞公子季友有功於魯大夫趙衰有功於晉大夫田完有功於齊皆疇其庸延及子孫終歸田氏篡齊趙氏分晉季氏顓魯故仲尼作春秋迹盛衰譏世卿最甚間者輔臣顓政貴戚大甚君臣之分不明請罷霍氏三侯就第（張敞傳）

勳私過光祿勳辛慶忌又出逢帝舅成都侯商道路下車立須過迺就車於是方進舉奏其狀因曰臣聞國家之興尊尊而敬長爵位上下之禮王道綱紀春秋之義尊上公謂之宰海內無不統焉丞相進見聖主御座爲起在輿爲下羣臣宜皆承順聖化以視四方勳吏二千石幸得奉使不遵禮儀輕慢宰相賤易上卿而又詘節失度邪諂無常色厲內荏墮國體亂朝廷之序不宜處位臣請下丞相免勳（翟方進傳）

相因平恩侯許伯奏封事言春秋譏世卿惡宋三世爲大夫及魯季孫之專權皆危亂國家自後元以來祿出王室政繇冢宰今光死子復爲大將軍兄子秉樞機昆弟諸壻據權勢在兵官光夫人顯及諸女皆通籍長信宮或夜詔門出

入驕奢放縱恐寖不制宜有以損奪其權破散陰謀以固萬世之基全功臣之世（魏相傳）

時侍中董賢方貴上使中黃門發武庫兵前後十輩送董賢及上乳母王阿舍隆奏言春秋之誼家不藏甲所以抑臣威損私力也今賢等便僻弄臣私恩微妾而以天下公用給其私門非所以示四方也（毋將隆傳）

臣謹案魯嚴公夫人殺世子齊桓公召而誅焉春秋予之趙昭儀傾亂聖朝親滅繼嗣家屬當伏天誅前平安剛侯夫人謁坐大逆同產當坐以蒙赦令歸故郡今昭儀所犯尤誖逆罪重於謁而同產親屬皆在尊貴之位迫近帷幄羣下寒心請事窮竟丞相以下議正法哀帝於是免新成侯趙欽欽兄子成陽侯訢皆為庶人將家屬徙遼西郡（孝成趙皇后傳）

援在交阯常餌薏苡實用能輕身省慾以勝瘴氣南方薏苡實大援欲以為種軍還載之一車時人以為南土珍怪卒後有上書譖之者以為前所載還皆明珠文犀帝益怒賓客故人莫敢弔同郡朱勃詣闕上書曰臣聞春秋之義罪以功除聖王之禮臣有五義若援所謂以死勤事者也願下公卿平援功罪（馬援傳）

統上疏曰孔子曰刑罰不衷則人無所厝手足衷之為言不輕不重之謂也春秋之誅不避親戚所以防患救亂坐安衆庶（梁統傳）

單超積懷忿恨遂以事陷種竟坐徙朔方種匿於閭甄氏數年徐州從事臧旻上書訟之曰春秋之義選人所長棄其所短錄其小善除其大過種所坐以盜賊公負筋力未就罪至徵徙非有大惡（第五種傳）

時部縣亭長有受人酒禮者府下記案考之意封還記入言於太守曰春秋先內後外詩云刑於寡妻以御於家邦明政化之本由近及遠今宜先淸府內且闊略遠縣細微之愆太守甚賢之（鍾離意傳）

建初中有人侮辱人父者而其子殺之肅宗貰其死刑而降宥之自後因以爲比是時遂定其議以爲輕侮法敏駁議曰春秋之義子不報讎非子也而法令不爲之減者以相殺之路不可開故也可下三公廷尉蠲除其敝（張敏傳）

建初元年大旱穀貴終以爲廣陵楚淮陽濟南之獄徙者萬數又遠屯絕域吏民怨曠乃上疏曰臣聞善善及子孫惡惡止其身百王常典不易之道也臣竊按春秋水旱之變皆應暴急惠不下流魯文公毀泉臺春秋譏之曰先祖爲之而己毀之不如勿居而已以其無妨害於民襄公作三軍昭公舍之君子大其復古以爲不舍則有害於民也今伊吾之役樓蘭之屯久而未還非天意也帝從之聽還徙者悉罷邊屯（楊終傳）

參於道爲羌所敗旣已失期乃稱病引兵還坐以詐疾徵下獄校書郞中馬融上書請之曰昔荀林父敗績於邲晉侯使復其位孟明視喪師於殽秦伯不替其官故晉景並赤狄之土秦穆遂霸西戎宜遠覽二君使參得在寬宥之科書奏赦參等（龐參傳）

先是中常侍單超弟匡爲濟陰太守以臧罪爲刺史第五種所劾窘急乃賂客任方刺兗州從事衞羽及捕得方囚繫洛陽匡慮秉當窮竟其事密令方等得突獄亡走尙書召秉詰責秉對曰春秋不誅黎比而魯多盜方等無狀釁由單匡刺執法之吏害奉公之臣復令得逃竄寬縱罪身元惡大憝終爲國害乞檻車徵匡考覈其事則姦慝蹤緒必可立

得（楊秉傳）

時中常侍侯覽弟參爲益州刺史累有臧罪暴虐一州明年秉劾奏參檻車徵詣廷尉參惶恐自殺秉因奏曰案中常侍侯覽弟參貪殘元惡自取禍滅覽固知釁重必有自疑之意臣愚以爲不宜復見親近昔懿公刑邴歜之父奪閻職之妻而使二人參乘卒有竹中之難春秋書之以爲至戒覽宜急屏斥投畀有虎若斯之人非恩所宥請免官送歸本郡書奏尙書召對秉掾屬曰公府外職而奏劾近官經典漢制有故事乎秉使對曰春秋趙鞅以晉陽之甲逐君側之惡傳曰除君之惡惟力是視鄧通懈慢申屠嘉召通詰責文帝從而請之漢世故事三公之職無所不統尙書不能詰帝不得已竟免覽官（同上）

膺坐輸作左校初膺與廷尉馮緄大司農劉佑等共同心志糾罰姦倖緄佑時亦得罪輸作司隸校尉應奉上疏理膺等曰昔季孫行父親逆君命逐出莒僕於舜之功二十之一今膺等投身彊禦畢力致罪陛下旣不聽察而猥受譖訴遂令忠臣同愆元惡乞原膺等以備不虞書奏乃悉免其刑（李膺傳）

時張讓弟朔爲野王令貪殘無道至乃殺孕婦聞膺厲威嚴懼罪逃還京師因匿兄讓第舍藏於合柱中膺知其狀率將吏卒破柱取朔付洛陽獄受辭畢卽殺之讓訴冤於帝詔膺入殿御親臨軒詰以不先請便加誅辟之意膺對曰昔晉文公執衛成公歸於京師春秋是焉禮云公族有罪雖曰宥之有司執憲不從昔仲尼爲魯司寇七日而誅少正卯今臣到官已積一旬私懼以稽留爲愆不意獲速疾之罪誠自知釁責死不旋踵特乞留五日尅殄元惡退就鼎鑊始

生之願也帝無復言願謂讓曰此汝弟之罪司隸何愆乃遣出之（同上）

初太傅馬日磾奉使山東及至淮南數有意於袁術術輕侮之遂奪取其節求去又不聽因欲迫為軍師日磾深自恨遂嘔血而斃及喪還朝廷議欲加禮融乃獨議曰日磾以上公之尊秉髦節之使銜命直指寧輯東夏而曲媚姦臣為所牽率章表署用輒使首名附下罔上姦以事君昔國佐當晉軍而不撓宜僚臨白刃而正色王室大臣豈得以見脅為辭又袁術僭逆非一朝一夕日磾隨從周旋歷歲漢律與罪人交關三日已上皆應知情春秋魯叔孫得臣卒以不發揚襄仲之罪貶不書日鄭人討幽公之亂斲子家之棺聖上哀矜舊臣未忍追案不宜加禮朝廷從之（孔融傳）

梁郁陰上書告駰僖誹謗先帝刺譏當世事下有司駰詣吏受訊僖以吏捕方至恐誅乃上書肅宗自訟曰齊桓公親揚其先君之惡以唱管仲然後羣臣得盡其心今陛下乃欲以十世之武帝遠諱實事豈不與桓公異哉書奏立詔勿問（孔僖傳）

是時邵陵令任嘉在職貪穢因遷武威太守有人奏嘉臧罪千萬徵考廷尉其所染牽將相大臣百有餘人倫乃上書曰臣聞春秋誅惡及本本誅則惡消今任嘉所坐狼藉未受辜戮猥以垢臭改典大郡自非案坐舉者無以禁絕奸萌昔齊威之霸殺姦臣五人並及舉者以弭謗讟惟陛下留神省察尚書奏倫徼以求直坐不敬結鬼薪（楊倫傳）

時燒何豪有婦人比銅鉗者將其家來依郡縣種人頗有犯法者臨羌長收繫比銅鉗而誅殺其種六七百人顯宗憐之乃下詔曰昔齊桓公伐戎而無仁惠故春秋貶曰齊人今國家無德恩不及遠羸弱何辜而當并命比銅鉗尚生者

所在致醫藥養視令招其種人若欲歸故地者厚遣送之其小種若束手自詣欲效功者皆除其罪若有逆謀爲吏所捕而獄狀未斷悉以賜有功者（西羌傳）

奐川單于不能統理國事乃拘之立左谷蠡王桓帝詔曰春秋大居正居車兒一心向化何罪而黜其遣還單于（南匈奴傳）

潁川荀爽對策曰公卿二千石皆輔主宣化政之本也而使不赴父母之喪春秋傳曰上之所爲民之歸也上使不爲民或爲之是以加罰若上之所爲而民亦爲之向其化也又何誅哉假使大臣皆不行三年之喪何以責之（袁宏後漢紀）

晉靈厚賦以雕牆春秋以爲非君華元樂呂厚葬文公春秋以爲不臣況於羣司庶士乃可僭侈主上過天道乎景帝時武原侯衛不害坐葬過律奪國明帝時桑民摐陽侯坐塚過制髡削（潛夫論）

春秋之義責知誅率孝文皇帝至寡欲動任德然河陽侯陳信坐負六日免國孝武仁明周陽侯田彭祖坐當軹侯宅而不與免國黎陽侯邵延坐不出持馬身斬國除二帝豈樂以錢財之故而傷大臣哉乃欲絕詐欺之端必國家法防禍亂之原以利民也（同上）

太原周黨伯況少爲鄉佐發黨過於人中辱之黨學春秋長安聞報讎之義輟講下辭歸報讎到與鄉佐相聞期鬬日鄉佐多從正往使鄉佐先拔刀然後相鬬佐欲直令正擊之黨被創困乏佐服其義勇便輿養之數日蘇與乃知非其

家卽徑歸其立勇果乃至於是謹按凡報讎者謂爲父兄耳豈以一朝之憤而肆其狂怒者哉旣遠春秋之義殆令先祖不復血食不孝不智而兩有之歸其義勇其義何居（風俗通）

高唐令樂安周糾孟玉爲大將軍掾弟子使客殺人捕得太守盛亮陰爲宿留糾亦自劾詣府亮與相見不乞請又不辭謝亮告賓客周孟玉欲作抗直不恤其親我何能枉憲乎遂斃於獄謹按春秋叔牙爲慶父殺般閔公大惡之甚而季子緣獄有所歸不探其情緩追逸賊親親之道州吁旣殺其君而虐用其人石碏惡之而厚與焉大義滅親君子猶曰純臣之道備矣於恩未也君親無將王誅宜耳周糾苟執果毅忽如路人孟軻譏無惻隱之心傳曰於厚者薄則無所不薄矣（同上）

按應劭傳劭嘗著春秋斷獄其書不傳隋志亦不著錄此二條殆其佚文也

漢末有管秋陽者與弟及伴一人避亂俱行天雨雪糧絕謂其弟曰今不食伴則三人俱死乃與弟共殺之得糧達舍後遇赦無罪此人可謂善士乎孔文擧曰管秋陽愛先人遺體食伴無嫌也荀侍中難曰秋陽貪生殺生豈不罪耶文擧曰此伴非會友也若管仲啖鮑叔貢禹食王陽此則不可向所殺者猶鳥獸而能言耳今有犬齧一狸狸齧一鸚鵡何足怪也昔重耳戀齊女而欲食狐偃叔敖怒楚師而欲食伍參賢哲之忿猶欲啖人而況遺窮者乎（意林引傅子）

漢律考　八

律家考

周官大司寇正月之吉始和布刑於邦國都鄙乃縣刑象於象魏使萬民觀刑象挾日而斂之又有州長以下諸官屬民讀法其時人人知法而未嘗有律學之名班氏謂法家者流出於理官自李悝著法經其後商鞅申不害處子慎到韓非游棣子諸人幷有著述列於漢書藝文志是此學戰國時始盛也秦焚詩書百家之言法令以吏爲師漢代承之此禁稍弛南齊崔祖思謂漢來治律有家子孫幷世其業聚徒講授至數百人其可考者文苑英華引沈約授蔡法度廷尉制謂漢之律書出於小杜故當時有所謂小杜律見漢書郭躬傳晉志亦言漢時律令錯糅無常後人生意各爲章句叔孫宣郭令卿馬融鄭玄諸儒章句十有餘家家數十萬言凡斷罪所當由用者合二萬六千二百七十二條七百七十三萬二千二百餘言言數益繁覽者益難漢時律學之盛如此馬鄭皆一代經學大儒猶爲律章句文翁守蜀選開敏有材者張叔等十餘人遣詣京師學律令是漢人之視律學其重之也又如此董卓之亂海內鼎沸律學寖微於是衞覬有設律博士之請據魏志覬傳覬奏曰九章之律自古所傳斷定刑罪其意微妙百里長吏皆宜知律請置博士轉相教授事遂施行沿六朝隋唐訖於趙宋代有此官至元而廢自是士大夫始鮮知律此亦古今得失之林也徐天麟東漢會要有律學一門惜有目無書茲篇所輯凡得七十五人漢時五經幷置博士授受淵源儒林傳頗能言

之而治律之師承則語焉不詳東漢中葉郭吳陳三家代以律學鳴而郭氏出於小杜可考者止此其餘諸家授受淵源莫能述焉至諸家律說見於史漢注者尚有數條姑附於後吉光片羽致足珍也作律家考

蕭何

相國蕭何攟摭秦法取其宜於時者作律九章（刑法志）

蕭何造律而漢室以甯（論衡）

蕭何守文法（意林引傅子）

蕭何定諸侯法令（玉海）

叔孫通

叔孫通薛人也孝惠即位定宗廟儀法及稍定漢諸儀法皆通所論著（本傳）

叔孫通益律所不及傍章十八篇（晉志）

張蒼

張蒼定章程（高帝紀）

漢興二十餘年天下初定公卿皆軍吏蒼爲計相吹律調樂入之音聲及以比定律令（任敖傳）

張蒼除肉刑所殺歲以萬計（魏志鍾繇傳）

董仲舒

故膠東相董仲舒老病致仕朝廷每有政議數遣廷尉張湯親至陋巷問其得失於是作春秋決獄二百三十二事（應劭傳）

公羊董仲舒春秋治獄十六篇（藝文志）

董仲舒表春秋之義稽合於律無乖異者（論衡）

賈誼　吳公

賈誼雒陽人也河南守吳公聞其秀材召置門下文帝初立聞河南守吳公治平爲天下第一故與李斯同邑而嘗學事焉徵以爲廷尉廷尉乃言誼年少頗通諸家之書文帝召以爲博士超遷歲中至大中大夫誼以爲漢興二十餘年宜草具儀法文帝謙讓未遑也然諸法令所更定其說皆誼發之（本傳）

張叔

御史大夫張叔者名歐安邱侯說之庶子也孝文時以治刑名言事太子然歐雖治刑名家其人長者（史記本傳）

張歐字叔孝文時以治刑名侍太子（本傳）

鼂錯　張恢　宋孟　劉帶

鼂錯潁川人也學申商刑名於軹張恢生所（注師古曰軹縣之儒生姓張名恢錯從之受申商法）與雒陽宋孟及

劉帶（史記帶作禮）同師（本傳）

錯所更令三十章（同上）

鼂錯三十二篇（藝文志）

張湯

張湯杜陵人也父爲長安丞出湯爲兒守舍還鼠盜肉父怒笞湯湯掘薰得鼠及餘肉劾鼠掠治傳爰書訊鞫論報并取鼠與肉具獄磔堂下父見之視文辭如老獄吏大驚遂使書獄還大中大夫與趙禹共定諸律令務在深文（本傳）

張廷尉論定律令明法以繩天下（鹽鐵論）

張湯越宮律二十七篇（晉志）

趙禹

趙禹斄人也武帝時以刀筆吏積勞遷爲御史上以爲能至中大夫與張湯論定律令作見知吏傳相監司以法盡自此始（本傳）

趙禹朝律六篇（晉志）

杜周

杜周南陽杜衍人也少言重遲而內深次骨其治大抵放張湯（本傳）

兼律大杜（馮緄碑）

韜律大杜（荊州從事苑鎮碑）

杜延年

延年字幼公亦明法律（本傳）

西河太守杜延年明於法度曉國家政事（丙吉傳）

父弘習小杜律注杜周武帝時爲廷尉御史大夫斷獄深刻其子延年亦明法律宣帝時又爲御史大夫對父故言小
（郭躬傳）

公孫弘

公孫弘葘川薛人也少時爲獄吏習文法吏事緣飾以儒術（本傳）

公孫弘著公孫子言刑名事謂字直百金（西京雜記）

韓安國　田生

韓安國字長孺梁成安人也嘗受韓子（漢書注校補韓子謂韓非子）雜說鄒田生所注師古曰田生鄒縣人（本傳）

于公　于定國

于定國字曼倩東海郯人也其父于公爲縣獄史郡決曹決獄平羅文法者于公所決皆不恨定國少學法於父父死後定國亦爲獄史郡決曹以材高舉侍御史遷御史中丞（本傳）

丞相西平侯于定國者東海人也其父號曰于公爲縣獄吏曹掾決獄平法未嘗有冤（說苑）

張于二氏絜譽文宣之世（南齊書）

于定國爲廷尉集諸法律凡九百六十卷（魏書刑罰志）

路溫舒

路溫舒字長君鉅鹿東里人也爲獄小吏因學律令轉爲獄史縣中疑事皆問焉宣帝初上書言宜尙德緩刑（本傳）

鄭賓

鄭崇父賓明法律爲御史事貢公（鄭崇傳）

鄭昌　鄭弘

鄭弘字穉卿泰山剛人也兄昌字次卿皆明經通法律政事次卿爲太原涿郡太守弘爲南陽太守皆治迹條教法度爲後所述次卿用刑罰深不如弘平（本傳）

黃霸

黃霸字次公淮陽陽夏人也以豪傑役使徙雲陵霸少學律令喜爲吏爲人明察內敏又習文法爲丞處議當於法合

人心太守甚任之吏民愛敬焉（循吏傳）

嚴延年

嚴延年字次卿東海下邳人也少學法律丞相府歸爲郡吏以選除補御史椽（酷吏傳）

孔光

孔光字子夏孔子十四世孫也以高第爲尚書觀故事品式數歲明習漢制及法令（本傳）

陳湯

陳湯字子公山陽瑕丘人也少好書博達善屬文大將軍鳳奏以爲從事中郎幕府事壹決於湯湯明法令善因事爲執納說多從常受人金錢作章奏卒以此敗（本傳）

丙吉

丙吉字少卿魯國人也治律令爲魯獄史積功勞稍遷至廷尉（本傳）

薛宣

薛宣字贛君東海郯人也少爲廷尉書佐都船獄吏以明習文法詔補御史中丞（本傳）

尹翁歸

尹翁歸字子兄河東平陽人也少孤與季父居爲獄小吏曉習文法（本傳）

何比干

比干字少卿經明行修兼通法律爲汝陰縣獄史法曹掾平活數千人（何敞傳注引何氏家傳）

武帝時爲廷尉正與張湯同時湯持法深而比干務仁恕數與湯爭雖不能盡得然所濟活者以千數（何敞傳）

汝南何比干通律法元朔中公孫洪（當作弘）辟爲廷尉右平獄無冤民號曰何公（太平廣記二百九十一引三輔決錄）

弘恭　石顯

宣帝不甚從儒術任用法律而中書令弘恭石顯久典樞機明習文法（蕭望之傳）

弘恭明習法令故事（本傳）

或曰載使子草律曰吾不如弘恭（法言）

王禁

禁字雅君少學法律長安爲廷尉史（元后傳）

淮陽憲王欽

宣帝寵姬張婕妤男淮陽憲王好政事通法律上奇其材欲以爲嗣（韋元成傳）

趙敬肅王彭祖

以孝景前二年立心刻深好法律（本傳）

廣陵思王荆

荆性刻急隱害有才能而喜文法（光武十王傳）

王霸

王霸字元伯潁川潁陽人也世好文法父爲郡決曹掾霸亦少爲獄吏注引東觀漢記曰祖父爲詔獄丞（本傳）

梁統　梁松

梁統字仲寗安定烏氏人性剛毅而好法律（本傳）

松字伯孫少爲郎博通經書明習故事（同上）

郭弘　郭躬　郭晊　郭鎭　郭禎　郭僖　郭旻

郭躬字仲孫潁川陽翟人也父弘習小杜律太守寇恂以弘爲決曹掾斷獄至三十年用法平諸爲弘所決者退無怨情郡內比之東海于公年九十五卒（郭躬傳）

躬少傳父業講授徒衆常數百人家世掌法務在寬平乃條諸重文可從輕者四十一事奏之事皆施行著於令（同上）

中子晊亦明法律至南陽太守政有名迹（同上）

弟子鎭字桓鍾少修家業拜河南尹轉廷尉（同上）

弟禎亦以能法律至廷尉（同上）

鎭弟子僖少明習家業兼好儒學延熹中爲廷尉郭氏自弘後數世皆傳法律（同上）

郭躬家世掌法務在寬平（東觀漢記）

郭躬爲廷尉正遷廷尉家世掌法凡郭氏爲廷尉者七人（藝文類聚四十九引華嶠後漢書）

郭躬字仲孫潁川人辟公府以明法律特預朝議（御覽六百四十引續漢書）

陳郭兩族流稱武明之朝決獄無寃慶昌枝裔（南齊書）

郭躬以律學通明仍業司士（文苑英華沈約授蔡法度廷尉制）

治律小杜（丹陽太守郭旻碑）

郭旻字巨公太尉禧之子知郭氏世傳小杜律（惠棟後漢書補注）

郭賀

郭賀字喬卿雒陽人能明法建武中爲尙書令在職六年曉習故事（蔡茂傳）

陳咸　陳寵　陳忠

陳寵字昭公沛國洨人也曾祖父咸成哀間以律令爲尙書平帝時王莽輔政多改漢制咸心非之卽乞骸骨收斂其

家律令書文皆璧藏之咸性仁恕常戒子孫曰爲人議法當依於輕雖有百金之利愼無與人重比（陳寵傳）

寵明習家業少爲州郡吏辟司徒鮑昱府昱高其能轉爲辭曹爲昱撰辭訟比七卷奏上之其後公府奉以爲法（同上）

忠字伯始劉愷舉忠明習法律宜備機密於是擢拜尚書使三公曹忠自以世典刑法用心務在寬詳（同上）

陳寵曾祖父咸任成哀間以明律令爲侍御史（東觀漢記）

陳咸字子威爲廷尉監執獄多恩議人常從輕比多所全活皆稱其恩（御覽二百三十一引謝承後漢書）

王渙

王渙字稚子廣漢郪人也習尚書讀律令略舉大義爲太守陳寵功曹（本傳）

吳雄　吳訢　吳恭

順帝時廷尉河南吳雄季高以明法律斷獄平起自孤宦致位司徒子訢孫恭三世廷尉爲法名家（郭躬傳）

河間吳雄以明法律桓帝時自廷尉致位司徒雄子訢孫恭三世爲廷尉以法爲名家（藝文類聚四十九引華嶠後漢書　書鈔五十三御覽二百三十一引華書均作桓帝與范書異）

吳雄以三世法家繼爲理職（文苑英華沈約授蔡法度廷尉制）

張禹

張禹字伯達作九府吏爲廷尉府北曹吏斷獄處事執平爲京師所稱明帝以其明達法理有張釋之風超遷非次拜廷尉（書鈔五十三引東觀記）

光武時有疑獄見廷尉曹史張禹所問輒對處當詳衷於是册免廷尉以禹代之雖越次而授亦足以厲其臣節也（御覽二百三十一引漢官儀）

侯霸

侯霸字君房河南密人也明習故事條奏前世善政法度有益於時者皆施行之（本傳）

陳球

陳球字伯眞下邳淮浦人也少涉儒學善律令（本傳）

宗琳（御覽二百三十一引作陳琳汪文臺謝書輯本作陳球宗琳蓋陳球之誤）字伯眞橋玄表琳明法律徵拜廷尉正（書鈔五十五引謝承後漢書）

鍾皓

鍾皓字季明潁川長社人世善刑律（本傳）

鍾皓字季明溫良篤愼博學詩律教授門生千有餘人（魏志鍾繇傳注引先賢行狀）

陽球

陽球字方正漁陽泉州人也性嚴厲好申韓之學（本傳）

樊曄

樊曄字仲華南陽新野人也爲天水太守政嚴猛好申韓法善惡立斷（本傳）

周紆

周紆字文通下邳徐人也爲人刻削少恩好韓非之術（本傳）

周樹

周樹達於法善能解煩釋疑八辟從事（書鈔七十三引謝承後漢書）

徐徵

徐徵字君球蒼梧荔浦人少有方直之行不撓之節頗覽書傳尤明律令延熹五年徵爲中部督郵（御覽二百五十三引廣州先賢傳）

應劭

應劭字仲遠刪定律令爲漢儀建安元年奏之時始遷都於許凡朝廷制度百官典式多劭所立（本傳）

劭又著中漢輯敍漢官儀及禮儀故事凡十一種百三十一卷（魏志王粲傳注引續漢書）

漢世善駁則應劭爲首（文心雕龍）

應劭律略論五卷漢朝議駁三十卷應劭撰（隋志）

黃昌

黃昌字聖真會稽餘姚人也曉習文法仕郡爲決曹（本傳）

董昆　盧孟　荀季卿

董昆字文通餘姚人也少遊學師事潁川荀季卿受春秋治律令明達法理又才能撥煩縣長潘松署功曹史刺史盧孟行部垂念寃結松以孟明察法令轉署昆爲獄史孟到昆斷正刑法甚得其平孟問昆本學律令所事爲誰昆對事荀季卿孟曰史與刺史同師孟又問昆從何職爲獄史松具以實對孟歎曰刺史學律猶不及昆召之署文學（御覽六百三十八引會稽典錄）

董昆遷廷尉卿持法清峻不發私書（御覽二百三十一引會稽典錄）

叔孫宣　郭令卿　馬融　鄭玄

後人生意各爲章句叔孫宣郭令卿馬融鄭玄諸儒章句十有餘家家數十萬言言數益繁覽者益難（晉書刑法志）

張皓

張皓字叔明犍爲武陽人也雖非法家而留心刑斷數與尚書辦正疑獄多以詳當見從（本傳）

張浩字叔明治律春秋遊學京師善大將軍鄧騭順帝初立拜浩司空（蜀志張翼傳注引益部耆舊傳）
按漢時廷尉多以法家爲之楊賜爲廷尉自以代非法家言曰三后成功惟殷於民皋陶不與焉蓋吝之也遂固辭
見楊賜傳侍御史治書侍御史亦以明法律者爲之見百官志

律說（附）

按陳寵傳律有三家其說各異晉志漢諸儒章句十有餘家魏明帝詔但用鄭氏章句不得雜用餘家考馬融鄭玄
爲律章句後書本傳皆不載隋志亦不著錄蓋佚已久沈氏寄簃文存謂唐律疏義雖不純本魏太和律博士說而
鄭義多在其中今不可考惟律說見於史漢注所引者尙存數條姑附於後

鬼薪作三歲（史記集解如淳引律說）

論決爲髡鉗輸邊作長城晝日伺寇虜夜暮築長城城旦四歲也（同上引律說）

都吏今督郵（文帝紀注如淳引律說）

卒踐更者居也居更縣中五月乃更也（明帝紀注如淳引律說）

戍邊一歲當罷若有急當留守六月（溝洫志注如淳引律說）

平賈一月得錢二千（同上）

出罪爲故縱入罪爲故不直（功臣表注晉灼引律說）

封諸侯過限曰附益（諸侯王表注張晏引律鄭氏說）

魏律考序

余既成漢律考八卷因欲以次採摭魏晉六朝諸律先成魏律考一卷考魏明帝頒定新律魏志不載年月據通鑑綱目太和三年詔司徒陳羣等刪約漢法制新律十八篇係於十月立聽訟觀之後未知何據魏志明帝青龍二年二月詔減鞭杖之制十二月詔有司刪定大辟減死罪是魏律成於太和青龍之間蓋無可疑者咸熙元年晉文帝爲晉王令賈充改定律令越年遂禪於晉距新律之頒行僅三十餘年耳魏志高堂隆傳稱軍國多事用法深重晉志亦言陳羣劉邵雖經改革科網本密是新律在當時已不滿人意隋書經籍志僅存劉邵律略論五卷而新律則久已散佚蓋魏自中葉而後王室漸微政歸典午國祚既促江左巴蜀猶阻聲教其流傳不遠抑有由也今可考者僅晉志載新律序略一篇其增損漢律之處如誣告人反罪及親屬篡囚改坐棄市皆失之重然大端實與九章無大出入捕律戶律二篇仍漢之舊刼略請賕償贓由盜律分出詐僞毀亡由賊律分出告劾由囚律分出繫訊斷獄由囚律與律分出驚事律亦由興律分出刪漢之廐律一篇夫漢興以來科條無限序略稱十八篇於正律九篇爲增於旁章科令爲省其刪削繁蕪之功自不可沒若夫改漢具律爲刑名第一依古義制爲五刑列之律首幷以八議入律開晉唐宋明諸律之先河又如漢時大臣犯罪動輒指爲不道而魏則無聞其體例之善比附之嚴亦有未可輕議者輯而存之聊以備一朝之掌故後之考求文獻者得觀覽焉己未夏五閩縣程樹德序

魏律考目錄

卷二

魏律考

魏律篇目

明帝即位劉劭與議郎庾嶷荀詵等定科令作新律十八篇（劉劭傳）

天子（明帝）下詔改定刑制命司空陳羣散騎常侍劉劭給事黃門侍郎韓遜議郎庾嶷中郎黃休荀詵等删約舊科傍采漢律定爲魏法制新律十八篇（晉書刑法志）

魏命陳羣等採漢律爲魏律十八篇增漢蕭何律刦掠詐僞毁亡告劾繫訊斷獄請賕驚事償贓等九篇也（唐六典注）

魏因漢律爲一十八篇改漢具律爲刑名第一（唐律疏義）

按沈氏寄簃文存云唐六典言魏增漢律刦掠詐僞毁亡告劾繫訊斷獄請賕驚事償贓等九篇也以晉志核之詐僞即詐律（疑志奪僞字）此外有留（留上當有乏字）律免坐律留律志言別爲之當不在正律之內而免坐律亦魏所增合前九篇共得十篇盜律賊律囚律雜律並有分出之事具律改爲刑名擅與當即興律所改是改定

者凡六篇仍其舊者止捕律戶律二篇除廐律一篇改爲郵驛令不計外合而計之與十八篇之數相符惟晉志言所定增十三篇就故五篇合十八篇核與前數不合六典言魏增九篇與十篇之數亦不合未詳其故

魏律序

序略曰舊律所難知者由於六篇篇少故也篇少則文荒文荒則事寡事寡則罪漏是以後人稍增更與本體相離今制新律宜都總事類多其篇條舊律因秦法經就增三篇而具律不移因在第六罪條例既不在始又不在終非篇章之義故集罪例以爲刑名冠於律首盜律有劫略恐猲和賣買人科有持質皆非盜事故分以爲劫略律賊律有欺謾詐僞踰封矯制囚律有詐僞生死令景有詐自復免事類衆多故分爲詐律賊律有賊伐樹木殺傷人畜產及諸亡印金布律有毀傷亡失縣官財物故分爲毀亡律囚律有告劾傳覆廐律有告反逮受科有登聞道辭故分爲告劾律囚律有繫囚鞫獄斷獄之法興律有上獄之事科有考事報讞宜別爲篇故分爲繫訊斷獄律盜律有受所監受財枉法雜律有假借不廉令乙有呵人受錢科有使者驗賂其事相類故分爲請賕律盜律有勃辱強賊興律有擅興徭役具律有出賣呈科有擅作修舍故分爲與擅律興律有乏徭稽留賊律有儲峙不辦廐律有乏軍之興及舊典有奉詔不謹不承用詔書漢氏施行有小愆之反（之反通典作乏及通考之亦作乏）不如令輒劾以不承用詔書乏軍要斬又減以丁酉詔書丁酉詔書漢文所下不宜復以爲法故別爲之（之當作乏）留律秦世舊有廐置乘傳副車食廚漢初承秦不改後以費廣稍省故後漢但設騎置而無車馬律猶著其文則爲虛設故除廐律取其可用合科者以爲

郵驛令其告反逮驗別入告劾律上言變事以爲變事令以驚事告急與興律烽燧及科令（令疑合之譌）者以爲驚事律盜律有還贓畀主金布律有罰贖入責以呈黃金爲價（價通典作償）科有平庸坐贓事以爲償贓律律之初制無免坐之文張湯趙禹始作監臨部主見知故縱之例其見知而故不舉劾各與同罪失不舉劾各以贖論其不見不知不坐也是以文約而例通科之爲制每條有違科不覺不知從坐之免不復分別而免坐繁多宜總爲免例以省科文故更制定其由例以爲免坐律諸律令中有其教制本條無從坐之文者皆從此取法也凡所定增十三篇就故五篇合十八篇於正律九篇爲增於旁章科令爲省矣改漢舊律不行於魏者皆除之更依古義制爲五刑其死刑有三髡刑有四完刑作刑各三贖刑十一罰金六雜抵罪七凡三十七名以爲律首又改賊律但以言語及犯宗廟園陵謂之大逆無道要斬家屬從坐不及祖父母孫至於謀反大逆臨時捕之或汙瀦或梟菹夷其三族不在律令所以嚴絕惡迹也賊鬬殺人以劾而亡許依古義聽子弟得追殺之會赦及過誤相殺不得報讎所以止殺害也正殺繼母與親母同防繼假之隙也除異子之科使父子無異財也毆兄姊加至五歲刑以明教化也囚徒誣告人反罪及親屬異於善人所以累之使省刑息誣也改投書棄市之科所以輕刑也正篡囚棄市之罪斷凶強爲義之蹤也二歲刑以上除以家人乞鞫之制所以省煩獄也改諸郡不得自擇伏日所以齊風俗也斯皆魏世所改其大略如是（晉書刑法志）

按漢世律令最繁九章之外有旁章有科令魏則删繁就簡悉納入正律之中改具律爲刑名移置律首各篇中有

相類者則隨類分出別立篇目其全删者止廐律一篇各條中修正之處均一一指出其餘與漢律實無大出入

魏律佚文

大將軍文王上言騎督成倅弟太子舍人濟橫入兵陣傷公遂至隕命科律大逆無道父母妻子同產皆斬濟兄弟悖逆干國亂紀罪不容誅輒勅御史收濟家屬付廷尉結正其罪（魏志卷四）

按魏律佚文不概見此條事在明帝定律以後決爲新律原文無疑漢律亦有此條見漢書景帝紀注又尙書微子正義引漢魏律敢有盜郊祀宗廟之物無多少皆死云云知魏律多與漢律同

魏刑名

死刑三（以下具見晉書刑法志唐六典注死刑作大辟）

按漢死刑有梟首腰斬棄市已詳漢律考晉張斐律表云死刑不過三又云梟首者惡之長斬刑者罪之大棄市者死之下以漢晉二律證之知所謂死刑三者卽梟首腰斬棄市也新律序略有大逆無道要斬之條又魏志高柔傳公孫淵兄晃數陳淵謀逆帝不忍市斬柔上疏曰叛逆之類誠應梟縣事在明帝時則魏有梟首腰斬棄市之刑明矣

髡刑四

按漢律髡爲五歲刑晉律髮鉗五歲刑四歲刑三歲刑二歲刑凡四等見御覽疑魏律當與晉同魏志孫禮傳曹爽

劾禮怨望結刑五歲事在明帝定律以後殆卽髡刑也又常林傳注引魏略云沐並爲成臯令校事劉肇出過縣遣人呼縣吏求索稿穀是時蝗旱官無有見未辨之間肇人從入並之閤下呴呼罵吏並怒因躧履提刀而出多從吏欲收肇肇覺知驅吏具以狀聞有詔肇爲牧司爪牙吏而並欲收縛無所忌憚自恃淸名邪遂收欲殺之髡決減死刑竟復吏是髡爲減死之刑與漢制同

完刑三

按秦漢完均四歲刑魏分三等無考

作刑三

按漢制三歲刑鬼薪白粲二歲刑司寇作一歲刑罰作復作均作刑也魏制當與漢同惟城旦舂鬼薪白粲諸刑名晉以後無聞魏是否仍襲漢制今不可考

贖刑十一

按以晉梁諸律證之贖死爲一等贖髡刑完刑作刑凡十等故云贖刑十一晉律金等不過四魏金等無考魏志太和四年十月令罪非殊死聽贖各有差

罰金六

按高柔傳自黃初數年之間舉吏民姦罪以萬數柔皆請懲虛實其餘小小挂法者不過罰金蓋罰金本漢制魏初

已久行之通典一百六十三明帝改士庶罰金之令男聽以罰代金婦人加笞還從鞭督之例是中葉後更爲異制也

雜抵罪七

按雜抵罪殆卽除名奪爵之類今不可考

夷三族

嘉平元年正月有司奏收黃門張當付廷尉考實其辭爽（曹爽）與謀不軌又尚書丁謐鄧颺何晏司隸校尉畢軌荆州刺史李勝大司農桓範皆與爽通姦謀夷三族（魏志卷四）

大將軍司馬胡奮部兵逆擊斬誕傳首夷三族（諸葛誕傳）

夷儉三族（毌丘儉傳）

於是豐玄緝敦賢等皆夷三族（夏侯尚傳）

諸相連者悉夷三族（王淩傳）

淮妻王淩之妹淩誅妹當從坐御史往收督將及羌胡渠帥數千人叩頭請淮表留妻淮不從妻上道莫不流涕人人扼腕欲刼留之淮五子叩頭流血請淮淮不忍視乃命左右追妻於是追者數千騎數日而還淮以書白司馬宣王曰五子哀母不惜其身若無其母是無五子亦無淮也今輒追還若於法未通當受罪於主者書至宣王亦宥之（郭淮

傳注引世語）

魏改定婦女從坐之律

魏法犯大逆者誅及已出之女毋丘儉之誅其子甸妻荀氏應坐死其族兄顗與景帝姻通表魏帝以匄其命詔聽離婚荀氏所生女芝爲潁川太守劉子元妻亦坐死以懷姙繫獄荀氏辭詣司隸校尉何曾乞恩求沒爲官婢以贖芝命曾哀之使主簿程咸上議曰夫司寇作典建三等之制甫侯修刑通輕重之法叔世多變秦立重辟漢又修之大魏承秦漢之弊未及革制所以追戮已出之女誠欲殄醜類之族也然則法貴得中刑愼過制臣以爲女人有三從之義無自專之道出適他族還喪父母降其服紀所以明外成之節異在室之恩而父母有罪追刑已出之女夫黨見誅又有隨姓之戮一人之身內外受辟今女既嫁則爲異姓之妻如或產育則爲他族之母此爲元惡之所忽戮無辜之所重於防則不足懲奸亂之源於情則傷孝子之心男不得罪於他族而女獨嬰戮於二門非所以哀矜女弱蠲明法制之本分也臣以爲在室之女從父母之誅既醮之婦從夫家之罰宜改舊科以爲永制於是有詔改定律令（晉書刑法志）魏志何夔傳注引干寶晉紀曰曾字穎考正元中爲司隸校尉時毋丘儉孫女適劉氏以孕繫廷尉女母荀爲武衞將軍荀顗所表活既免辭詣廷尉乞爲官婢以贖女命曾使主簿程咸爲議議曰大魏承秦漢之弊未及革制所以追戮已出之女誠欲殄醜類之族也若已產育則成他家之母於法則不足懲奸亂之源於情則傷孝子之恩男不御罪於他族而女獨嬰戮於二門非所以哀矜女弱均法制之大分也臣以爲在室之女可從父母之刑既醮之婦使從

夫家之戮朝廷從之乃定律令）

魏鞭杖之制

太祖性嚴掾屬公事往往加杖夔常畜毒藥誓死無辱是以終不見及（何夔傳）

明帝青龍二年春詔曰鞭作官刑所以糾慢怠也而頃多以無辜死其減鞭杖之制著於令（魏志卷二）

韓宣字景然渤海人也黃初中爲尚書郎嘗以職事當受罰於殿前已縛束杖未行文帝輦過問此爲誰左右對曰尚書郎渤海韓宣也帝特原之遂解其縛時天大寒宣前以當受杖豫脫袴纏褌面縛及其原褌腰不下乃趨而去（裴潛傳注引魏略）

壽春之役偉（滿寵子）從文王至許以疾不進事定乃從歸由此內見恨收長武（偉子）考死杖下（滿寵傳注引世語）

司馬宣王在長安立軍市而軍中吏士多侵侮縣民斐（顏斐）以白宣王宣王乃發怒召軍市候便於斐前杖一百（倉慈傳注引魏略）

阜上疏欲省宮人諸不見幸者乃召御府吏問後宮人數吏守舊令對曰禁密不得宣露阜怒杖吏一百（楊阜傳）

質之爲荊州也威（質之子）自京都省之臨辭質賜其絹一匹爲道路糧質帳下都督陰以資裝百餘里要之每事佐助威取向所賜絹答謝而遣之具以白質質杖其都督一百（胡質傳注引晉陽秋）

中黃門從吏求小船欲獨先渡吏呵不肯黃門與吏爭言沛問黃門有疏耶黃門云無疏沛怒曰何知汝不欲逃耶遂使人捽其頭與杖（賈逵傳注引魏略楊沛列傳）

禁錮

明帝禁浮華而人白勝（李勝）堂有四窗八達各有主名用是被收以其所連引者多故得原禁錮數歲（曹爽傳注引魏略）

魏肉刑之議

太祖議行肉刑脩以為時未可行太祖採其議（王脩傳）

時太祖議復肉刑令曰安得通理君子達於古今者使平斯事乎昔陳鴻臚以為死刑有可加欲仁恩者正謂此也御史中丞能申其父之論乎羣對曰臣父紀以為漢除肉刑而增加笞本興仁惻而死者更衆所謂名輕而實重者也名輕則易犯實重則傷民若用古刑使淫者下蠶室盜者刖其足則永無淫放穿窬之姦矣時鍾繇與羣議同王朗及議者多以為未可行太祖深善繇羣言以軍事未罷顧衆議故且寢（陳羣傳）

初太祖下令使平議死刑可宮割者繇以為古之肉刑更歷聖人宜復施行以代死刑議者以為非悅民之道遂寢及文帝臨饗羣臣詔謂太祖欲復肉刑此誠聖王之法公卿當善共議議未定會有軍事復寢太和中繇上疏曰陛下遠追二祖遺意惜斬趾可以禁惡恨入死之無辜乃明習律令與羣臣共議出本當右趾而入大辟者復行此刑使如孝

景之令其當棄市欲斬右趾者許之其黥劓左趾宮刑者自如孝文易以髡笞能有姦者年二十至四五十雖斬其足猶任生育今天下人少於孝文之世計所全歲三千人書奏詔羣僚善共平議司徒王朗議以爲繇欲輕減大辟之條以增益刖刑之數然臣之愚猶有未合前世仁者不忍肉刑之慘酷是以廢而不用不用已來歷年數百今復行之恐所減之文未彰於萬民之目而肉刑之問已宣於寇讎之耳今可按繇所欲輕之死罪使減死之髡刖嫌其輕者可倍其居作之歲數內有以生易死不訾之恩外無以刖易釱駭耳之聲議者百餘人與朗同者多帝以吳蜀未平且寢（鍾繇傳）

魏國建陳紀子羣時爲御史中丞魏武帝下令又欲復之使羣申其父論羣深陳其便時鍾繇爲相國亦贊成之而奉常王脩不同其議魏武帝亦難以藩國改漢朝之制遂寢不行魏文帝受禪又議肉刑詳議未定會有軍事復寢明帝時大傅鍾繇又上疏求復肉刑詔下其奏司徒王朗議又不同時議百餘人與朗同者多帝以吳蜀未平又寢（晉書刑法志）

夏侯玄嘗著本無肉刑論辭旨通遠咸傳於世（夏侯尚傳注引魏氏春秋）

齊王芳正始中征西將軍夏侯玄河南尹李勝又議肉刑竟不能決夏侯太初著論曰夫天地之性人物之道豈自然當有犯何荀班論曰治則刑重亂則刑輕又曰殺人者刑是百王之所同也夫死刑者殺妖逆也傷人者不改是亦妖逆之類也如其可改則無取於肉刑也如亡死刑過制生刑易犯罪次於古當生今獨死者皆可募行肉刑及傷與盜

吏受贓枉法男女淫亂死者皆復古刑斯罔之於死則陷之肉刑矣舍死折骸又何辜邪猶稱以滿堂衆飲而有一人向隅而泣者則一堂爲之不樂此亦願理其平而必以肉刑施之是仁於當殺而忍於斷割懼於易死而安於爲暴哀泣奚由而息堂上焉得泰邪仲尼曰既富且教又曰苟子之不欲雖賞之不竊何用斷截乎下愚不移以惡自終所謂翦妖也若饑寒流溝壑雖大辟不能制也而況肉刑哉赭衣滿道有鼻者醜終無益矣李勝曰且肉刑之作乃自上古書載五刑有服又曰天討有罪而五刑五用哉割劓之屬也周官之制亦著五刑歷三代經至治周公行之孔子不譏也今諸議者惟以斷截爲虐豈不輕於死亡邪云妖逆是翦以除大災此明主治世之不能無也夫殺之與刑皆非天地自然之理不得已而用之也傷人者不改則刖劓何以改之何爲疾其不改便當陷之於死地乎妖逆者懲之而已豈必除之邪刑一人而戒千萬人何取一人之能改哉盜斷其足淫而宮之雖欲不改復安所施而全其命懲其心何傷於大德今有弱子罪當大辟問其慈父必請其肉刑代之矣慈父猶施之於弱子況君加之百姓哉且蝮蛇螫手則壯士斷其腕系蹄在足則猛獸絕其蹯蓋毀支而全生也夫一人哀泣一堂爲之不樂此言殺戮者之不當也何事於肉刑之間哉赭衣滿道有鼻者醜此時也長城之役死者相繼六經之儒填谷滿坑何恤於鼻之好醜乎此吾子故猶哀刑而不悼死也夏侯答曰聖賢之治世也能使民遷善而自新故易曰小懲而大戒陷夫死者不戒者也能懲戒則無刻截刻截則不得反善矣李又曰易曰屨校滅趾無咎仲尼解曰小懲而大戒此小人之福也滅趾謂去足爲小人懲明矣夏侯答曰暴之取死此自然也傷人不改縱暴滋多殺之可也傷人而能改悔則豈須肉刑而後止哉殺人以

除暴自然理也斷截之政末流之所云耳孔少府曰殺人無所斫人有小瘡故刖趾不可以報施而髡不足以償傷傷人一寸而斷其支體為罰已重不厭衆心也李又曰暴之取死亦有由來非自然也傷人不改亦治道未洽而輕刑不足以大戒若刑之與殺俱非自然而刑輕於殺何云殘酷哉夫刖趾不可報施誠然髡輸固不足以償傷傷人一寸而斷其支體為罪已重夷人之面截其手足其亦髡輸償之不亦輕乎但慮其重不惟其輕不其偏哉孔氏之論恐未足為雅論也（通典一百六十八）

魏傅幹肉刑議曰蓋禮樂所以導民刑罰所以威之是故君子忌禮而小人畏刑雖湯武之隆成康之盛不專用禮樂亦陳肉刑之法而康哉之歌興清廟之頌作由此推之肉刑之法不當除也經有墨劓剕割之制至於鑿顛抽脅烹煮之刑衛鞅所述為非咎陶所造呂侯所述據經按傳肉刑不當除有五驗請言其理荀卿論之備矣（類聚五十四）

魏曹羲肉刑論曰夫言肉刑之濟治者荀卿所唱班固所述隆其趣則曰像天地為之惟明察其用則曰死刑重而生刑輕其所馳騁極於此矣治則刑重亂則刑輕又曰殺人者死傷人者刑是百王之所同固未達夫用刑之本矣夫死刑者不唯殺人妖逆是除天地之道也傷人者不改斯亦妖逆之類也如其可改此則無取於肉刑也且傷人殺人皆非人性之自然也必有由然者也夫有由而然者激之則淫敦之則一激之也者動其利路敦之也者篤其質樸故在上者議茲本要不營奇思行之以簡守之以靜大則其隆足以侔天地中則其理可以厚民萌下則刑罰可以無殘虐民靜理則其化為惡之尤者衆之所棄衆之所棄則無改之驗著矣夫死之可以有生而欲增淫刑以利暴刑暴刑所

加雖云懲慢之由興有使之然謂之宜生生之可也舍死折骸又何辜耶猶稱以滿堂而飲有向隅哀泣則一堂爲之不樂在上者先濯其心靜而民足各得其性何懼乎姦之不勝乃欲斷截防轉而入死乎（同上）

八議

明帝時許允爲尙書選曹郎與陳國袁侃對同坐職事皆收送獄詔旨嚴切當有死者允謂侃曰卿功臣之子法應八議不憂死也（夏侯尙傳）

初袞來朝犯京師禁靑龍元年有司奏袞詔曰王素敬愼邂逅至此其以議親之典議之有司固執詔削縣二戶七百五十（中山恭王袞傳）

恕（杜恕）下廷尉當死以父畿勤事水死免爲庶人徙章武郡是歲嘉平元年（杜畿傳）

按唐六典注八議自魏晉宋齊梁陳後魏北齊後周及隋皆載於律是八議入律始於魏也

魏除妖謗賞告之法

民間數有誹謗妖言帝（文帝）疾之有妖言輒殺而賞告者柔上疏曰今妖言者必戮告之者輒賞旣使過誤無反善之路又將開凶狡之羣相誣罔之漸誠非所以息奸省訟緝熙治道也臣愚以爲宜除妖謗賞告之法以隆天父養物之仁帝不卽從而相誣告者滋甚帝乃下詔敢以糾謗相告者以所告者罪罪之於是遂絕（高柔傳）

黃初五年正月初令謀反大逆乃得相告其餘皆勿聽治敢妄相告以其罪罪之（魏志卷二）

按夏侯惇傳注明帝西征楙（惇子）在西時多蓄伎妾其後羣弟不遵禮度數切責弟懼乃共構楙以誹謗是新律中尙有誹謗之條也

魏重士亡法罪及妻子

時天下草創多逋逃故重士亡法罪及妻子亡士妻白等始適夫家數日未與夫相見大理奏棄市毓駁之曰夫女子之情以接見而恩生成婦而義重故詩云未見君子我心傷悲亦旣見止我心則夷又禮未廟見之婦而死歸葬女氏之黨以未成婦也今白等生有未見之悲死有非婦之痛而吏議欲肆之大辟則若同牢合巹之後罪何所加且記曰附從輕言附人之罪以輕者爲比也又書云與其殺不辜寧失不經恐過重也苟以白等皆受禮聘已入門庭刑之爲可殺之爲重太祖曰毓執之是也（盧毓傳）

軍營士竇禮近出不還營以爲亡表言逐捕沒其妻盈及男女爲官奴婢盈連至州府稱寃自訟莫有省者乃辭詣廷尉柔問曰汝何以知夫不亡盈垂泣對曰夫少單特養一老嫗爲母事甚恭謹又哀兒女撫視不離非是輕狡不顧室家者也柔重問曰汝夫不與人有怨讎乎對曰夫良善與人無讎又曰汝夫不與人交錢財乎對曰嘗出錢與同營焦子文求不得時子文適坐小事繫獄柔乃見子文問所坐言次曰汝頗曾舉人錢不子文曰自以單貧初不敢舉人錢物也柔察子文色動遂曰汝昔舉竇禮錢何言不邪子文怪知事露應對不次柔曰汝已殺禮便宜早服子文於是叩頭具首殺禮本末埋藏處所柔便遣吏卒承子文辭往掘禮卽得其屍詔書復盈母子爲平民班下天下（高柔傳）

魏禁非祀之祭

黃初五年十二月詔曰叔世衰亂崇信巫史至乃宮殿之內戶牖之間無不沃酹甚矣其惑也自今其敢設非祀之祭巫祝之言皆以執左道論著於令典（魏志卷二）

魏復讎之禁

黃初四年詔曰喪亂以來兵革未戢天下之人互相殘殺今海內初定敢有私復讎者皆族之（魏志卷二）

魏重諸王交通賓客之禁

青龍二年私通賓客爲有司所奏賜幹璽書誡誨之曰自太祖受命創業深睹治亂之源初封諸侯重賓客交通之禁乃使與犯妖惡同夫豈以此薄骨肉哉徒欲使子弟無過失之愆耳（趙王幹傳）

會諸王來朝與京都人交通坐免（司馬芝傳）

有司奏王乃者來朝犯交通京師之禁（中山恭王衮傳注引魏書）

魏法禁錮諸王親戚隔絕不祥莫大也（晉書段灼傳）

不孝

甘露五年太后詔曰夫五刑之罪莫大於不孝夫人有子不孝尙告治之（魏志卷四）

初康（嵇康）與東平呂昭子巽及巽弟安親善會巽淫安妻徐氏而誣安不孝囚之安引康爲證康義不負心保明

其事（王粲傳注引魏氏春秋　文選思舊賦注引同）

誣告人反

宣王乃忿然曰誣人以反於法何應主者曰科律反受其罪乃收䇿於闕下（曹爽傳注）

四徒誣告人反罪及親屬（晉書刑法志）

自首

士盧顯爲人所殺質曰此士無讎而有少妻所以死乎悉見其比居年少書吏李若見問而色動遂窮詰情狀若卽自首罪人斯得（胡質傳）

宣王遂至壽春張式等皆自首乃窮治其事（王淩傳）

同郡馬台坐法當死禮私導令踰獄自首（孫禮傳）

首事

毋丘儉之誅黨與七百餘人傳侍御史杜友治獄惟舉首事十人餘皆奏散（毋丘儉傳注引世語）

其淮南將吏士民諸爲誕所脅略者惟誅其首逆餘皆赦之（諸葛誕傳）

知情

彪自殺官屬以下及監國謁者坐知情皆伏誅（楚王彪傳）

減死一等

夫五刑之屬著在科律科律自有減死一等之法不死即爲減（鍾繇傳）

長水校尉戴陵諫不宜數行弋獵帝大怒陵減死罪一等（魏志卷二）

乃當帝前叩頭流血竟面請俊減死一等（楊俊傳注引魏略）

具白太祖各減死一等（孫禮傳）

考竟

特進曹洪乳母當與臨汾公主侍者共事無澗神繫獄下太后遣黃門詣府傳令芝不通輒勅洛陽獄考竟（司馬芝傳）

考竟其二千石以下阿縱不如法者皆舉奏之（賈逵傳）

時刺史遭大喪者百日後皆給役有司徒吏解弘遭父喪後有軍事受勅當行以疾病辭詔怒曰汝非曾閔何言毀耶促收考竟（高柔傳）

取禁地物

是時殺禁地鹿者身死財產沒官有能覺告者厚加賞賜（高柔傳）

劉龜竊於禁內射兎其功曹張京詣校事言之帝匿京名收龜付獄（同上）

放散官物

徙允（許允）爲鎭北將軍假節督河北諸軍事未發以放散官物收付廷尉徙樂浪道死（夏侯尙傳　注引魏略曰有司奏允前擅以廚錢穀乞諸俳及其官屬故遂收送廷尉考問竟故減死徙邊）

按唐律放散官物坐贓論在廏庫

款縫

今官曹文案於紙縫上署記謂之款縫者何也答曰此語言元出魏晉律令（匡謬正俗）

魏刑獄咨訪三公

魏初三公無事又希與朝政柔上疏曰古者刑政有疑輒議於槐棘之下自今之後朝有疑議及刑獄大事宜數以咨訪三公三公朝朔望之日又可特延入講論得失博盡事情帝嘉納焉（高柔傳）

魏法制苛碎

明帝卽位加揚烈將軍賜爵關內侯昶雖在外任心在朝廷以爲魏承秦漢之弊法制苛碎不大釐改國典以準先王之風而望治化復興不可得也乃著治論略依古制而合於時務者二十餘篇（王昶傳）

時軍國多事用法深重（高堂隆傳）

今事多而民少上下相弊以文法百姓無所措其手足（魏志卷二注引魏書）

郡國蔽獄一歲之中尙過數百將苛法猶存爲之陷穽乎其議獄緩死務從寬簡（魏志卷三）

陳羣劉邵雖經改革而科網本密（晉書刑法志）

魏科

魏武帝乃定甲子科又嫌漢律太重故令依律論者聽得科半使從半減也（晉書刑法志）

魏武爲相造甲子科條（唐六典注）

是時太祖始制新科下州郡又收租稅綿絹夔以郡初立近以師旅之後不可卒繩以法乃上言曰自喪亂以來民人失所今雖小安然服敎日淺所下新科皆以明罰勅法齊一大化也所領六縣疆域初定加以饑饉若一切齊以科禁恐或有不從敎者有不從敎者不得不誅則非觀民設敎隨時之意也太祖從其言（何夔傳）

魏國初建時科禁酒而邈私飲至於沈醉校事趙達白之太祖太祖甚怒後竟坐得免刑（徐邈傳）

先是科禁內學及兵書而茂（吉茂）皆有匿不送官及其被收不知當坐（常林傳注引魏略）

是時科禁長吏擅去官而黃（吉黃）聞司徒趙温薨自以爲故吏違科奔喪爲司隸鍾繇所收遂伏法（同上）

曹仁少時不修行檢及長爲將嚴整奉法令常置科於左右案以從事（曹仁傳）

楊沛馮翊萬年人也累遷九江東平樂安太守並有治迹坐與督軍爭鬬髡刑五歲輸作未竟會太祖出征在譙聞鄴下頗不奉科禁從徒中起爲鄴令已拜太祖見之問曰以何治鄴沛曰竭盡心力奉宣科法太祖曰善（賈逵傳注引

魏略）

黃初中入爲河南尹明帝卽位賜爵關內侯芝居官十一年數議科條所不便者（司馬芝傳）

正元三年詔其力戰死事者皆如舊科勿有所漏（魏志卷四）

古者諸侯臨君之國臣諸父兄今之諸侯不同於古其尊未全不宜便從絕周之制而令旁親服斬衰服之重也諸侯既然則公孤之爵亦宜如舊昔魏武帝建安中已曾表上漢朝依古爲制事與古異不皆施行施行者著在魏科大晉採以著令（通典九十三）

魏令

按晉志稱魏有郡令四十五篇尚書官令軍中令合百八十餘篇其書今不傳然通典初學記北堂書鈔藝文類聚太平御覽諸書時引魏武諸令其辭或屬訓誡有不盡關於律令者因不忍割愛錄而存之

郡令（見晉志　唐六典注）

尚書官令（同上）

官長卒者官吏皆齊縗葬訖而除之（通典九十九引魏令）

按通典此條未知屬於何令姑附於尚書官令之下

軍中令（同上）

按諸書所引有魏武軍令魏武軍策令魏武船戰令魏武步戰令疑皆屬軍中令茲分別彙錄於下以備參考

魏武軍令

吾將士無張弓弩於軍中其隨大軍行其欲試調弓弩者得張之不得著箭犯者鞭二百沒入吏不得於營中屠殺賣之犯令沒所賣及都督不糾白杖五十始出營豎矛戟舒幡旗鳴鼓行三里辟矛戟結幡旗止鼓將至營舒幡旗鳴鼓至營訖復結幡旗止鼓違令者髡翦以徇軍行不得斫伐田中五果桑柘棘棗（通典一百四十九引魏武軍令）

兵欲作陣對敵營先白表乃引兵就表而臨陣皆無讙譁明聽鼓音旗幡麾前則前麾後則後麾左則左麾右則右麾不聞令而擅前後左右者斬伍中有不進者伍長殺之伍長不進什長殺之什長不進都伯殺之督戰部曲將拔刃在後察違令不進者斬之一部受敵餘部不進救者斬之（御覽二百九十六引魏武軍令御覽三百四十一引軍令同）

聞雷鼓音舉白幢絳旗大小船皆進戰不進者斬聞金音舉青旗船皆止不止者斬（御覽三百四十引軍令）

五聞鼓音舉黃帛兩半幡合旗爲三面員陣（御覽三百四十一引軍令）

金鼓幢麾隆衝舉以立秋日祠先時一日主者請祠其主者奉祠若出征有所尅獲還亦祠向敵祠血於鐘鼓秋祠及有所尅獲還但祠不血鐘鼓祝文某官使主者某敢告隆衝鐘鼓幢麾夫軍武之器者所以正不義爲民除害也

謹以立秋之日潔牲黍稷旨酒而敬薦之（御覽五百二十六引軍令）

常以己丑日祠牛馬先祝文曰某月己丑某甲敢告牛馬先馬者用兵之道牛者軍農之用謹潔牲黍稷旨酒敬而薦之（同上）

軍行濟河主者常先沈白璧文曰某王使者某甲敢告於河賤臣某甲作亂天子使某帥衆濟河征討醜類故以璧沈唯爾有神裁之（同上）

戰時皆取船上布幔布衣漬水中積聚之賊有炬炎箭以掩滅之（御覽六百九十九引軍令）

按魏志卷四注引魏略云魏法被攻過百日而救不至者雖降家不坐疑亦魏武軍令佚文

魏武軍策令

夏侯淵今月賊燒卻鹿角鹿角去本營十五里淵將四百兵行鹿角因使士補之賊山上望見從谷中卒出淵使兵與鬬賊遂繞出其後兵退而淵未至甚可傷淵本非能用兵也軍中呼爲白地將軍爲督師尙不當親戰況補鹿角乎（御覽三百三十七引魏武軍策令　書鈔一百二十六引魏武帝策令云夏侯淵令燒卻鹿角去本營一十五里文小異又落軍字）

孤先在襄邑有起兵意與工師共作卑手刀時北海孫賓碩來候孤譏孤曰當慕其大者乃與工師共作刀耶孤答曰能小復能大何害（御覽三百四十六引魏武策軍令　又見書鈔一百二十三

袁本初鎧萬領吾大鎧二十領本初馬鎧三百具吾不能有十具見其少遂不施也吾遂出奇破之是時士卒精練不與今時等也（御覽三百五十六引魏武軍策令）

魏武船戰令

雷鼓一通吏士皆嚴再通什（御覽作士）伍皆就船整持櫓棹戰士各持兵器就船各當其所幢幡旗鼓（御覽無幢旗二字）各隨將所載船鼓三通鳴（御覽無鳴字）大小戰船以次發左不得至右右不得至左前後不得易（御覽易下有處字）違令者斬（通典一百四十九引魏武船戰令　御覽三百三十四引作魏武軍令船戰令）

魏武步戰令

嚴鼓一通步騎（御覽騎下有士字）悉裝再通騎上馬步結屯三通以次出之隨幡（御覽幡下有所指二字）住者結屯住（御覽無住字）幡後聞急鼓音整陳斥候者視地形廣狹從四角而（御覽而作面）立表制戰（御覽無戰字）陳之宜諸部曲者各自安（御覽安作按）部陳兵疏數兵（御覽無疏數兵三字）曹舉白（御覽白作事）不如令者斬兵若欲作陳對敵營先白表乃引兵就表而陳臨陳皆無讙譁明聽鼓音旗幡麾前則前麾後則後麾左則左麾右則右麾不聞令而擅前後左右者斬伍中有不進者伍長殺之伍長有不進者什長殺之什長有不進者都伯殺之督戰部曲將拔刃在後察違令不進者斬之一部受敵餘部不進救者斬臨陳兵弩不可離

陳雖陳伍長什長不舉發與同罪無將軍令有妄行陳間者斬臨戰陳騎皆當在軍兩頭前陷陳騎次之遊騎在後違令髡鞭二百兵進退入陳間者斬若步騎與賊對陳臨時見地勢便欲使騎獨進討賊者聞三鼓音騎特從兩頭進戰視麾所指聞三金音還此但謂獨進戰時也其步騎大戰進退自如法吏士向陳騎馳馬者斬吏士有妄呼大聲者斬追賊不得獨在前在後犯令者罰金四兩士將戰皆不得取牛馬衣物犯令者斬進戰士各隨其號不隨號者雖有功不賞進戰後兵出前前兵在後雖有功不賞臨陳牙門將騎督明受都令諸部曲都督將吏士各戰時校督部曲督住陳後察凡違令畏懦者有急聞雷鼓音絕後六音嚴畢白辨便出卒逃歸斬之一曰家人弗捕執及不言於吏盡與同罪（通典一百四十九引魏武步戰令御覽三百引無兵若欲作陳以下）

按此條兵若欲作陳至不進救者斬一段御覽兵部引作魏武軍令蓋船戰令步戰令均軍令中之一篇兩頭進戰三句晉令文略同亦見御覽兵部知晉令多採魏令也

郵驛令（見晉志）

變事令（同上）

甲辰令

輔國將軍品第三（唐六典卷五注引魏甲辰令）

游騎將軍第四品（同上）

魏武設官令

魏諸官印各以官爲名印如漢法斷千名者章（書鈔一百三十一引魏武設官令）

魏武褒賞令

別部司馬付其衙請立齊桓公神堂令使室阮瑀議之（書鈔六十九引魏武褒賞令）

按魏志卷一注引褒賞令載曹公祀橋玄文一篇文多不錄

魏武選舉令

夫遣人使於四方古人所愼擇也故仲尼曰使乎使乎言其難也（初學記二十引魏武選舉令）

鄴縣甚大一鄉萬數千戶兼人之吏未易得也（書鈔七十七引魏武選舉令）

今詔書省司隸官鍾校尉材智決洞通敏先覺可上請參軍事（書鈔六十九引魏武集選舉令　御覽二百四十九引作魏武選令軍事下有以輔闇政四字）

嶺南太守傅方到郡以來時酒云云之樹念存事國用心纖微出意憂事莫能方於此也（書鈔三十九引魏武集選令）

按以上二條據書鈔引係出魏武集考唐書藝文志有武帝集三十卷疑諸書所引魏武令文均出其中今魏武集久佚而書鈔所引諸令文多訛誤不可句讀亦無從校勘矣

國家舊法選尙書郎取年未五十者使文筆眞草有才能謹愼典曹治事起草立義又以草呈示令僕訖乃付令史書之耳書訖共讀省內之事本來臺郎統之令史不行知也書之不好令史坐之至於謬誤讀省者之責若郎不能爲文書當御令史是謂牽牛不可以服箱而當取辯於繭角也（御覽二百十五引魏武集選擧令）

諺曰失晨之雞思補更鳴昔季闡在白馬有受金取婢之罪棄而弗問後以爲濟北相以其能故（御覽四百九十六引魏武選令）

魏武帝明罰令

聞太原上黨西河雁門冬至後百五日皆絕火寒食云爲介子推（御覽八百六十八引魏武明罰令下有子胥沈江吳人未有絕水之事至於推獨爲寒食豈不悖乎四句）且北方沍寒之地老少羸弱將有不堪之患令到人不得寒食若犯者家長半歲刑主吏百日刑令長奪一月俸（類聚四引魏武帝明罰令　又見御覽二十八御覽三十）

魏武帝內誡令

往歲作百辟刀五枚吾聞百鍊器辟不祥攝伏奸宄者也（書鈔一百二十三引魏武帝內誡令）

貴人位爲貴人金印藍紱女人貴位之極此也（書鈔一百三十一引魏武帝內誡令　御覽六百九十七引無此也二字）

平參王作問大人語元盈言卒位上設靑布帳教撤去以爲大人自可施帳當令君臣上下共見（書鈔一百三十二引魏武內誡令）

孤不好鮮飾嚴具所用雜新及韋笥以黃韋緣中遇亂無韋笥乃作竹方嚴具以帛衣麗布作裹此孤之平常所用也（書鈔一百三十六引魏武內誡令　御覽七百十七引魏武內嚴器誡令云孤不好鮮飾嚴具用新皮葦笥以黃葦緣中遇亂世無葦笥乃更作方竹嚴具以皂葦衣之麤布裹此孤平常之用者也內中婦曾置嚴具於時爲之推壞令方竹嚴具緣漆甚華好）

吏民多製文繡之服履絲不得過絳紫金黃絲織履前於江陵得雜綵絲履以與家約蓋盡著此履不得效作也（御覽六百九十七魏武帝內誡令）

孤有逆氣病常儲水臥頭以銅器盛臭惡前以銀作小方器人不解謂孤喜銀物令以木作（御覽七百五十六引魏武內誡令）

按書鈔（九十七）類聚（二十二　四十　六十）御覽（一百八十一　二百四十一　二百四十八　四百二十四　四百三十一　五百六十七　七百三十九　七百四十三　七百六十一　八百十七　九百八十一　九百八十二）尙引魏武帝令以其與律無涉略之

魏金策著令之制

延康元年官人爲官者不得過諸署令爲金策著令藏之石室（魏志卷二）

太和三年七月詔曰禮皇后無嗣擇建支子以繼大宗則當纂正統而奉公義何得復顧私親哉後嗣萬一有由諸侯入奉大統則當明爲人後之義敢爲奸邪導諛時君妄建非正之號以干正統謂考爲皇稱妣爲后則股肱大臣誅之無赦其書之金策藏之宗廟著於令典（魏志卷三）

景初元年夏有司議定七廟冬又奏曰文昭廟宜世世享祀奏樂與祖廟同永著不毀之典與七廟議幷勒金策藏之金匱（魏志卷五）

魏以六條察吏

州本御史出監諸郡以六條詔書察長吏二千石已下（賈逵傳）

按文選沈休文齊故安陸昭王碑文注引漢書音義曰舊刺史所察有六條察民疾苦寃失職者察墨綬長吏以上居官政狀察盜賊爲民之害及大姦猾者察犯田律四時禁者察民有孝悌廉潔行修正茂才異等者察吏不簿人錢穀放散者所察不得過此魏蓋沿漢制也

魏以春秋決獄

常出軍行經麥中令士卒無敗麥犯者死騎士皆下馬付麥以相持於是太祖馬騰入麥中勑主簿議罪主簿對以春秋之義罰不加於尊太祖曰制法而自犯之何以帥下然孤爲軍帥不可自殺請自刑因援劍割髮以置地（魏志卷

一注引曹瞞傳）

於是收晏等下獄會公卿朝臣廷議以爲春秋之義君親無將將而必誅爽以支屬世蒙殊寵親受先帝握手遺詔託以天下而包藏禍心蔑棄顧命乃與晏颺及當等謀圖神器範黨同罪人皆爲大逆不道於是收爽羲訓晏颺謐軌勝範當等皆伏誅夷三族（曹爽傳）

會兄毓以四年冬薨會竟未知問會子邕隨會與俱死會兄所養兄子毅及峻辿等下獄當伏誅司馬文王表天子下詔曰峻等祖父繇三祖之世極位臺司佐命立勳饗食廟庭父毓歷職內外幹事有績昔楚思子文之治不滅鬬氏之祀晉錄成宣之忠用存趙氏之後以會邕之罪而絕繇毓之類吾有愍然峻辿兄弟原有官爵者如故惟毅及邕伏法（鍾會傳）

朝議咸以爲春秋之義齊崔杼鄭歸生皆加追戮陳尸斲棺載在方策凌愚（令狐愚）罪宜如舊典乃發凌愚冢剖棺暴尸於所近市三日燒其印綬朝服親土埋之（王凌傳）

逵嘗坐人爲罪王曰叔向猶十世宥之況逵功德親在其身乎（賈逵傳）

魏律家

劉劭　庾嶷　荀詵

劉劭字孔才廣平邯鄲人也明帝即位與議郎庾嶷荀詵等定科令作新律十八篇著律略論（劉劭傳）

劉劭律略論五卷（隋書經籍志）
劉劭律略論曰删舊科採漢律爲魏律懸之象魏（御覽六百三十八）

陳羣
魏命陳羣等採漢律爲魏律十八篇（唐六典注）

盧毓
先是散騎常侍劉劭受詔定律未就毓上論古今科律之意以爲法宜一正不宜有兩端使姦吏得容情（盧毓傳）

高柔
高柔字文惠陳留圉人也太祖以爲刺奸令史處法允當獄無留滯文帝踐祚以柔爲治書侍御史四年遷廷尉（高柔傳）

鍾繇　鍾毓　鍾會
鍾皓博學詩律教授門生千有餘人爲郡功曹皓二子迪敷並以黨錮不仕繇則迪之孫（鍾繇傳注引先賢行狀）
毓字稚叔爲廷尉聽君父已沒臣子得爲理謗及士爲侯其妻不復配嫁毓所創也（鍾毓傳）

會字士季太傅繇小子也會死後於會家得書二十篇名曰道論而實刑名家也（鍾會傳）

按鍾皓世善刑律見後書本傳東漢以律世其家者吳陳二家之外當推鍾氏矣

王朗

魏國初建王朗以軍祭酒領魏郡太守遷少府奉常大理務在寬恕罪疑從輕鍾繇明察當法俱以治獄見稱（王朗傳）

是時太傅鍾繇又上疏求復肉刑詔下其奏司徒王朗議又不同議者百餘人與朗同者多（晉書刑法志）

衞覬

覬請置律博士轉相教授（晉書刑法志）

劉廙　丁儀

廙著書數十篇及與丁儀共論刑禮皆傳於世（劉廙傳）

按類聚五十四引魏丁儀刑禮論一篇以文繁不錄

阮武

武字文業闊達博通淵雅之士位止清河太守（杜畿傳注引杜氏新書）

法家阮子正論五卷魏淸河太守阮武撰亡（隋書經籍志　唐志作政論五卷）

阮子四卷（意林）

按玉函山房輯佚書有阮子政論一卷

晉律考序

晉自泰始四年頒定新律劉宋因之蕭齊代興王植撰定律章事未施行蓋斷自梁武改律承用已經三代凡二百三十七年六朝諸律中行世無如是之久者是亦有故焉晉自文帝秉政卽議改定律令事在魏咸熙之初從容坐論凡歷六載其時議律諸人如羊祜杜預又皆一時之俊史稱新律班於天下百姓便之是在當日卽已衆論翕然又有張斐杜預爲之注解故江左相承皆用晉世張杜律晉志亦云魏時叔孫郭馬杜諸儒章句但取鄭氏又爲偏黨未可承用故議改定律令是其注解必兼採漢世律家諸說之長期於折衷至當唐志張斐律解杜預本二書均存御覽猶時引晉律則北宋尚有此本金元之亂中原淪陷遂至散佚是可惜也晉律就漢九章刪其苛穢存其清約其衞宮違制本之越宮朝律又鑒曹氏孤立之弊別爲諸侯律一篇因時立法較之唐律殆無遜色過江以後中宗任刑法以韓子賜太子（書鈔引晉中興書）是當時人主亦尙知修明律學然卒之女寵與戎八王肇釁不旋踵而亂亡者是又何也蓋自惠帝纘業政出羣下每有疑獄各立私情執法者藉口權宜意爲出入律令已等具文劉頌熊遠先後疏諫皆不能從晉志載之詳矣加之仕途以門第爲升進搢紳以清談爲廟略論經禮者謂之俗生說法理者名爲俗吏（文選干寶晉紀總論注引王隱晉書）明帝時王導侍坐陳高貴鄉公事帝以面覆牀曰若如公言晉祚復安得長是則祖宗貽謀不善未可爲創制諸人咎也世或疑充本小人其定律必無足觀而不知當時司其事者凡十有四人下意

決於鄭沖（世說）刪定秉於杜預（隋志）評議由於裴楷（御覽引裴楷別傳）典守本於荀煇（賈充傳）不盡出於充一人之手也是不可以不辨庚申六月閩縣程樹德序

晉律考目錄

上

中

下

卷三

晉律考 上

晉班定新律始末

文帝爲晉王患前代律令本注煩雜陳羣劉邵雖經改革而科網本密又叔孫郭馬杜諸儒章句但取鄭氏又爲偏黨未可承用於是令賈充定法律令與太傅鄭沖司徒荀顗中書監荀勖中軍將軍羊祜中護軍王業廷尉杜友守河南尹杜預散騎侍郎裴楷潁川太守周權齊相郭頎都尉成公綏尚書郎柳軌及吏部令史榮邵等十四人典其事就漢九章增十一篇仍其族類正其體號改舊(當作具)律爲刑名法例辨囚律爲告劾繫訊斷獄分盜律爲請賕詐僞水火毀亡因事類爲衞宮違制撰周官爲諸侯律合二十篇六百二十條二萬七千六百五十七言蠲其苛穢存其清約事從中典歸於益時其餘未宜除者若軍事田農酤酒未得皆從人心權設其法太平當除故不入律悉以爲令施行制度以此設教違令有罪則入律其常事品式章程各還其府爲故事減梟斬族誅從坐之條除謀反適養母出女嫁皆不復坐父母棄市省禁固相告之條去捕亡亡沒爲官奴婢之制輕過誤老小女人當罰金杖罰者皆令半之重姦伯叔母之令棄市淫寡女三歲刑崇嫁娶之要一以下娉爲正不理私約峻禮教之防准五服以制罪也凡律令合

二千九百二十六條十二萬六千三百言六十卷故事三十卷泰始三年事畢表上武帝詔曰昔蕭何以定律令受封叔通制儀爲奉常賜金五百斤弟子百人皆爲郎中夫立功立事古人之所重宜加祿賞其詳考差敘輒如詔簡異弟子百人隨才品用賞帛萬餘匹武帝親自臨講使裴楷執讀四年正月大赦天下乃班新律（刑法志）

咸熙元年秋七月帝奏司空荀顗定禮儀中護軍賈充正法律尚書僕射裴秀議官制太保鄭沖總而裁焉（文帝紀）

泰始四年春正月景戌律令成封爵賜帛各有差（武帝紀）

充所定新律既班於天下百姓便之詔曰漢氏以來法令嚴峻故自元成之世及建安嘉平之間咸欲辯章舊典刪革刑書述作體大歷年無成先帝愍元元之命陷於密網親發德音釐正名實車騎將軍賈充奬明聖意諮詢善道太傅鄭沖又與司空荀顗中書監荀勗中軍將軍羊祜中護軍王業及廷尉杜友守河南尹杜預散騎侍郎裴楷潁川太守周雄齊相郭頎騎都尉成公綏荀煇尚書郎柳軌等典正其事朕每鑒其用心常慨然嘉之今法律既成始班天下刑寬禁簡足以克當先旨自太傅車騎以下皆加祿賞於是賜充子弟一人關內侯絹五百疋（賈充傳）

晉武帝以魏制峻密又詔車騎賈充諸儒學刪定名例爲二十卷幷合二千九百餘條（魏書刑罰志）

賈充等上所刊修律令侍中盧珽中書侍郎范陽張華請鈔新律死罪條目懸之亭傳以示民從之（通鑑卷七十九）

賈充初定律令與羊祜共咨太傅鄭沖沖曰皋陶嚴明之旨非僕闇懦所探羊曰上意欲令小加弘潤沖乃粗下意（世說）

充有才識明達治體加善刑法由此與散騎常侍裴楷共定科令蠲除密網以爲晉律（世說注引晉諸公贊）

荀勖與賈充共定律令班下施用各加祿賜（藝文類聚五十四引王隱晉書）

泰始四年歲在戊子正月二十日晉律成（御覽六百三十七引晉朝雜事）

晉律篇目

晉命賈充等十四人增損漢魏律爲二十篇一刑名二法例三盜律四賊律五詐僞六請賕七告劾八捕律九繫訊十斷獄十一雜律十二戶律十三擅興律十四毀亡十五衞宮十六水火十七廏律十八關市十九違制二十諸侯凡一千五百三十條（唐六典注）

按晉志云六百二十條此疑誤

晉命賈充等增損魏律爲二十篇於魏刑名律中分爲法例律（唐律疏義）

按寄簃文存云晉律就漢九章增定故與魏律不同無魏律之刼略驚事償贓免坐四篇而增法例衞宮水火關市違制諸侯六篇復漢之廏律一篇而無囚律此增損之數也

晉律注解

漢晉律序注一卷晉張斐撰雜律解二十一卷張斐撰（隋書經籍志）

張斐律解二十卷（新唐書藝文志）

明法掾張裴（隋志唐志均作斐此疑誤）又注律表上之其要曰律始於刑名者所以定罪制也終於諸侯者所以畢其政也王政布於上諸侯奉於下禮樂撫於中故有三才之義焉其相須而成若一體焉刑名所以經略罪法之輕重正加減之等差明發衆篇之多義補其章條之不足較舉上下綱領其犯盜賊詐偽請賕者則求罪於此作役水火畜養守備之細事皆求之作本名告訊爲之心舌捕繫爲之手足斷獄爲之定罪名例齊其制自始及終往而不窮變動無常周流四極上下無方不離於法律之中也其知而犯之謂之故意以爲然謂之失違忠欺上謂之謾背信藏巧謂之詐虧禮廢節謂之不敬兩訟相趣謂之鬭兩和相害謂之戲無變斬擊謂之賊不意誤犯謂之過失逆節絕理謂之不道陵上僭貴謂之惡逆將害未發謂之戕倡首先言謂之造意二人對議謂之謀制衆建計謂之率不和謂之強攻惡謂之略三人謂之羣取非其物謂之盜貨財之利謂之贓凡二十者律義之較名也夫律者當慎其變審其理若不承用詔書無故失之刑當從贖謀反之同伍實不知情當從刑此故失之變也卑與尊鬭皆爲賊鬭之加兵刃水火中不得爲戲戲之重也向人室廬道徑射不得爲過失之禁也都城人衆中走馬殺人當爲賊賊之似也過失似賊戲似鬭鬭而殺傷傍人又似誤盜傷縛守似強盜呵人取財似受賕囚辭所連似告劾諸勿聽理似故縱持質似恐猲如此之比皆爲無常之格也五刑不簡正于五罰五罰不服正于五過意善功惡以金贖之故律制生罪不過十四等死刑不過三徒加不過六囚加不過五累作不過十一歲累笞不過千二百刑等不過一歲金等不過四兩月贖不計日日作不拘月歲數不疑閏不以加至死并死不復加不可累者故有并數不可并

數乃累其加以加論者但得其加與加同者連得其本不在次者不以通論以人得罪與人同以法得罪與法同侵生害死不可齊其防親疏公私不可常其教禮樂崇於上故降其刑刑法閑於下故全其法是故尊卑敍仁義明九族親王道平也律有事狀相似而罪名相涉者若加威勢下手取財爲強盜不自知亡爲縛守將中有惡言爲恐猲不以罪名呵爲呵人以罪名呵爲受賕刼名其財爲持質此八者以威勢得財而名殊者也即不求自與爲受求所監求而後取爲盜賊輸入呵受爲留難斂人財物積藏於官爲擅賦加毆擊之爲戮辱諸如此類皆爲以威勢得財而罪相似者也夫刑者司理之官理者求情之機情者心神之使心感則情動於中而形於言暢於四支發於事業是故奸人心愧而面赤內怖而色奪論罪者務本其心審其情精其事近取諸身遠取諸物然後乃可以正刑仰手似乞俯手似奪捧手似謝擬手似訴拱臂似自首攘臂似格鬬矜莊似威怡悅似福喜怒憂懽貌在聲色奸眞猛弱候在視息出口有言當爲告下手有禁當爲賊喜子殺怒子當爲戲怒子殺喜子當爲賊諸如此類自非至精不能極其理也律之名例非正文而分明也若八十非殺傷人他皆勿論即誣告謀反者反坐十歲不得告言人即奴婢捍主主得謁殺之賊燔人廬舍積聚盜賊贓五匹以上棄市即燔官府積聚盜亦當與同毆人教令者與同罪即令人毆其父母不可與行者同得重也若得遺物強取強乞之類無還贓法隨例畀之文法律中諸不敬違儀失式及犯罪爲公爲私贓入身不入身皆隨事輕重取法以例求其名也夫理者精玄之妙不可以一方行也律者幽理之奧不可以一體守也或計過以配罪或化略不循常或隨事以盡情或趣舍以從時或推重以立防或引輕而就下

公私廢避之宜除削重輕之變皆所以臨時觀釁使用法執詮者幽於未制之中采其根牙之微致之於機格之上稱輕重於豪銖考輩類於參伍然後乃可以理直刑正夫奉聖典者若操刀執繩刀妄加則傷物繩妄彈則侵直梟首者惡之長斬刑者罪之大棄市者死之下髡作者刑之威贖罰者誤之誡王者立此五刑所以寶君子而逼小人故爲敕愼之經皆擬周易有變通之體焉欲令提綱而大道淸舉略而王法齊其旨遠其辭文其言曲而中其事肆而隱通天下之志唯忠也斷天下之疑唯文也切天下之情唯遠也彌天下之務唯大也變無常體唯理也非天下賢聖孰能與於斯夫形而上者謂之道形而下者謂之器化而裁之謂之格刑殺者是冬震曜之象髡罪者似秋彫落之變贖失者是春陽悔吝之疵也五刑成章輒相依准法律之義焉（刑法志）

按一切經音義引張斐解晉律有小曰鐘大曰鍠二語此律解佚文之可考者史記平準書索隱引漢晉律序云狀如跟衣著足下重六斤以代刖至魏武改以滅代鈦也書鈔四十五引張斐律序云鄭鑄刑書晉作執秩申韓之徒各自立制又云律令者政事之經萬機之緯也御覽六百三十八引張斐律序云張湯制越宮趙禹律作朝會正見律此律序佚文之可考者御覽六百四十二引律序徒加不過六囚加不過五下注云罪已定爲徒未定爲囚累作不過十二歲下注云五歲徒犯一等加六歲犯六等加爲十二歲作累笞不過千二百下注云五歲徒加六等笞之一千二百此律序注文之可考者

律本二十一卷杜預撰梁有杜預雜律七卷亡（隋書經籍志）

賈充杜預刑法律本二十一卷（新唐書藝文志）

杜預字元凱與車騎將軍賈充等定律令既成預爲之注解乃奏之曰法者蓋繩墨之斷例非窮理盡性之書也故文約而例直聽省而禁簡例直易見禁簡難犯易見則人知所避難犯則幾於刑厝厝刑之本在於簡直故必審名分審名分者必忍小理古之刑書銘之鍾鼎鑄之金石所以遠塞異端使無淫巧也今所注皆網羅法意格之以名分使用之者執名例以審趣舍伸繩墨之直去析薪之理也詔班於天下（杜預傳）

按書鈔四十四引晉律注云謂其贖五歲以下一等減半四歲以下一等減半也四十五引晉律注云梟斬棄之於市者斬頭也令上不及天下不及地也御覽六百五十一引晉律注云免官謂不聽應收治者也預注晉律傳世最久疑皆杜注佚文御覽六百三十八引杜預律序云律以正罪名令以存事制是杜預注晉律尚有序文也

齊武帝令刪定郎王植之集注張杜舊律合爲一書凡千五百三十條事未施行其文殆滅（通典一百六十四）

江左相承用晉世張杜律二十卷世祖留心法令數訊囚徒詔獄官詳正舊注先是七年尙書刪定郎王植撰定律章表奏之曰臣尋晉律文簡辭約旨通大綱事之所質取斷難釋張斐杜預同注一章而生殺永殊自晉泰始以來唯斟酌參用陛下紹興光開帝業下車之痛每惻上仁滿堂之悲有矜聖思爰發德音刪正刑律敕臣集定張杜二注謹礪愚蒙盡思詳撰削其煩害錄其尤衷取張注七百三十一條杜注七百九十一條或二家兩釋於義乃備者又取一百七條其注相同者取一百三條集爲一書凡一千五百三十二條爲二十卷請付外詳校擿其違謬從之

於是公卿八座參議考正舊注有輕重處竟陵王子良下意多使從輕其中朝議不能斷者制旨平決至九年稚珪上表曰臣與公卿八座共删注律謹奉聖旨諮審司徒臣子良稟受成規創立條緒使兼監臣宋躬兼平臣王植等鈔撰同異定其去取詳議八座裁正大司馬臣嶷其中洪疑大議衆論相背者聖照玄覽斷自天筆始就成立律文二十卷錄敍一卷凡二十一卷今以奏聞請付外施用宣於四海（南齊書孔稚圭傳）

按新唐書藝文志有宗躬齊永明律八卷殆卽此議而未行之本（宗躬南齊書作宋躬字訛必有一誤）

晉禮律並重

異姓相養禮律所不許（殷仲堪傳）

先王以道德之不行故以仁義化之仁義之不篤故以禮律檢之（李充傳）

詭易禮律不顧憲度（華廙傳）

夜使清河王遐收瓘左右疑遐矯詔咸諫曰禮律刑名臺輔大臣未有此比且請拒之須自表得報就戮未晚也瓘不從（衞瓘傳）

純行酒賈充不時飲純曰長者爲壽何敢爾乎充曰父老不歸供養將何言也純曰高貴鄉公何在充慚怒上表解職純懼自劾詔免官又以純父老不求供養使據禮典正其臧否太傅何曾太尉荀顗驃騎將軍齊王攸議曰凡斷正臧否宜先稽之禮律八十者一子不從政九十者其家不從政新令亦如之按純父年八十一兄弟六人三人在家不廢

侍養純不求供養其於禮律未有違也（庾純傳）

按文選潘元茂册魏公九錫文經緯禮律爲民軌儀是魏初已有此語南史傅隆傳隆議曰禮律之興本之自然張率傳卿言宰相是何人不從天下不由地出卿名家奇才若復以禮律爲意便是其人蔡興宗傳有解士先者告申坦昔與丞相義宣同謀時坦已死子令孫自繫廷尉興宗議曰若坦昔爲戎首身今尙存累經肆眚猶應蒙宥令孫天屬理相爲隱況人亡事遠追相誣訐斷以禮律義有合關是六朝時猶常用此語也

晉律目

不孝（唐律入十惡）

謀殺其國王侯伯子男官長（唐律謀殺府主等官在賊盜）

誣偸（未詳）

受財枉法（唐律監主受財枉法在職制）

掠人和賣（漢律有和賣買人唐律略人略賣人在賊盜）

誘藏亡奴婢（唐律略和誘奴婢在賊盜）

以上六條見御覽引晉律（詳晉律佚文條）

詐僞將吏（唐律詐假官在詐僞）

越武庫垣

兵守逃歸家（唐律征人巧詐避役在擅興）

兄弟保人（未詳）

闌利宮殿門（唐律闌入宮門在衞禁）

上變事（漢律有上言變事）

露泄選舉

謀發密事（唐律漏泄大事在職制）

毆兄姊（魏律毆兄姊加至五歲刑晉止四歲刑蓋仍漢律之舊）

傷人（唐律兵刃斫傷人在鬬訟）

僞造官印（唐律僞寫官文書印在詐僞）

不憂軍事

戲殺人（唐律戲殺傷人在鬬訟）

越戍（李悝雜律有越城唐律越州鎭戍等城垣在衞禁）

作穽（唐律施機鎗作坑穽在雜律）

走馬衆中（唐律城內街巷走車馬在雜律）

挾天文圖讖（晉書載記咸康二年禁郡國不得私學星讖有犯者誅蓋晉律止二歲刑故特嚴其制）

以上十七條見御覽引晉律注（詳晉律佚文條）

不敬（唐律入十惡）

不道（同上）

惡逆（同上）

向人室廬道徑射（唐律向城官私宅射在雜律）

盜傷縛守

呵人取財

鬬殺傷傍人

囚辭所連（唐律囚引人爲徒侶在斷獄）

諸勿聽理

持質（漢科有持質唐律入賊盜）

恐猲（唐律恐猲取人財物在賊盜）

強盜

受求所監（漢律目有受所監受財枉法）

擅賦

得遺物（唐律得闌遺物在雜律）

以上十五條見晉志引張斐律表

乏軍興（漢律唐律均有乏軍興）

以上一條見晉書劉隗傳（以乏軍興論於理爲枉）

詐列父母死（唐律十惡不孝注詐稱祖父母父母死）

誣罔父母

淫亂破義

反逆（世說注引謝鯤元化論序曰每見國家赦書謀反逆皆赦　唐律謀反大逆在賊盜）

以上四條見宋書王韶之傳（有司奏東冶士朱道民禽三叛士依例放遣韶之啓曰臣尋舊制以罪補士凡有十餘條雖同異不紊而輕重實殊至於詐列父母死誣罔父母淫亂破義反逆此四條實窮亂抵逆人理必盡雖復殊刑過制猶不足以塞莫大之罪旣獲全首領大造已隆寧可復遂拔徒隸緩帶當年自同編戶列齒齊民乎臣懼此

制永行所虧實大

竊執官仗拒戰邏司

以上一條見宋書明帝紀（泰始四年詔曰自今竊執官仗拒戰邏司或攻剽亭寺及害吏民者凡此諸條悉依舊制按陳書南康王方泰傳率人仗抗拒傷禁司爲有司所奏上大怒下方泰獄是陳律亦有此條殆沿晉律之舊歟）

八議（見羊曼傳　唐律八議在名例）

自首（見庾純傳　唐律犯罪未發自首在名例）

詐冒復除（見高陽王睦傳　漢令丙有詐自復免魏入詐僞律唐律詐自復除在詐僞）

犯陵上草木（見刑法志　唐律盜園陵內草木在賊盜）

盜發冢（見宋書沈約自序唐律發冢在賊盜）

以上五條疑皆晉律目之所有姑附於末

晉律佚文

詐取父母卒棄市（殷仲堪傳引律）

桂陽人黃欽生父沒已久詐服衰麻言迎父喪府曹先依律詐取父母卒棄市仲堪乃曰律詐取父母寧依毆詈法

棄市原此之旨當以二親生存而橫言死沒情事悖逆忍所不當故同之毆詈之科正以大辟之刑今欽生父實終沒墓在舊邦積年久遠方詐服迎喪以此爲大妄耳比之於父存言亡相殊遠矣遂活之

按唐律疏義其詐稱祖父母父母死謂祖父母父母見在而詐稱死者若先死而詐稱始死者非觀此知疏義注釋各條均有所本

受教殺人不得免死（衞瓘傳引律）

初瓘爲司空時帳下督榮晦有罪瓘斥遣之及難作隨兵討瓘故子孫皆及於禍繇等執黃旛撾登聞鼓上言曰律受教殺人不得免死況乎手害功臣賊殺忠良雖云非謀（按據此晉律有謀殺故殺之分）理所不赦害公子孫實由於晦及將人刼盜府庫皆晦所爲考晦一人衆姦皆出乞驗盡情僞加以族誅詔從之

淫寡女三歲刑（刑法志）

奸伯叔母棄市（同上）

八十非殺傷人他皆勿論（同上）

十歲不得告言人（同上）

賊燔人廬舍積聚盜賊贓五匹以上棄市（同上）

毆人教令者與同罪（同上）

傷死人四歲刑妻傷夫五歲刑子不孝父母棄市（宋書顧覬之傳引律　又見通典一百六十七）

沛郡相縣唐賜往比（通典作北）村朱起母彭家飲酒還因得病吐蠱蟲十餘枚臨死語妻張死後刳腹出病後張手自剖視五臟悉糜碎郡縣以張忍行刳剖賜子副又不禁駐事起赦前法不能決律傷死人四歲刑（宋書及南史均無傷死人四歲刑六字今據通典補）妻傷夫五歲刑子不孝父母棄市并非科例三公郎劉思議賜妻痛往遵言兒識謝及理考事原心非存忍害謂宜哀矜覬之議曰法移路尸猶為不道況在妻子而忍行凡人所不行不宜曲通小情當以大理為斷謂副為不孝張同不道詔如覬之議

子賊殺傷毆父母梟首罵詈棄市婦謀殺夫之父母亦棄市（南史孔靖傳引律　又見通典一百六十七）

安陸應城縣人張江陵與妻吳共罵母黃令死黃忿恨自經死已值赦案律子賊殺傷毆父母梟首罵詈棄市婦（南史無婦字據通典補）謀殺夫之父母亦棄市會赦免刑補冶江陵罵母母以自裁重於傷毆若同殺科則疑重用傷毆及詈科則疑輕制唯有打母遇赦猶梟首無詈母致死會赦之科深之議曰夫題里逆心而仁者不入名且惡之況乃人事故毆傷咒詛法所不原詈之致盡則理無可宥罰有從輕蓋疑失善求之文旨非此之謂江陵雖遇赦恩故合梟首婦本以義愛非天屬黃之所恨情不在吳原死補冶有允正法詔如深之議吳可棄市

捕虎一購錢三千其狗半之（爾雅釋獸注郭璞引律）

公侯有罪得以金帛贖（通鑑晉記三十三燕主盛引法例律）

按史不言慕容盛定律其所引律卽晉律也

凡諸侯上書言及諸侯不敬皆贖論（書鈔四十四引晉律）

諸侯應八議以上請得減收留贖勿髡鉗笞（同上引晉律）

按以上二條疑諸侯律佚文

過誤傷人三歲刑（御覽六百四十晉書引律　又見南史何承天傳及通典一百六十六）

安帝義熙中劉毅鎭姑熟常出行南陵縣吏陳滿射鳥箭誤中直帥雖不傷人據法當棄市何承天議曰獄貴情斷疑則從輕昔有驚漢文帝乘輿馬者張釋之斷以犯蹕罪止罰金何者明其無心於驚馬也故不以乘輿之重而加異制今滿意在射鳥非有心於中人按律過誤傷人三歲刑況不傷乎（湯球晉書輯本以此條爲臧榮緒晉書據錄）

髡鉗五歲刑笞二百（若諸王亡詐僞將吏越武庫垣兵守逃歸家兄弟保人之屬幷五歲刑也）四歲刑（若復上闌入宮殿門上變事通露泄選舉謀發密事毆兄姊之屬幷四歲刑）三歲刑（若傷人上而謗僞造官印不憂軍事戲殺人之屬幷三歲刑也）二歲刑（二歲刑減一等入罰金三歲至五歲刑耐罪皆越戍作穽走馬衆中有挾天文圖讖之屬幷爲二歲刑）（御覽六百四十二引晉律並注　此條文多訛誤又御覽六百四十九引晉律有髡鉗五歲刑五字）

按近人太炎文錄五朝法律索隱云晉律衆中走馬者二歲刑因而殺人者死近世城市阡陌之間官吏亦以條教禁人走馬然治走馬殺人者已輕矣夫都會殷賑行人股脚肩背相摩走馬者亦自知易傷人然猶儇俠自喜不少陵譴此明當附賊殺之律與過殺戲殺殊矣自電車之作往來凡軼速於飛矢倉卒相逢不及回顧有受車轢之刑而已觀日本一歲死電車道上者幾二三千人將車者財罰金不大呵譴余以造用電車者當比走馬衆中與二歲刑因而殺人者比走馬衆中殺人商主及御夫皆殊死乘晉律以全橫目漢土舊法賢於拜金之國遠矣

鉗重二斤翅長一尺五寸（御覽六百四十四引晉律　廣韻引同）

諸有所督罰五十以下鞭如令平心無私而以辜死者二歲刑（御覽六百五十引晉律）

贖死金二斤也（御覽六百五十一引晉律　書鈔四十四引同）

失（書鈔引無失字）贖罪囚罰金四兩也（同上引晉律）

其年老小篤疾病及女徒皆收贖（同上引晉律）

諸應收贖者皆月入中絹一疋老小女人半之（同上引晉律）

以金罰相代者率金一兩以罰當十也（同上引晉律）

除名比三歲刑（同上引晉律）

按唐律除名比徒三年在名例蓋沿晉制

其當除名而所取飲食所用之物非以爲財利者應罰金四兩以下勿除名（同上引晉律）
吏犯不孝謀殺其國王侯伯子男官長誣偸受財枉法及掠人和賣誘藏亡奴婢雖遇赦皆除名爲民（同上引晉律）
免官比三歲刑其無眞官而應免者正刑召還也（同上引晉律）
有罪應免官而有文武加官者皆免所居職官（同上引晉律）
其犯免官之罪不得減也（同上引晉律）
其當免官者先上（同上引晉律）

晉刑名

死刑三（唐六典注大辟之刑有三一曰梟二曰斬三曰棄市）
梟（晉書齊王冏傳骨肉還梟夷之刑蘇峻傳張健等遂降幷梟其首南史元凶劭傳劭濬及其子幷梟首大航世說王孝伯死縣其首於大桁）
斬（御覽引晉書楚王瑋矯詔解嚴斬刑又引三十國春秋曰丞相斬都運令史淳于伯于建康於是以刀拭柱血逆流二丈三尺下四尺五寸其直絃世說注引司馬晞傳有司奏晞等斬刑）
棄市（晉志引張斐律表曰棄市者死之下御覽引晉書咸和三年勾容令孔恢罪棄市詔曰恢自陷刑網罪當大辟）

以上爲死罪（唐六典注棄市以上爲死罪二歲刑以上爲耐罪罰金一兩以上爲贖罪）

按周禮鄭注斬以鈇鉞若今要斬殺以刀刃若今棄市是斬爲腰斬棄市爲斬首漢制如此義極明顯史記索隱以棄市爲絞罪恐不足信沈氏刑法分考據晉志周顗等議肉刑云截頭絞頸尙不能禁以爲晉律議自魏代斷爲魏之棄市已爲絞刑晉宋梁陳相沿不改考左傳哀二年若其有罪絞縊以戮杜注絞所以縊人物杜預晉人若晉已用絞不容僅以縊人物爲釋是晉無絞刑明矣梁陳二代其刑名有棄市而無斬刑所謂無斬刑者無腰斬之刑也若謂死刑棄斬首而專用絞恐無是理今考魏志晉書南史實無處腰斬之刑者疑魏晉以來律雖存腰斬之條（魏晉死刑均依漢制）而習用止爲斬首至梁始廢之耳不必強釋晉之棄市爲絞刑也其以絞爲刑名蓋自北魏始）

髡刑四（唐六典注髡刑有四一曰髡鉗五歲刑笞二百二曰四歲刑三曰三歲刑四曰二歲刑）

髡鉗五歲刑笞二百（晉書武帝紀咸寧二年赦五歲刑以下）

四歲刑

三歲刑

二歲刑

以上爲耐罪

贖（唐六典注贖死金二斤贖五歲刑金一斤十二兩四歲三歲二歲各以四兩爲差晉書魏舒傳以公事當免官詔以贖論南史王僧祐傳在直屬疾不待對人輒去中丞沈約彈之坐贖論到撝傳爲左丞庚杲之所糺以贖論文獻通考一百七十一晉新律意善功惡以金贖之金等不過四兩）

贖死金二斤

贖五歲刑金一斤十二兩

贖四歲刑金一斤八兩

贖三歲刑金一斤四兩

贖二歲刑金一斤

按唐六典注云晉贖罪得兼用絹世說劉道眞嘗爲徒扶風王駿以五百疋布贖之是又得用布贖罪也

雜抵罪（唐六典注又有雜抵罪罰金十二兩八兩四兩二兩一兩之差）

按雜抵罪蓋卽奪爵免官除名之類魏律雜抵罪凡七晉無考

罰金

十二兩

八兩（書鈔引臧榮緒晉書凡民私釀酒酤其有婚姻及疾病者聽之餘有犯罰金八兩）

四兩
二兩（南史徐孝嗣傳泰始中以登殿不著韎爲書侍御史蔡準所奏罰金二兩）
一兩
以上爲贖罪
夷三族
益州牙門張弘誣其刺史皇甫晏反殺之傳首京師弘坐伏誅夷三族（武帝紀）
永嘉元年正月除三族刑（懷帝紀）
以致穆世家罪止其身因此表除三族之法（東海王越傳）
建興三年勑雍州掩骼埋胔修復陵墓有犯者誅及三族（愍帝紀）
太寧三年二月復三族刑惟不及婦人（明帝紀）
時孫秀亂關中解結在都坐議秀罪應誅秀由是致憾及系（解系）被害結亦同戮女適裴氏明日當嫁而禍起
裴氏欲認活之女曰家既若此我何活爲亦坐死朝廷遂議革舊制女不從坐由結女始也（解結傳）
自晉興以來用法大嚴遲速之間輒加誅斬一身伏法猶可彊爲今世之誅動輒滅門（閻纘傳）
公孫宏歧盛幷夷三族（楚隱王瑋傳）

諸黨屬皆夷三族（齊王冏傳）

徙邊

遂收機等九人付廷尉穎成都王穎吳王晏並救理之得減死徙邊（陸機傳）

與二兄俱被害妻子徙邊（解系傳）

加罪黜徙（齊王冏傳）

特降刑書宥遜遠徙永嘉郡（南史王儉傳）

禁錮

省禁固相告之條（刑法志）

參佐禁固（溫嶠傳）

請除挺（宋挺）名禁錮終身（劉隗傳）

有司奏衍不能守死善道卽求離婚宜加顯責以勵臣節可禁錮終身從之（王衍傳）

明年詔原敦（王敦）黨獄撫（周撫）詣闕請罪有詔禁錮之（周訪傳）

時（晉義熙中）新制長吏以父母疾去官禁錮三年山陰令沈叔任父疾去職鮮之因此上議曰省父母之疾而加以罪名悖義疾理莫此爲大謂宜從舊於義爲允從之於是自二品以上父母沒者墳墓崩毀及疾病族屬輒去並不

禁錮（宋書鄭鮮之傳）

永明元年爲御史中丞袁彖所奏免官禁錮（南史褚澄傳）

以家貧乞郡辭旨抑揚詔免官禁錮五年（南史謝朏傳）

以怨望免禁錮十年（南史謝超宗傳）

坐畜伎免官禁錮十年（南史王晏傳）

除名

除名流徙退免大事臺乃奏處其餘外官皆專斷之（劉頌傳）

時蜀新平人飢土荒頌表求振貸不待報而行由是除名（同上）

時制王敦綱紀除名（溫嶠傳）

嶷（張嶷）以扇和減罪除名（周嵩傳）

敦（王敦）平有司奏彬及兄子安成太守籍之並是敦親皆除名（王彬傳）

劉弘顧望除名爲民（文選范尚書讓吏部封侯第一表注引晉陽秋）

奪爵

邕卒子彤嗣坐刀斫妻奪爵（南史劉穆之傳）

子植嗣多過失不受母訓奪爵（南史向靖傳）

子長嗣坐罵母奪爵（南史王亮傳）

沒官爲奚奴

撾登聞鼓乞恩辭求自沒爲奚官奴以贖父命（范堅傳）

有女巫嚴道育夫爲劫坐沒入奚官（南史元凶劭傳）

晉鞭杖之制（宋南齊附）

升平二年三月飲飛督王饒獻鴆鳥帝怒鞭之二百（穆帝紀　御覽六百四十九引晉中興書曰皇帝詔飲飛督王饒忽上吾鴆鳥口云以辟惡此凶物豈宜妄進於是頓鞭饒二百）

賈午考竟用大杖（賈充傳）

武帝以山濤爲司徒頻讓不許出而徃歸家左丞白褒又奏濤違詔杖褒五十（御覽六百五十引王隱晉書）

謝鯤字幼輿弱冠知名值中朝大亂長沙王乂輔政親媚小人忌害君子時疾鯤名譖之乂遂執欲鞭之鯤解衣服鎖神無動容乂異而釋之又無喜色（御覽六百四十九引晉中興書）

胡母崇爲永康令多受貨賂政治苛暴詔都街頓鞭一百除名爲民（御覽六百五十一引晉中興書）

太始四年江夏王義恭第十五女卒年十九未笄禮官議成人服諸王服大功左丞孫夐重奏禮官違越經典於理無

掾太常以下結免贖論謐坐杖督五十（南史江謐傳）

典筆吏取筆失旨頓與五十鞭（南史趙伯符傳）

褘之等六人鞭杖一百（南史顏師伯傳）

桓公在荆州全欲以德被江漢恥以威刑肅物令史受杖正從朱衣上過桓式年少從外來云向從閣下過見令史受杖上捎雲眼下拂地足意譏不著桓公云我猶患其重（世說）

昔在晉初河內溫縣領校向雄送御犢牛不充呈郡輒隨比送洛值天大熱郡送牛多暍死臺法甚重太守吳奮召雄與杖雄不受杖曰郡牛者亦死也呈牛者亦死也奮大怒下雄獄（世說注）

永初二年六月壬寅詔曰杖罰雖有舊科然職務殷碎推坐相尋若皆有其實則體所不堪文行而已又非設罰之意可籌量悄爲中否之格甲辰制諸署勅吏四品以下又府署所得輒罰者聽統府寺行四十杖（宋書武帝紀）

永明五年制二品淸官行僮幹杖不得出十張融坐鞭幹錢敬道杖五十免官（通典三十五）

晉肉刑之議

劉頌爲廷尉頻表宜復肉刑不見省又上言曰臣昔上行肉刑從來積年遂寢不論臣竊以爲議者拘孝文之小仁而輕違聖王之典刑未詳之甚莫過於此令死刑重故非命者衆生刑輕故罪不禁奸所以然者肉刑不用之所致也今爲徒者類性元惡不軌之族也去家懸遠作役山谷飢寒切身志不聊生雖有廉士介者苟慮不首死則皆爲盜賊豈

況本性奸凶無賴之徒乎又令徒富者輸財解日歸家乃無役之人也貧者起爲奸盜又不制之虜也不刑則罪無所禁不制則羣惡橫肆爲法若此近不盡善也是以徒亡日屬賊盜日煩亡之數者至有十數得輒加刑日益一歲此爲終身之徒也自顧反善無期而災困逼身其志亡思盜勢不得息事使之然也古者用刑以止刑今反於此諸重犯亡者髮過三寸輒重髡之此以刑生刑加作一歲此以徒生徒也亡者積多繫囚猥畜議者曰囚不可不赦復從而赦之此謂刑不制罪法不勝奸下知法之不勝相聚而謀爲不軌月異而歲不同故自頃年以來奸惡陵暴所在充斥議者不深思此故而曰肉刑於名忤聽忤聽孰與盜賊不禁聖王之制肉刑遠有深理其事可得而言非徒懲其畏剝割之痛而不爲也乃去其爲惡之具使夫奸人無用復肆其志止奸絕本理之盡也亡者刖足無所用復亡盜者截手無所用復盜淫者割其勢理亦如之除惡塞源莫善於此非徒然也此等已刑之後便各歸家父母妻子共相養恤不流離於塗路有今之困創愈可役上准古制隨宜業作雖已刑殘不爲虛棄而所患都塞又生育繁阜之道自若也今宜取死刑之限輕及三犯逃亡淫盜悉以肉刑代之其三歲刑以下已自杖罰遺又宜制其罰數使有常限不得減此其有宜重者又任之官長應四五歲刑者皆髡笞笞至一百稍行使各有差悉不復居作然後刑不復生刑徒不復生徒而殘體爲戮終身作誡人見其痛畏而不犯必數倍於今且爲惡者隨發被刑去其爲惡之具此爲諸已刑者皆良士也豈與全其爲奸之手足而蹴居必死之窮地同哉而猶曰肉刑不可用臣竊以爲不識務之甚也臣昔常侍左右數聞明詔謂肉刑宜用事便於政願陛下信獨見之斷使夫能者得奉聖慮行之於今比塡溝壑冀見太平周禮三赦三宥

施於老幼悼耄黔黎不屬逮者此非爲惡之所出故刑法逆舍而宥之至於自非此族犯罪則必刑而無赦此政之理也暨至後世以時險多難因赦解結權以行之又不以寬罪人也至今恆以罪積獄繁赦以散之是以赦愈數而獄愈塞如此不已將至不勝原其所由肉刑不用之故也今行肉刑非徒不積且爲惡無具則奸息去此二端獄不得繁故無取於數赦於政體勝矣疏上又不見省（刑法志）

及帝（元帝）即位展（衞展）爲廷尉又上言古者肉刑事經前聖漢文除之增加大辟今人戶彫荒百不遺一而刑法峻重非句踐養胎之義也愚謂宜復古施行以隆太平之化詔內外通議於是驃騎將軍王導太常賀循侍中紀瞻中書郎庾亮大將軍諮議參軍梅陶散騎郎張嶷等議以肉刑之典由來尚矣肇自古先以及三代聖哲明王所未曾改也豈是漢文常主所能易者乎時蕭曹已沒絳灌之徒不能正其義逮班固深論其事以爲外有輕刑之名內實殺人又死刑太重生刑太輕生刑施於上死刑怨於下輕重失當故刑政不中也且原先王之造刑也非以過怒也非以殘人也所以救奸所以當罪今盜者竊人之財淫者好人之色亡者避叛之役皆無殺害也則刖之以刑刑之則止而加之斬戮戮過其罪死不可生縱虐於此歲以巨計此迺仁人君子所不忍聞而況行之於政乎若乃惑其名而不練其實惡其生而趣其死此畏水投舟避坎蹈井愚夫之不若何取於政哉今大晉中興遵復古典率由舊章起千載之滯義拯百殘之遺黎使皇典廢而復存黔首死而更生至義暢於三代之際遺風播乎百世之後生肉枯骨惠侔造化豈不休哉惑者乃曰死猶不懲而況於刑然人者冥也其至愚矣雖加斬戮忽爲灰土死事日往生欲日存未以爲

改若刑諸市朝朝夕鑒戒刑者詠爲惡之永痛惡者覩殘刖之長廢故足懼也然後知先王之輕刑以御物顯誡以懲愚其理遠矣尙書令刁協尙書薛兼等議以爲聖上悼殘荒之遺黎傷犯死之繁衆欲行刖以代死刑使犯死之徒得存性命則率土蒙更生之澤兆庶必懷恩以反化也今中興祚隆大命惟新誠宜設寬法以育人然懼羣小愚蔽習翫所見而忽異聞或未能咸服愚謂行刑之時先明申法令樂刑者刖甘死者殺則心必服矣古典刑不上大夫今士人有犯者謂宜如舊不在刑例則進退爲允尙書周顗郎曹彥中書郎桓彝等議以爲復肉刑以代死誠是聖王之至德哀矜之弘私然竊以爲刑罰輕重隨時而作時人少罪而易威則從輕而寬之時人多罪而難威則宜化刑而濟之肉刑平世所應立非救弊之宜也方今聖化草創人有餘奸習惡之徒爲非未已截頭絞頸尙不能禁而乃更斷足劓鼻輕其刑罰使欲爲惡者輕犯寬刑蹈罪更衆是爲輕其刑以誘人於罪殘其身以加楚酷也昔之畏死刑以爲善人者今皆犯輕刑以殘其身畏重之常人反爲犯輕而致囚此則何異斷刖常人以爲恩仁邪受刑者轉廣而爲非者日多踴貴屨賤有鼻者醜也徒有輕刑之名而實開長惡之源不如以殺止殺重以全輕權小停之須聖化漸著兆庶易威之日徐施行也議奏元帝猶欲從展所上大將軍王敦以爲百姓習俗日久忽復肉刑必駭遠近且逆寇未殄不宜有慘酷之聲以聞天下於是乃止(同上)

安帝元興末桓玄輔政又議欲復肉刑斬左右趾之法以輕死刑命百官議蔡廓上議曰建邦立法弘教穆化必隨時置制德刑兼施長貞一以閑其邪教禁以檢其慢灑湛露以流潤厲嚴霜以肅威雖復質文迭用而斯道莫革肉刑之

設肇自哲王蓋由曩世風淳人多惇謹圖像既陳則機心直戢刑人在塗則不逞改操故能勝殘去殺化隆無爲季末澆僞設網彌密利巧之懷日滋恥畏之情轉寡終身劇役不足止其奸況乎黥劓豈能反於善徒有酸慘之聲而無濟俗之益至於棄市之條實非不赦之罪事非手殺考律同歸輕重約科減降路塞鍾陳以之抗言元皇所爲留愍今英輔翼贊道邈伊周誠宜明愼用刑愛人弘育申哀矜以革濫移大辟於支體全性命之至重恢繁息於將來而孔琳之議不同用王朗夏侯玄之旨時論多與琳之同故遂不行（同上）

玄又議復肉刑琳之以爲唐虞象刑夏禹立辟蓋淳薄既異致化不同書曰世輕世重言隨時也夫三代風純而事簡故罕蹈刑辟季末俗巧而務殷故動陷憲網若三千行於叔世必有踊貴之尤此五帝不相循法肉刑不可悉復者也漢文發仁惻之意傷自新之路莫由革古創制號稱刑厝然名輕而實重反更傷人故孝景嗣位輕之以緩緩而人慢又不禁邪期於刑罰之中所以見美於昔歷代詳論而未獲厥中者也兵荒以後羅法更多棄市之刑本斬右趾漢文一謬承而弗革所以前賢悵恨議之而未辯鍾繇陳羣之意雖小有不同欲以右趾代棄市若從其言則所活者衆矣降死之生誠爲輕法可以全其性命蕃其產育仁既濟物功亦益衆又今之所患逋逃爲先屢叛不革宜令逃身靡所亦以肅戒未犯永絕惡原至於餘條宜且依舊（南史孔琳之傳）

晉曹志議曰嚴刑以殺犯之者寡刑輕易犯蹈惡者多臣謂玩常苟免犯法乃衆黥刖彰罪而民甚恥且創制墨刖見者知禁彰罪表惡聞者多服假使惡多尚不至死無妨產育苟能殺以止殺爲惡縱寡積而不已將至無人天無以神

君無以尊矣故古人寧過不殺是以爲上寧寬得衆不寧急積殺若及于張聽訟刑以止刑可不革舊過此以往肉刑是宜假令漢文于張承大亂之後創基七十國寡民稀止禁刑書鞭杖爲治也（藝文類聚五十四）

晉律考　中

八議

羊聃字彭祖遷廬陵太守剛克麤暴恃國戚縱恣尤甚睚眦之嫌輒加刑殺庾亮執之歸於京都有司奏聃罪當死以景獻皇后是其祖姑應八議成帝詔曰此事古今所無何八議之有猶未忍肆之市朝其賜命獄所（羊曼傳　御覽二百六十二引晉陽秋曰時廬陵太守羊角疑郡人簡良等爲賊殺一百九十八人徙謫百有餘人有司奏角罪死以景獻皇后有屬八議帝曰此古所無何八議之有乎未忍肆之市朝其賜命獄所琅琊王太妃山氏角之甥也詣闕請命丞相以太妃爲言於是減死罪既出有疾見簡良爲祟旬日而卒　太平廣記一百二十六引還冤記羊聃字彭祖晉廬江太守爲人剛克麤暴恃國姻親縱恣尤甚睚眦之嫌輒加刑戮征西大將軍庾亮檻送具以狀聞右司馬奏聃殺郡將吏及民簡良等二百九十八人徙謫一百餘人應棄市依八議請宥顯宗詔曰此事古今所未有此而可忍孰不可忍何八議之有下獄所賜命聃兄子賁先尙南郡公主自表解婚詔不許琅琊孝王妃山氏聃之甥也苦以爲請於是司徒王導啓聃罪不容恕宜極重法山太妃憂慼動疾陛下罔極之恩宜蒙生全之宥於是詔下曰山太妃惟此一舅發言摧鯁乃至吐血情慮深重朕丁荼毒受太妃撫育之恩同於慈親若不堪難忍之痛以致頓斃朕亦何顏自處今便原聃生命以慰太妃渭陽之恩於是除名爲民少時聃病疾恆見簡良等曰枉豈可受今來相取自由黃泉經宿

死）

石鑒奏預擅飾城門官舍稽乏軍興遣御史檻車徵詣廷尉以預尙主在八議以侯贖論（杜預傳）

大鴻臚何遵奏廙免爲庶人不應襲封有司奏曰廙所坐除名削爵一時之制廙爲世子著在名籍不聽襲嗣此爲刑罰再加諸侯犯法八議平處者褒功重爵也嫡統非犯終身棄罪廢之爲重依律應聽襲封（華廙傳）

倫當同罪有司奏倫爵重屬親不可坐諫議大夫劉毅駁曰王法賞罰不阿貴賤然後可以齊禮制而明典刑也當以親貴議減不得闕而不論（趙王倫傳）

廷尉論正斬刑詔以謝玄勳參微管宜宥及後嗣降死徙廣州（南史謝靈運傳）

若親貴犯罪大者必議小者必赦是縱封豕於境內放長蛇於左右也（御覽六百五十二引傅子）

大不敬棄市

嵩褒貶朝士帝召嵩入面責之嵩跪謝曰昔唐虞至聖四凶在朝陛下雖聖明御世亦安能無碌碌之臣乎帝怒收付廷尉華恆以嵩大不敬棄市論（周嵩傳）

廷尉劉頌奏旉等大不敬棄市論（庾旉傳）

有司奏濬表既不列前後所被七詔月日又赦後違詔不受渾節度大不敬付廷尉科罪（王濬傳）

簡文帝登祚未解嚴大司馬桓溫屯中堂吹警角恬奏劾溫大不敬請科罪（敬王恬傳）

劉毅爲司隸校尉皇太子朝鼓吹入東掖門毅以爲大不敬止之於門外奏劾保傅以下詔赦之然後入（書鈔引干寶晉紀）

不孝棄市

玄又奏道子酣縱不孝當棄市（簡文三子傳）

澹（武陵王）妻郭氏賈后內妹也初恃勢無禮於澹母齊王冏輔政澹母諸葛太妃表澹不孝由是澹與妻子徙遼東（宣五王傳）

荀眅於朝會中奏純以前坐不孝免黜不宜升進（庾純傳）

敦畏帝神明欲誣以不孝廢之（世說注引劉謙之晉紀）

時有尹嘉者家貧母熊自以身貼錢爲嘉償責坐不孝當死承天議曰被府宣令普議尹嘉大辟事稱法吏葛藤籤母告子不孝欲殺者許之法云謂違犯教令敬恭有虧父母欲殺皆許之其所告惟取信於所求而許之謹尋事原心嘉母辭自求質錢爲子還責嘉雖虧犯教義而熊無請殺之辭熊求所以生之而今殺之非隨所求之謂始以不孝爲劾終於和賣結刑倚旁兩端母子俱罪藤籤法文爲非其條（宋書何承天傳）

按唐律不孝入十惡子孫違犯教令入闘訟此條所謂法云違犯教令敬恭有虧父母欲殺皆許之當卽晉律本文晉時未有十惡之名不孝爲律目之一而違犯教令亦止附於不孝條中幷未別爲專條也

殺子棄市

七月桓温卒大司馬府軍中人朱興妻周息男道扶年三歲得癇病因其病發掘地生埋之爲道扶姑雙文所告正周棄市刑徐羨之議曰自然之愛虎狠猶人周之凶忍宜加顯戮臣以法律之外故宏濟物之理愚謂可特原母命投之遐裔從之（御覽七百四十引晉陽秋）

按據此知晉律無殺子孫減輕之條故云法律之外

晉安帝時郭逸妻以大竹杖打逸前妻之子子死妻因棄市如常刑（御覽五百十一引三十國春秋）

王濬在巴郡兵民苦役生男多不舉乃嚴其殺子之防而厚卹之所育者數千人（御覽四百七十九引干寶晉紀）

藏戶棄市

時江左初基法禁寬弛豪族多挾藏戶口以爲私附遐繩以峻法到縣八旬出口萬餘縣人虞喜以藏戶當棄市（山遐傳）

會庚戌制不得藏戶玄匿五戶桓温表玄犯禁收付廷尉（彭城穆王傳）

盜御物棄市

散騎將劉緝買工所將盜御裘廷尉杜友正緝棄市（趙王倫傳）

賈苞爲太廟吏光熙中盜太廟靈衣及劍伏誅（册府元龜）

盜官物棄市

時廷尉奏殿中帳吏邵廣盜官幔三張合布三十四有司正刑棄市廣二子宗年十三雲年十一黃幡撾登聞鼓乞恩辭求自沒爲奚官奴以贖父命尙書朱暎議以爲天下之人父無子者少一事遂行便成永制懼死罪之刑於此而弛堅亦同暎議時議者以廣爲鉗徒二兒沒入既足以懲又使百姓知父子之道聖朝有垂恩之仁可特聽減廣死罪爲五歲刑宗等付奚官爲奴而不爲永制堅駮之曰自淳朴澆散刑辟仍作刑之所以止刑殺之所以止殺雖時有赦過宥罪議獄緩死未有行小不忍而輕易典刑者也且既許宗等宥廣以死若復有宗比而不求贖父者豈得不擯絕人倫同之禽獸邪按主者今奏云惟特聽宗等而不爲永制臣以爲王者之作動關盛衰嚬笑之間尙愼所加況於國典可以徒虧今之所以宥廣正以宗等耳人之愛父誰不如宗今既居然許宗之請將來訴者何獨匪民特聽之意未見其益不以爲例交與怨讟此爲施一恩於今而開萬怨於後也成帝從之正廣死刑（范堅傳　御覽二百三十一引晉中興書曰范堅字子常爲廷尉秦王典吏邵廣盜官幔合布四十疋依律棄市廣息雲宗二人自沒爲官奴婢以贖父尙書議可特聽堅駮之曰此爲施一恩於今開萬怨於後顯宗從之正廣刑）

建興中宋挺割盜官布六百餘匹正刑棄市遇赦免（劉隗傳）

凡刼身斬刑家人棄市

義熙五年吳興武康縣人王延祖爲刼父睦以告官新制凡刼身斬刑家人棄市睦既自告於法有疑時叔度爲尙書

議曰設法止姦必本於情理非謂一人爲刼闔門應刑所以罪及同產欲開其相告以出造惡之身睦父子之至容可悉共逃亡而割其天屬還相縛送解腕求存於情可愍并合從原從之（南史何尚之傳）

時有前將軍陳天福坐討唐寓之於錢唐掠奪百姓財物棄市（南史王僧虔傳）

按據此知晉律刼僅棄市刑新制蓋加重之

刼制同籍期親補兵

吳興餘杭民薄道舉爲刼制同籍期親補兵道舉從弟代公道生等並爲大功親非應在補謫之例法以代公等母存爲期親則子宜隨母補兵承天議曰尋刼制同籍期親補兵大功不在例婦人三從既嫁從夫夫死從子今道舉爲刼若其叔尚存制應補謫妻子營居固其宜也但爲刼之時叔父已沒代公道生並是從弟大功之親不合補謫今若以叔爲期親令代公隨母補兵既違大功不謫之制又失婦人三從之道由於主者守期親之文不辨男女之異遠嫌畏負以生疑懼非聖朝恤刑之旨謂代公等母子并宜見原（宋書何承天傳）

遭刼不赴救

孝武於元嘉中出鎭歷陽沈亮行參征虜將軍事民有盜發塚者罪所近村人與符伍遭刼不赴救同坐亮議曰尋發塚之情事止竊盜徒以侵亡犯死故同之嚴科夫穿掘之侶必銜枚以晦其跡強刼之黨必讙呼以威其事故兇赫者易應潛密者難知且山原爲無人之鄉邱壠非恆途所踐至於防救不得比之村郭督實効名理與刼異則符伍之坐

居宜降矣又刼罰之科雖有同符伍之限而無遠近之斷夫塚無村界當以比近坐之若不域之以界則數步之內與十里之外便應同罹其責防民之禁不可頓去止非之憲宜當其律懸謂相去百步赴告不時者一歲刑自此以外差不及咎（宋書沈約自序）

按遭刼不赴救晉律當有此條故當時以比附定罪

主守偷五疋常偷四十疋處死

主守偷五疋常偷四十疋並加大辟議者咸以爲重弘以爲小吏無知臨時易昧或由疎慢事蹈重科宜進主守偷十疋常偷五十疋死四十疋降以補兵至於官長以上荷蒙榮祿冒利五疋乃已爲弘士人至此何容復加哀矜且此輩人士可殺不可謫謂宜奏聞決之聖旨文帝從弘議（南史王弘傳　又宋書王弘傳右丞孔默之議常盜四十匹主守五匹降死補兵雖大存寬惠以紓民命然官及二千石及失節士大夫時有犯者罪乃可戮恐不可以補兵也謂此制可施小人士人自還用舊律）

按據此知主守偷五疋常偷四十疋死本係晉律舊制至宋文帝時始改也南史沈慶之傳兩疋八十尺也是宋初以四十尺爲一疋晉當與宋同漢律主守盜直十金棄市蓋漢時以金計算晉則以疋計算也

受故吏物

咸寧初有司奏劭（何曾子）及兄遵等受故鬲令袁毅貨雖經赦宥宜皆禁止事下廷尉（何曾傳）

居職犯公坐

諸居職其犯公坐者以法律從事其以貪濁贓汚爲罪不足至死者刑竟及遇赦皆宜禁錮終身輕者二十年如此不廉之吏必將化爲夷齊矣（抱朴子審舉篇）

按唐律名例有同職犯公坐據此知晉時已有此律疑當時多不依法處罰故云以法律從事也晉自惠帝以後法漸多門故劉頌上疏謂事同議異力言臣下不得以意妄議皆以法律從事然後法信於下事詳晉志

非所宜言

吏部郎周穆與其妹夫諸葛玫共說越曰主上之爲太弟張方意也淸河王本太子爲羣凶所廢先帝暴崩多疑東宮公盍思伊霍之舉以寧社稷乎言未卒越曰此豈宜言耶遂叱左右斬之（東海王越傳）

彥回讓司徒乃與僕射王儉書欲依蔡謨事例儉以非所宜言勸彥回受命（南史褚彥回傳）

方鎭皆啓稱子響爲逆榮祖曰此非所宜言（南齊書）

按非所宜言一條始於秦律漢律晉律梁律北齊律均有之（詳見漢律考北齊律考）今唐律不載唐律本於隋開皇律殆隋代删去之

上表不以實

謁者以弘訓宮爲殿內制玄位在卿下玄恚怒厲聲色而責謁者謁者妄稱尙書所處玄對百僚而駡尙書以下御史

中丞庾純奏玄不敬玄又有表不以實坐免官（傅玄傳）

矯詔

楚王瑋以矯詔伏誅（文選晉紀總論注引干寶晉紀）

誣罔

後將軍眅（荀眅）敢以私議貶奪公論抗言矯情誣罔朝廷宜加貶黜眅坐免官（庾純傳）

齊王攸之就國也下禮官議崇錫之物尃與博士大叔廣劉暾繆蔚郭頤秦秀傅珍等上表諫武帝以博士不答所問答所不問大怒事下有司尚書朱整褚䂮等奏尃等侵官離局迷罔朝廷請收尃等八人付廷尉科罪詔曰尃等備爲儒官聽肆其誣罔之言以干亂視聽而尃是議主應爲戮首（庾尃傳）

漏洩

郗隆字弘始初爲尚書郎轉左丞坐漏洩事免（郗鑒傳）

上欲以爲吏部郎已受密旨承天宣漏之坐免官（南史何承天傳）

民殺長吏

民殺長吏科議者謂値赦宜加徙送秀之以爲律文雖不顯民殺官長之旨若値赦但止徙送便與悠悠殺人曾無一異民敬長官比之父母行害之身雖遇赦謂宜長附尚方窮其天命家口補兵從之（宋書劉秀之傳）

按據此知魏晉相承之律民殺長吏本同凡論加重之科自秀之始也

擅縱罪人

擅縱五歲刑以下二十一人爲有司所劾帝以宏累有政績聽以贖罪論（王宏傳）

爲領軍校尉坐擅放司馬彪繫廷尉（郭舒傳）

擅去官

石崇爲大司農坐未被詔擅去官免（文選思歸引序注引臧榮緒晉書）

詐價貴

元時舉承天賣茭四百七十束與官屬求貴價承天坐白衣領職（宋書何承天傳）

毛惠素仕齊爲少府臨事淸刻勅市銅官碧靑一千二百斤供御畫用錢六十五萬有讒惠素納利武帝怒勅尙書評價貴二十八萬餘有司奏伏誅（南史毛惠素傳）

乏軍興

石鑒奏預稽乏軍興徵詣廷尉（杜預傳）

隗奏曰淳于伯息忠訴辭稱枉云伯督運訖去二月事畢代還無有稽乏受賕使役罪不及死軍是戍邊非爲征軍以乏軍興論於理爲枉四年之中供給運漕凡諸徵發租調百役皆有稽停而不以軍興論至於伯也何獨明之捶楚之

下無求不得四人畏痛飾詞應之理曹國之典刑而使忠等稱寃明時於是右將軍王導等上疏引咎請解職（劉隗傳）

虛張首級

後爲鎭南將軍豫州刺史坐虛張首級詔曰昔雲中守魏尙以斬首不實受刑武牙將軍田順以詐增虜獲自殺誣罔敗法古今所疾（石鑒傳）

後失軍期

昨聞教以陸機後失軍期師徒敗績以法加刑莫不謂當（陸雲傳）

按晉令軍法凡六篇以法加刑蓋指軍法言之

犯夜

王安期作東海郡吏錄一犯夜人來（世說）

殷浩始作揚州劉尹行曰小欲晚便使左右取襆人問其故答曰刺史嚴不敢夜行（同上）

犯事在赦前

咸寧三年睦遣使募徙國內八縣受逋逃私占及變易姓名詐冒復除者七百餘戶冀州刺史杜友奏睦招誘逋亡不宜君國有司奏事在赦前應原（高陽王睦傳）

律令無正文依附名例斷之其正文名例所不及皆勿論

時劉頌爲三公尙書上疏曰律法斷罪皆當以法律令正文若無正文依附名例斷之其正文名例所不及皆勿論法吏以上所執不同得爲異議如律之文守法之官唯當用律令至於法律之內所見不同迺得爲異議也今限法曹郎令史意有不同爲駁唯得論釋法律以正所斷不得援求諸外論隨時之宜以明法官守局之分詔下其事侍中太宰汝南王亮奏以爲夫禮以訓世而法以整俗理化之本事實由之若斷不斷常隨輕重意則王憲不一人無所錯矣故觀人設敎在上之舉守文直法臣吏之節也臣以去太康八年隨事異議周懸象魏之書漢詠畫一之法誠以法與時共義不可二今法素定而法爲議則有所開長以爲宜如頌所啓爲永久之制於是門下屬三公曰昔先王議事以制自中古以來執法斷事既以立法誠不宜復求法外小善也若常以善奪法則人逐善而不忌法其害甚於無法也按啓事欲令法令斷一事無二門郎令史以下應復出法駁按隨事以聞也及於江左元帝爲丞相朝廷草創議斷不循法律人立異議高下無狀主簿熊遠奏曰禮以崇善法以閑非故禮有典法有常防人之惡而無邪心是以周建象魏之制漢創畫一之法故能闡弘大道以至刑厝律令之作由來尙矣經賢智歷夷險隨時斟酌最爲周備自軍興以來法度陵替至於處事不用律令競作屬命人立異議曲適物情虧傷大例府立節度復不奉用臨事改制朝作夕改至於主者不敢任法每輒關諮委之大官非爲政之體若本曹處事不合法令監司當以法彈違不得動用開塞以壞成事按法蓋麤術非妙道也矯割物情以成法耳若每隨物情輒改法制此爲以情壞法法之不一是爲多門開人事之

路廣私請之端非先王立法之本意也凡爲駁議者若違律令節度當合經傳及前比故事不得任情以破成法愚謂宜令錄事更立條制諸立議者皆當引律令經傳不得直以情言無所依準以虧舊典也若開塞隨宜權道制物此是人君之所得行非臣子所宜專用主者唯當徵文據法以事爲斷耳是時帝以權宜從事尙未能從（刑法志）

按據此知晉律在西晉已成具文江左以後幷比例亦不常用高下任情請託日廣蓋其時士大夫務爲淸談鮮知律令其末流固必至於此也

造意

駿（楊駿）之誅也纘棄官歸要駿故主簿潘岳掾崔基等共葬之基岳畏罪推纘爲主墓成當葬駿從弟模告武陵王澹將表殺造意者衆咸懼塡冢而逃纘獨以家財成墓葬駿而去（閻纘傳）

交關

時安遠護軍郝詡與故人書云與尙書令裴秀相知望其有益有司奏免秀官詔曰不能使人之不加諸我此古人所難交關人事詡之罪耳豈尙書令能防乎其勿有所問（裴秀傳）

劉超字世踰忠淸愼密自以職在中書絕不與人交關書疏（世說卷二注引晉陽秋）

按交關見漢律據此知晉律亦有此條

自首

犇父純詣廷尉自首犇以議草見示愚淺聽之詔免純罪（庾純傳）

考竟

收吳太妃趙粲及韓壽妻賈午等付暴室考竟（趙王倫傳）

以兵仗送太子妃王氏三皇孫於金墉城考竟謝淑妃及太子保林蔣俊（愍懷太子傳）

時尚書令史扈寅非罪下獄詔使考竟頌執據無罪寅遂得免（劉頌傳）

其考竟友（劉友）以懲邪佞（魏舒傳）

鞫獄責家人下辭

宋臺建爲侍中建議以爲鞫獄不宜令子孫下辭明言父祖之罪虧教傷情莫此爲大自今但令家人與囚相見無乞鞫之訴便足以明伏罪不須責家人下辭朝議從之（南史蔡廓傳）

河東衞展爲晉王大理考擿故事有不合情者又上書曰今施行詔書有考子正父死刑或鞭父母問子所在近主者所稱庚寅詔書舉家逃亡家長斬若長是逃亡之主斬之雖重猶可設子孫犯事將考祖父逃亡逃亡是子孫而父祖嬰其酷傷順破教如此者衆（刑法志）

晉禁復讎

褚裒當之鎭無忌及丹陽尹桓景等餞於板橋時王廙子丹陽丞耆之在坐無忌志欲復讎拔刀將手刃之裒景命左

右敕捍獲免御史中丞車灌奏無忌欲專殺人付廷尉科罪成帝詔曰自今已往有犯必誅於是聽以贖論（譙剛王遜傳）

王談年十許歲父為隣人竇度所殺談陰有復讎之志十八年密貴市利插刃陽若為耕耘者度常乘船出入經一橋下談伺度行還於橋上以插斬之應手而死既而歸罪有司太守孔巖義其孝男列上宥之（御覽四百八十二引續晉陽秋）

晉避讎移徙之制

時會稽剡縣民黃初妻趙打息載妻王死亡遇赦王有父母及息男稱息女葉依法徙趙二千里外隆議之曰父子至親分形同氣稱之於載即載之於趙雖云三世為體猶一未有能分之者也稱雖創巨痛深固無讎祖之義若稱可以殺趙趙當何以處載將父子孫祖互相殘戮懼非先王明罰咎繇立法之本旨也舊令云殺人父母徙之二千里外不施父子孫祖明矣趙當避王朞功千里外耳令亦云凡流徙者同籍親近欲相隨者聽之此又大通情體因親以教愛者也趙既流移載為人子何得不從載從而稱不行豈名教所許如此稱趙竟不可分趙雖內愧終身稱當沈痛沒齒孫祖之義自不得永絕事理固然也從之（宋書傅隆傳　南史宋宗室諸王傳義慶元嘉中為丹陽尹有百姓黃初妻趙殺子婦遇赦應避孫讎義慶議以為周禮父母之仇避之海外蓋以莫大之冤理不可奪至於骨肉相殘當求之法外禮有過失之宥律無讎祖之文況趙之縱暴本由於酒論心即實事盡荒耄豈得以荒耄之王母等行路之深讎

宜共天同域無虧孝道）

晉禁以妾爲妻

泰始十年詔曰嫡庶之別所以辨上下明貴賤而近世以來多由內寵自今以後皆不得登用妾媵以爲嫡正（武帝紀）

居喪婚嫁請客

王籍之居叔母喪而婚隗奏之帝下令曰詩稱殺禮多婚以會男女之無夫家正今日之謂也可一解禁止自今以後宜爲其防東閤祭酒顏含在叔父喪嫁女隗又奏之廬江太守梁龕明日當除父服今日請客奏伎丞相長史周顗等三十餘人同會隗奏請免龕官削侯爵顗等知龕有喪吉會非禮宜各奪俸一月以肅其違從之（劉隗傳）

按唐律十惡不孝注居父母喪身自嫁娶若作樂釋服從吉

晉改定大臣終喪法令

尋拜大鴻臚遭母喪舊制既葬還職默自陳懇至久而見許遂改定法令聽大臣終喪自默始也（鄭默傳）

晉除任子法

咸和五年正月詔除諸將任子（武帝紀）

自蘇峻反後諸將多以子爲質謂之保任至是王導庾郭默之不可制乃詔除任子之法（元經傳）

晉除酒禁

義熙三年二月己丑除酒禁（安帝紀）

曩者旣年荒穀貴人有醉者相殺牧伯因此輒有酒禁嚴令重申官司搜索收執榜徇者相辱制鞭而死者大半防之彌峻犯者至多至乃穴地而釀油囊懷酒（抱朴子酒誡篇）

按宋書文帝紀元嘉二十一年南徐南豫州揚州之浙江幷禁酒二十二年秋九月開酒禁是宋初亦嘗禁酒未幾而除略與晉同

晉科

揚州刺史西陽王子尙上言山湖之禁雖有舊科人俗相因替而不奉熂山封水保爲家利自頃以來頹弛日甚富彊者兼嶺而占貧弱者薪蘇無託至漁採之地亦又如茲斯實害人之深弊爲政所宜去絕損益舊條更申恆制有司檢壬辰詔書占山護宅彊盜律論贓一丈以上皆棄市希以壬辰之制其禁嚴刻事旣難遵理與時弛而占山封水漸染復滋更相因仍便成先業一朝頓去易致嗟怨今更利革立制五條凡是山澤先恆熂爈養種竹木雜果爲林芿及陂湖江海魚梁鰌鮆場恆加功修作者聽不追奪官品第一第二聽占山三頃第三第四品二頃五十畝第五第六品二頃第七第八品一頃五十畝第九品及百姓一頃皆依定格條上貲簿若先已占山不得更占先占闕少依限占足若非前條舊業一不得禁有犯者水土一尺以上並計贓依常盜律論停除咸康二年壬辰之科從之（南史羊玄保傳）

按咸康爲晉成帝年號壬辰詔書蓋卽漢丁酉詔書晉庚寅詔書（俱見晉志）之類於律外科人之罪者也宋書孝武本紀大明七年秋七月丙申詔曰前詔江海田池與民共利歷歲未久浸以弛替名山大川往往占固有司檢糾申明舊制殆卽指此唐律占山野陂湖利在雜律

晉以春秋決獄

凡爲駁議者若違律令節度當合經傳及前比故事不得任情以破成法（刑法志）

渾表濬違詔不受節度誣罪狀之有司遂按濬檻車徵濬上書自理曰詔謂臣忽棄明制專擅自由伏讀嚴詔驚怖悚慄案春秋之義大夫出疆由有專輒臣雖愚蠢以爲事君之道當竭節盡忠奮不避身苟利社稷死生以之（王濬傳）

賈后諷羣公有司奏曰皇太后陰漸姦謀圖危社稷魯侯絕文姜春秋所許詔曰此大事更詳之有司又奏皇太后內爲脣齒叶同逆謀昔文姜與亂春秋所貶宜廢皇太后爲峻陽庶人（武悼楊皇后傳）

趙王倫收棐及弟北海王寔繫廷尉當誅倫太子中庶子祖納上疏諫曰罪不相及惡止其身此先哲之弘謨百王之達制也棐寔獻王之子明德之胤宜蒙特宥會孫秀死棐等悉得免棐密表冏專權與左衛將軍王輿謀共廢冏事覺免爲庶人尋詔曰前表冏所言深重雖管蔡失道牙慶亂宗不復過也春秋之典大義滅親其徙棐上庸（宣五王傳）

先是張華被誅冏建議欲復其官爵論者或以爲非羨駁之曰后體齊於帝尊同皇極罪在枉子事不爲逆義非所討今以華不能廢枉子之后與趙盾不討殺君之賊同而貶責之於義不經通也華竟得追復爵位（溫羨傳）

督護徐龕違裒節度軍次代陂爲石遵將李菟所敗死傷大半龕執節不撓爲賊所害裒以春秋責帥授任失所威略虧損上疏自貶（褚裒傳）

隗又奏挺（宋挺）已喪亡不復追貶愚蠢意闇未達斯義昔鄭人斲子家之棺漢明追討史遷經傳褒貶皆追書先世數百年間非徒區區欲釐當時亦將作法垂於末世請曹如前追除挺名爲民顯證惡人班下遠近從之（劉隗傳）

敦平有司奏彬及兄子安成太守籍之並是敦親皆除名詔曰司徒導以大義滅親其後昆雖或有違猶將百世宥之況彬等公之近親乃原之（王彬傳）

敦平後周顗戴若思等皆被顯贈惟協以出奔不在其例咸康中協子彝上疏訟之在位者多以明帝之世褒貶已定非所得更議且協不能抗節隕身乃出奔遇害不可復其官爵也時庾冰輔政疑不能決左光祿大夫蔡謨與冰書曰春秋之義以功補過過輕功重者得以加封功輕過重者不免誅絕功足贖罪者無黜雖先有邪佞之罪而臨難之日黨於其君者不絕之也孔寧儀行父親與靈公淫亂於朝君殺國滅由此二臣而楚尙納之傳稱有禮不絕其位者君之黨也若刁令有罪重於孔儀絕之可也若無此罪宜見追論冰然之於是追贈本官（刁協傳）

時女子李忽覺父北叛時殺父處（周處）奏曰覺父以偸生破家以邀禍子圉告歸懷嬴結舌忽無人子之道證父攘羊傷風汙俗宜在投畀以彰凶逆俾刑市朝不足塞責奏可殺忽（御覽六百四十七引王隱晉書）

晉律家（宋律家附）

賈充

賈充字公閭平陽襄陵人也拜尙書郎典定科令帝又命充定法律充有刀筆才能所定新律百姓便之（賈充傳
書鈔引臧榮緒晉書充拜尙書郎典定法令）

鄭沖

初文帝命荀勖賈充裴秀等分定禮儀律令皆先咨鄭沖然後施行（世說注引續晉陽秋）

荀勗

勖（當作勗）拜中書監加典著作與賈充共定律令班下施用（藝文類聚五十四引王隱晉書）

裴楷

賈充改定律令以楷爲定科郎事畢詔楷於御前執讀平議當否楷善宣吐左右屬目聽者忘倦（裴楷傳）
賈充等治法律楷亦參典其事事畢詔專讀奏平章當否楷善能諷誦音聲朗暢執刑書穆若淸詠焉（奏覽三百
八十八引裴楷別傳）

成公綏

成公綏字子安東郡白馬人也與賈充等參定法律泰始九年卒（文苑傳）

荀煇

賈充定新律又有荀煇同典正其事（賈充傳）

荀顗　羊祜　王業　杜友　杜預　周權　郭頎　柳軌　榮邵

按以上九人均預定新律詳見卷上班定新律始末條杜預有律本詳見晉律注解條文苑英華沈約授蔡法度廷尉制爰及晉氏此風未泯叔則元凱幷各名家叔則裴楷字元凱杜預字也

張斐

按斐有律表見晉志有漢晉律序注一卷見隋志有律解二十卷見唐志

衞瓘

衞瓘字伯玉河東安邑人也父覬魏尙書陳留王卽位拜侍中數歲轉廷尉卿瓘明法理每至聽訟大小以情（衞瓘傳）

高光

高光字宣茂陳留圉城人魏太尉柔之子也光少習家業明練刑理是時武帝置黃沙獄以典詔囚以光歷世明法用爲黃沙御史遷廷尉於時朝廷咸推光明於用法故頻典理官（高光傳）

劉頌

劉頌字子雅廣陵人守廷尉時人比之張釋之又論肉刑見刑法志上書論律令事爲時論所美（劉頌傳）

黃門郎劉頌貞平居正兼明法理可議郎守廷尉（書鈔五十三引晉武帝詔）

劉頌爲尙書郞定科律理詞訟（書鈔六十引王隱晉書）

續咸

續咸字孝宗上黨人也修陳杜律明達刑書永嘉中歷廷尉後沒石勒勒以爲理曹參軍持法平詳（儒林傳）

石尠

石尠字處約侍中太尉昌安元公第二子也明識淸遠有倫理刑斷少受賜官大中大夫關中侯除南陽王文學太子洗馬尙書三公侍郎情斷大獄卅餘條于時內外莫不歸當遷南陽王友廷尉正中書侍郎（晉故尙書征虜將軍幽州刺史城陽簡侯石尠碑）

按此碑近始出土故歷代金石諸籍均未著錄尠字無考疑當是尟字碑云晉惠帝時人沒於汲桑之難二子殉焉晉書忠義不爲之立傳知其缺佚多矣

顧榮

顧榮字彥先遷廷尉平時趙王欲誅淮南王允官屬下廷尉議罪榮具明刑理不宜廣濫倫意解賴榮濟者甚衆（御覽二百三十一引晉中興書）

王坦之

坦之領左衞少有風格尙刑名之學嘗著廢莊論（御覽二百三十七引晉中興書）

李充

李充字弘度江夏人幼好刑名之學（文苑傳）

徐豁

徐豁字萬同宋元嘉初爲尙書左丞山陰令精練法理爲時所推（南史徐豁傳）

晉律考　下

晉令

按隋書經籍志晉令四十卷舊唐書經籍志晉令四十卷賈充等撰新唐書藝文志同考唐六典注晉令賈充等撰令四十篇一戶二學三貢士四官品五吏員六俸廩七服制八祠九戶調十佃十一復除十二關市十三捕亡十四獄官十五鞭杖十六醫藥疾病十七喪葬十八雜上十九雜中二十雜下二十一門下散騎中書二十二尙書二十三三臺祕書二十四王公侯二十五軍吏員二十六選吏二十七選將二十八選雜士二十九宮衛三十贖三十一軍戰三十二軍水戰三十三至三十八皆軍法三十九四十皆雜法其篇目今尙可考據晉志晉令凡二千三百六條九萬八千六百四十三言（晉志凡律令合二千九百二十六條十二萬六千三百言以律六百二十條二萬七千六百五十七言除之卽得此數）是書宋初尙存太平御覽屢引之然王應麟所纂玉海則已於漢書注及宋禮志輯其佚文是南渡後此本已佚故宋史藝文志卽不著錄今從漢書注宋禮志南史通典文選注唐六典注北堂書鈔藝文類聚初學記太平御覽諸書輯得若干條各依其類載於篇目之下其不敢定爲屬於何篇者則別附於末臆斷之誚知所不免特取便觀覽而已

戶令

養人子男後自有子男及閹人非親者皆别爲戶（通典六十九東晉養兄弟子爲後後自生子議杜瑗引令）

郡國諸戶口黃籍籍皆用一尺二寸札已在官役者載名（御覽六百六引晉令）

學令

諸縣率千餘戶置一小學不滿千戶亦立（御覽五百三十五引晉令）

貢士令

舉秀才必五策皆通拜爲郎中一策不通不得選（書鈔七十九引晉令）

舉秀才明經傳者簡以衆典才茂（同上引晉令）

舉秀才皆行儀典爲一州之俊（同上引晉令）

官品令

按晉令他篇皆散佚無考惟此篇首尾尙稱完具通典幷載有晉官品目錄一篇唐六典注所引晉官品令文獨多其中或僅云晉氏或單稱晉以他條證之實則皆官品令中文也宋官品多仍晉之舊宋書禮志載之綦詳茲以晉書職官志與宋書禮志參校猶可得其彷彿云

第一品

公（晉志晉初以景帝諱故採周官官名置太宰以代太師之任與太傅太保皆爲上公又云晉受魏禪因其制以安

平王孚爲太宰鄭沖爲太傅王祥爲太保義陽王望爲太尉何曾爲司徒荀顗爲司空石苞爲大司馬陳騫爲大將軍凡八公同時并置）

三公綠綟綬也（初學記十一御覽二百六引晉官品令）

相國丞相綠綟綬（文選齊竟陵王行狀注引晉官品）

太傅金章紫綬進賢三梁冠介幘絳朝服佩山玄玉（通典二十　又通典五十六載晉制三公及封郡公縣侯鄉亭侯則三梁卿大夫下至千石則兩梁中書門下至門郎小吏並一梁）

太尉進賢三梁冠介幘絳朝服金章紫綬佩山玄玉（同上）

按南齊書輿服志云進賢冠諸開國公侯鄉亭侯卿大夫尙書關內侯二千石博士中書郎丞郎祕書監丞郎太子中舍人洗馬舍人諸府長史卿尹丞下至六百石令長小吏以三梁二梁一梁爲差事見晉令

大司馬在三司上武冠絳朝服金章紫綬佩山玄玉與大將軍同（同上引晉令）

司馬官品第一武冠絳朝服佩山玄玉（書鈔五十七引晉官品令）

諸位從公（晉志驃騎車騎衞將軍伏波撫軍都護鎭軍中軍四征四鎭龍驤典軍上軍輔國等大將軍左右光祿光祿三大夫開府者皆爲位從公太宰太傅太保司徒司空左右光祿大夫光祿大夫開府位從公者爲文官公冠進賢三梁墨介幘大司馬大將軍太尉驃騎車騎衞將軍諸大將軍開府位從公者爲武官公皆著武冠平上黑幘諸公及

開府位從公者品秩第一食奉日五斛）
開國郡公縣公爵（通典三十一晉令有開國郡公縣公郡侯縣侯伯子男及鄉亭關內關外等侯之爵宋志郡公金章玄朱綬給五時朝服進賢三梁冠佩山玄玉）
太康十年皇子三人爲郡王領四郡爲城皆五萬戶（書鈔七十引晉官品令）
諸王置妾八人郡公侯妾六人（魏書太武五王列傳引晉令）
第一第二品有四妾第三第四有三妾第五第六有二妾第七第八有一妾（同上引晉官品令）

第二品

特進

特進位次諸公在開府驃騎上冠進賢兩梁冠黑介幘五時朝服佩水蒼玉（通典三十四引晉惠帝元康定令又見晉志及唐六典卷二注）

驃騎車騎衛將軍（晉志驃騎已下及諸大將軍不開府非持節都督者品秩第二其祿與特進同）

諸大將軍

諸持節都督（晉志持節都督無定員通典三十二晉刺史任重者爲使持節都督輕者爲持節皆銅印墨綬進賢兩梁冠絳朝服）

開國縣侯伯子男爵

第三品

侍中

侍中品第三武冠絳朝服佩水蒼玉（唐六典卷八注引晉令　又見通典二十一）

大法駕出則正直侍中負傳國璽陪乘（書鈔五十八引晉官品令）

大法駕出則次直侍中護駕正直侍中負傳國璽陪乘不置劍餘皆騎從御登殿與散騎常侍對狀（晉志對狀作對扶狀疑扶之訛）侍中居左常侍居右（同上引晉官品令）

舊侍中職掌擯威儀盡獻納糺正補過文樂若有不正皆得駁除書表章奏皆掌署也（同上引晉官品令）

侍中除書表章奏皆掌署之（文選沈休文恩倖論注引晉令）

散騎常侍

散騎常侍品第三冠右貂金蟬絳朝服佩水蒼玉（唐六典卷八注引晉令）

中常侍

尙書令

尙書令假銅印墨綬冠進賢兩梁冠納言幘五時朝服佩水蒼玉（唐六典卷一注　又見晉志及宋書禮志）

僕射

尙書僕射六人皆銅印墨綬進賢兩梁冠納言幘絳朝服佩水蒼玉執笏負符加侍中者武冠左貂金蟬（書鈔五十九引晉官品令）

尙書（晉志晉置吏部三公客曹駕部屯田度支六曹太康中有吏部殿中及五兵田曹度支左民爲六曹又無駕部三公客曹）

吏部尙書五時朝服納言幘進賢兩梁冠佩水蒼玉乘軺車皂輪（唐六典卷二注引晉令　又見宋書禮志）

中書監令

中書監中書令並第三品秩千石銅印墨綬進賢兩梁冠絳朝服佩水蒼玉軺車監令掌贊詔命記會時事典作文書（唐六典卷九注）

中書爲詔令記會時事典作文書也（御覽二百二十引晉令）

中書令銅印墨綬進賢兩梁冠絳朝服佩水蒼玉乘軺車（同上引晉制　制疑令之訛　又見通典二十一）

祕書監

祕書監品第五（五疑三之訛）絳朝服銅印墨綬進賢兩梁冠佩水蒼玉（唐六典卷十注引晉令　又見宋書禮志及通典二十六）

諸征鎮安平將軍（晉志三品將軍著武冠平上黑幘五時朝服佩水蒼玉）

鎮軍撫軍前後左右征虜輔國龍驤等將軍（宋書禮志征鎮安平中軍鎮軍撫軍　左右後將軍征虜冠軍輔國龍驤將軍金章紫綬給五時朝服武冠佩水蒼玉　征虜下疑脫冠軍二字）

鎮軍將軍金章紫綬給五時朝服武冠佩水蒼玉（通典三十四）

輔國將軍品第三（唐六典卷五注引晉官品令）

冠軍大將軍金章紫綬給五時朝服武冠佩水蒼玉（同上引晉令）

光祿大夫（晉志光祿大夫假銀章青綬者品秩第三位在金紫將軍下諸卿上著進賢兩梁冠黑介幘五時朝服佩水蒼玉）

諸卿尹（晉志太常光祿勳衛尉太僕廷尉大鴻臚宗正大司農少府將作大匠太后三卿大長秋皆爲列卿　按通典晉官品於大長秋別列餘以諸卿尹括之意者其標目本晉官品令之舊歟）

大常置功曹主簿五官等員品第三銀章青綬進賢兩梁冠五時朝服佩水蒼玉（唐六典十四注　又見通典二十四）

大常置主簿錄事（同上引晉令）

光祿勳有寺丞功曹主簿五官等員（唐六典十五注）

光祿勳有主簿（同上引晉令）

衞尉屬官有冶令丞各一人掌工徒鼓鑄（唐六典二十二注）

諸冶官庫各置督一人（同上引晉令按此屬衞尉故附於衞尉之下）

衞尉主簿二人（唐六典十六注引晉令）

太僕銀章青綬五時朝服進賢兩梁冠佩水蒼玉品第四（四疑三之誤）丞一人部丞五人置公曹主簿五官等員統典農典虞都尉典虞丞牧官都尉左右中典牧都尉典牧令諸羊牧丞乘黃驊騮龍馬三廐令（唐六典十七注）

大鴻臚置主簿錄事史（唐六典十八注引晉令）

少府銀章青綬五時朝服進賢兩梁冠絳朝服佩水蒼玉品第三統材官校尉中左右三尚方中黃左右藏左校甄官平準奚官等令左校坊鄴中黃左右藏油官等丞（唐六典二十二注）

少府置主簿二人（同上引晉令）

將作大匠置功曹主簿五官等員掌土木之役（唐六典二十三注）

太子保傅（晉志泰始三年始建太子太傅少傅愍懷建官乃置六傅三太三少以景帝諱師故改太師爲太保自元康以後諸傅或二或三或四或六渡江以後有太傅少傅不立師保）

太子太師（師應作保下同）品第三舊視尚書令位在卿下進賢兩梁冠五時朝服（書鈔六十五引晉官品令）

太子太師銀印青綬佩水蒼玉（同上引晉官品令）

太子太保銀印青綬（通典三十注引晉令）

太子太傅品第三進賢兩梁冠絳朝服佩水蒼玉銀章青綬（唐六典二十六注引晉令）

太子二傅皆進賢兩梁冠黑介幘五時朝服佩水蒼玉（通典二十　又見晉志）

大長秋（晉志大長秋有后則置無后則省）

太子詹事

詹事品第三舊視中領護（書鈔六十五引晉官品令）

詹事分清兩梁冠絳朝服銀章青綬（同上引晉官品令　按通典三十太子詹事銀印青綬介幘進賢兩梁冠絳朝服佩水蒼玉分清當爲介幘之誤）

詹事品第三銀章青綬絳朝服兩梁冠局事擬尚書令位視領護將軍中書令長三率中庶子庶子洗馬舍人（唐六典二十六注引晉令）

司隸校尉（宋志司隸校尉銀章青綬給五時朝服武冠佩水蒼玉）

中領軍（按中領軍中護軍通典列入第三品唐六典以領軍列第三中領軍護軍中護軍均列第四考晉志漢建安中改護軍爲中護軍領軍爲中領軍晉元帝永昌元年省護軍幷領軍明帝太寧二年復置領護資重者爲領軍護軍資輕者爲中領軍中護軍是第三品當爲領軍護軍通典載宋官品第三品亦爲領護軍意者省置無常故官品令標目尙沿襲未改歟）

領軍品第三金章紫綬中領軍將軍第四品銀章青綬武冠絳朝服佩水蒼玉（唐六典二十四注）

中護軍

領護皆金章紫綬中領中護銀章青綬武冠絳朝服佩水蒼玉（通典二十八）

中護軍將軍護軍將軍等並銀章青綬武冠絳朝服品第四（唐六典卷二注）

縣侯爵（宋志縣鄉亭侯金印紫綬朝服進賢三梁冠）

第四品

武衛

左右衛

左右二衛各大將軍一人品第四銀章青綬武冠絳朝服佩水蒼玉（唐六典二十四注　又見通典二十七）

中堅　中壘

驍騎

游擊（晉志晉以領護左右衞驍騎游擊爲六軍）

游擊將軍四品（唐六典卷五注引晉官品令）

前軍　左軍　右軍　後軍

寧朔　建威　振威　奮威　廣威　建武　振武　揚武　廣武　五營校尉

左右積弩　積射　強弩　奮武等將軍（按晉志屯騎步兵越騎長水射聲等校尉是爲五校魏晉逮於江左猶領營兵即五營校尉是也不得厠於各威武將軍之中應別爲一條疑傳寫者先後倒置宋志奮威下有揚威故宋官品標目爲五威五武此以奮武別列又無揚威疑有脫誤）

城門校尉

城門校尉品第四秩二千石銀章青綬絳朝服武冠佩水蒼玉（唐六典卷八注　又見通典二十一）

護軍監軍（宋志監軍銀章青綬給五時朝服武冠佩水蒼玉）

東西南北中郎將（宋志東西南北中郎將銀印青綬給五時朝服武冠佩水蒼玉）

州刺史領兵者（宋志州刺史銅印墨綬給五時朝服進賢兩梁冠）

護匈奴中郎將

護羌戎夷蠻越烏桓校尉（宋志護匈奴中郎將護羌戎夷蠻越烏丸戊己校尉銅印墨綬）

御史中丞

御史中丞督司百僚皇太子以下其在行馬內有違法憲者皆彈糾之雖在行馬外而監司不糾亦得奏之（傅咸傳引令）

都水使者（宋志御史中丞都水使者銅印墨綬給五時朝服進賢兩梁冠佩水蒼玉）

都水使者一人掌舟檝之事官品第四（唐六典二十二注）

鄉侯爵

第五品

給事中

給事中品第五武冠絳朝服（唐六典卷八注引晉令　通典二十一晉給事中在散騎常侍下給事黃門侍郎上武冠絳朝服）

給事黃門

給事黃門侍郎品第五秩六百石武冠絳朝服（唐六典卷八注引晉令）

給事黃門四人與侍中掌文案贊相威儀典署其事（書鈔五十八引晉官品令）

給事黄門四人大法駕出次直黄門郎從駕（同上引晉官品令）

散騎（晉志散騎侍郞四人通直散騎侍郞四人員外散騎侍郞無員）

中書侍郞

中書侍郞四人品第四（四疑五之誤）給五時朝服進賢一梁冠（唐六典卷九注引晉令）

每一郞入直西省專掌詔草更直省五日從駕則正直從次直守（唐六典卷九注）

謁者僕射（宋志謁者僕射銅印墨綬給四時朝服高山冠佩水蒼玉）

虎賁中郞將

冗從僕射（宋志冗從僕射銅印墨綬給五時朝服武冠）

羽林監

羽林左右監品第五銅印墨綬武冠絳朝服其侍殿陛著鶡尾冠紗縠單衣（唐六典二十五注　宋志虎賁中郞將羽林監銅印墨綬給四時朝服武冠其在陛列及陛鹵簿鶡尾絳紗縠單衣）

太子中庶子

庶子

中庶子庶子各四人局擬散騎常侍品第五班同三令四率次中書侍郞下絳朝服武冠手巾幘高功中庶子與

高功中舍人共掌禁令糾正違闕侍臣左右儐相威儀肅規獻納奏事文書皆典綜之釋奠中庶子扶左庶子扶右（唐六典二十六注）

家令

家令品第五銅印墨綬進賢兩梁冠絳朝服（唐六典二十七注）

率更令

太子率更令一人銅印墨綬進賢兩梁冠絳朝服掌宮殿門戶之禁郎將屯衛之士局擬光祿勳衛尉（唐六典二十七注）

僕

太子僕銅印墨綬進賢兩梁冠絳朝服主輿馬親族局擬太僕宗正（唐六典二十七注）

衛率（宋志太子衛率銅印墨綬給五時朝服武冠）

左右衞率品第五舊視中領護（書鈔六十引晉令）

凡太子出前衞率導在前黃麾外左右二率從夾導輿車後衞率從在烏皮外並載戟執刀四率各丞一人服視

左右衞將軍品第五位中庶子（唐六典二十八注）

諸軍司（宋志諸軍司馬銀章青綬朝服武冠　按司下疑脫馬字）

北軍中候（宋志北軍中候銅印墨綬給四時朝服武冠）

都督

護軍

護匈奴中郎

西域代部護羌烏桓等校尉

禮見諸將軍

鷹揚　折衝　輕車　武牙　威遠　寧遠　虎威　材官　伏波　凌江等將軍（宋志鷹揚以下諸將軍銀章青綬給五時朝服武冠）

牙門將（宋志牙門將銀章青綬朝服武冠）

騎督（宋志騎都督守銀印青綬朝服武冠）

安夷撫夷護軍（宋志安夷撫軍護軍銀印青綬五時朝服武冠）

郡國太守相內史

守相內史銀章青綬進賢兩梁冠（通典三十三）

州郡國都尉（宋志州郡國都尉銀印青綬五時朝服武冠）

亭侯爵

第六品

尙書左右丞（晉志左丞主臺內禁令宗廟祠祀朝儀禮制選用著吏急假右丞掌臺內庫藏廬舍凡諸器用之物及廩振人租布刑獄兵器督錄遠道文書章表奏事）

左右丞銅印黃綬絳服進賢一梁冠（唐六典卷一注）

尙書郞（晉志尙書凡三十五曹置郞二十三人更相統攝　宋志尙書郞朝服進賢一梁冠　唐六典卷二注吏部郞品第五諸曹郞第六）

治書侍御史（晉志四人）　侍御史（晉志晉置侍御史九人品同治書有十三曹吏曹課第曹直事曹印曹中都督曹外都督曹媒曹符節曹水曹中壘曹營軍曹法曹算曹　宋志侍御史朝服法冠）

諸督軍糧

奉軍駙馬騎等都尉（宋志奉車駙馬騎都尉銀印青綬朝服武冠）

諸博士（晉志晉初承魏制置博士十九人咸甯四年置國子祭酒博士各一人又有太常博士掌引導乘輿王公以下應追謚者則博士議定之　宋志諸博士給皂朝服進賢兩梁冠佩水蒼玉）

國子博士品第六介幘兩梁冠佩同祭酒（唐六典二十一注）

祭酒博士當爲訓範總統學中衆事（同上引晉令）
國子祭酒介幘皂朝服進賢兩梁冠佩水蒼玉（通典二十七）
博士祭酒掌國子生師事祭酒執經葛巾單衣終身致敬（類聚四十六據齊職儀引晉令）
博士皆取履行清淳通明（類聚作清通淳明茲從書鈔）典義若散騎中書侍郎太子中庶子以上乃得召試
諸生有法度者及白衣試在高第拜郎中（類聚四十六引晉令　御覽三百三十六引晉令書鈔六十七引晉令無太子以下）
公府長史司馬（宋志公府司馬銅印墨綬朝服武冠）
公府長史官品第六銅印墨綬絳朝服進賢兩梁冠掾屬官品第七朝服進賢一梁冠（宋書禮志引晉令）
公府長史著朝服（南史王儉傳引晉令）
從事中郎
二品將軍及諸大將軍特進都督中護軍長史司馬
廷尉正監平（晉志正監評廷尉屬官　宋志廷尉正監平銅印墨綬給皂零辟朝服法冠）
祕書郎　著作郎　丞郎（按晉志祕書監屬官有丞有郎考通典載宋官品標目亦爲祕書著作丞郎此以丞郎別爲一條疑誤　晉志著作郎一人謂之大著作郎專掌史任又署佐著作郎八人）

祕書丞品第六銅印墨綬進賢一梁冠絳朝服（唐六典卷十注引晉令　又見通典二十六）
祕書郎中品第六進賢一梁冠絳朝服（同上引晉令）
祕書郎掌中外五（初學記及御覽均作三）閣經書覆核闕事（初學記作覆校殘闕御覽作復校闕遺）正定脫誤（書鈔五十七引晉官品令　初學記十二引晉令　御覽二百二十三引晉令　文選褚淵碑文注引晉令祕書郎掌三閣經書無覆核以下）
著作郎品第六進賢一梁冠絳朝服（唐六典卷十注引晉令　又見通典二十六）
著作郎掌起居集注撰錄諸言行勳伐舊載史籍者（史通引晉令）
國史之任委之著作每著作郎初至必撰名臣傳一人（史通引晉令）
著作佐郎品第六進賢一梁冠絳朝服（唐六典卷十注引晉令）
黃沙治書侍御史（晉志黃沙獄治書侍御史一人掌詔獄及廷尉不當者皆治之　宋志黃沙治書侍御史銀印墨綬朝服法冠）
諸護軍長史司馬
水衡典虞牧官典牧司鹽都尉（宋志水衡典虞牧官典牧都尉銀印靑綬朝服武冠）
水衡都尉置主簿一人又左右前後中五水衡皆有主簿（唐六典二十三注引晉令）

太子門大夫
太子門大夫局准公中令（疑率更令之誤）班同中舍人主通遠近牋表宮門禁防（唐六典二十六注）
度支中郎將校尉都督
材官校尉
王郡公侯郎中令　中尉　大農（晉志王下有郎中令中尉大農爲三郎　宋志王郡公侯郎中令大農銅印青綬朝服進賢兩梁冠）
王傅師及國將軍（晉志王置師友文學各一人景帝諱故改師爲傅友者因文王仲尼四友之名號　按傅師疑傅友之訛宋官品亦作師友）
諸王置友一人品第六進賢一梁冠絳朝服（唐六典二十九注）
諸縣置令秩千石者（晉志縣大者置令小者置長　宋志諸縣署令秩千石者銅印墨綬朝服進賢兩梁冠）
縣千戶以上州郡五百以上皆爲令不滿此爲長也（書鈔七十八引晉令）
太子侍講門大夫
中舍人
司馬督

太子常從虎賁千人督校尉

督守殿中將軍（宋志殿中將軍銀章青綬四時朝服武冠）

黃門令

黃門宂從僕射

關內名號侯爵（宋志關內關中名號侯金印紫綬朝服進賢兩梁冠）

第七品

殿中監（宋志殿中監銅印墨綬給四時朝服武冠）

諸卿尹丞（晉志列卿各置丞宋志諸卿尹丞銅印墨綬朝服進賢一梁冠唐六典注晉諸卿丞銅印黃綬）

太史令品第七秩六百銅印墨綬進賢一梁冠絳朝服（唐六典卷十注引晉令）

司徒丞品第七進賢一梁冠介幘皂衣銅印黃綬（唐六典十九注又見通典二十六）

宗匠屬官有太醫令丞銅印墨綬進賢一梁冠絳朝服品第七（唐六典十四注）

符節御史（按晉志引晉官品令第七品又有禁防御史通典標目不載附識於此）

獄丞部丞（宋志獄丞銅印墨綬朝服進賢一梁冠）

獄左右丞二人（唐六典十八注引晉令）

太僕有部丞五人（唐六典十七注）

黃沙典事

太子保傅詹事丞

詹事丞一人品第七銅印墨綬進賢一梁冠皇（疑皂之誤）朝服局擬尙書左右丞（唐六典二十六注引晉令）

諸軍長史司馬秩六百石者（宋志諸軍長史銅印墨綬朝服進賢一梁冠）

護匈奴中郎將護羌戎夷蠻越烏桓校尉長史司馬

北軍中候丞（宋志北軍中候丞銅印黃綬朝服進賢一梁冠）

城門五營校尉司馬（宋志城長五營校尉司馬銅印墨綬朝服武冠）

宜禾伊吾都尉

公保傅相郎中令

淮海津都尉

門下中書通事舍人

中書通事舍人品第七絳朝服武冠（唐六典卷九注引晉令）

舍人迎事事兼謁者之任（同上引晉令）

通事舍人武冠絳朝服掌呈奏案章（通典十一）

尙書曹典事（宋志尙書曹典事朝服進賢一梁冠）

太子洗馬

太子洗馬八人掌皇太子圖籍經書職如謁者局準祕書郎品第七班同舍人次中書舍人下絳朝服進賢一梁冠黑介幘（唐六典二十六注又見通典三十）

食官令舍人

黃門中郎將校尉都督

諸縣置令六百石者

左右都候

閶闔門司馬

城門候（宋志左右都候閶闔門司馬城門候銅印墨綬朝服武冠）

尙藥監

大官食監

崇德殿大監尙衣尙食大監幷銀章艾綬二千石崇華殿大監元華食監都監上監銅印墨綬千石女使賢人蔡人中使大使碧綸綬（唐六典十二引晉令）

中署監

小黃門（宋志小黃門給四時朝服武冠）

諸署令僕射謁者

藥長寺人監

副牙門將

部曲部督殿中

中黃門尉都尉

黃門諸署丞長史（宋志黃門諸署丞銅印黃綬給四時朝服進賢一梁冠黃門諸署史給四時朝服武冠）

中黃門（宋志中黃門給四時科單衣武冠）

大中中散諫議大夫議郎（宋志太中中散諫議大夫議郎朝服進賢一梁冠秩千石者兩梁）

關外侯爵（宋志關外侯銀印青綬朝服進賢兩梁冠）

第八品

門下中書主事通事（宋志門下主事給四時朝服武冠　唐六典卷八注門下主事品第八）

散騎集書中書尙書祕書著作治書主書主圖主譜令史（宋志散騎集書中書尙書令史祕書著作治書主書主璽主譜令史朝服進賢一梁冠）

郡國相內史丞長史

烏桓西域代部騎馬

四安四平長史司馬（晉志三品將軍置長史司馬各一人秩千石）

水衡典虞牧官典牧材官州郡國都尉司馬（宋志水衡典虞牧官典牧材官州郡國都尉司馬銅印墨綬朝服武冠）

司鹽司竹監丞

諸縣令長相

關谷長（宋志關谷長銅印墨綬朝服進賢一梁冠）

諸縣署令千石之丞尉（宋志諸縣署丞銅印黃綬朝服進賢一梁冠）

諸縣道尉銅印黃綬朝服武冠（通典三十三）

王郡公侯諸侍郎諸雜署令

王太妃公主家令
副散督司馬長史
部曲將郡中都尉司馬
羽林郎
黃門從官（宋志黃門諸署從官給四時科單衣武冠）
寺人中郎郎中
雜號宣威將軍以下（宋志宣威將軍以下至裨將軍銅印朝服武冠）

第九品

蘭臺謁者都水黃沙令史（宋志蘭臺謁者都水使者令史朝服進賢一梁冠）
門下散騎中書尙書祕書令史
門下令史品第九（唐六典卷八注）
中書令史品第九（同上卷九注）
祕書令史品第九（同上卷十注）
祕書閣有令史掌衆書（南齊書百官志引晉令）

殿中蘭臺謁者都水黃沙書令史
諸縣署令長相之丞尉
關谷塞護道尉（宋志諸縣尉關谷塞護道尉銅印黃綬朝服武冠）
王郡公侯諸署長（宋志王公侯諸署令長銅印墨綬朝服進賢一梁冠）
司理治書謁者中大夫署丞（宋志司理治書銅印墨綬朝服進賢一梁冠）
王太妃公主家丞（宋志公主家丞銅印黃綬朝服進賢一梁冠）
僕舍人
副散部曲將
武猛中郎將校尉
別部司馬　軍司馬　假司馬（宋志別部司馬軍假司馬銀印朝服武冠）
右內外文武官六千八百三十六人（內八百九十四人外五千九百四十二人）內外諸色職掌一十一萬一千八百三十六人都計內外官及職掌人一十一萬八千六百七十二人（通典三十七）
諸去官者從故官之品其除名不得從例（通典九十晉崇氏議引令）
年九十乃聽悉歸（庾純傳引令）

犯免官錮三年（御覽六百五十引晉令　按以上三條疑亦官品令佚文附錄於末）

吏員令

諸郡國不滿五千以下置幹吏二人（後漢書欒巴傳注引晉令）

諸津渡二十四所各置監津吏一人（唐六典二十三注引晉令）

諸官有秩梔子守護者置吏一人（類聚八十九引晉令　御覽九百五十九引晉令梔子作支子）

諸官有梨守護者置吏一人（御覽九百六十九引晉令）

諸官有秩者守護橙者置吏一人（御覽九百七十一引晉令）

閬中縣置守黃甘吏一人（御覽九百六十六引晉令）

俸廩令（無考）

服制令

冠十三品（南齊書與服志引晉服制令）

婕妤銀印青綬佩珠璝玉（御覽一百四十四引晉服制令）

皇太子給五時朝服遠遊冠（隋書禮儀志引晉令）

皇太子諸王給遠遊冠（同上引晉令）

皇太子及妃諸王纁（初學記作玄）朱綬郡公主朱綬郡侯青朱綬（御覧六百八十二引晉令）

皇太子妃佩瑜玉諸王郡公太宰太傅太保司空諸長公主諸王世子大司馬大將軍太尉佩玄玉（御覧六百九十二引晉令）

郡公侯太夫人中人銀印靑綬佩水蒼玉（唐六典卷二注引晉令）

三貴人曲蓋九嬪直蓋皆信幡（唐六典十二注引晉令）

旄頭羽林著韋腰襦（御覧三百九十五引晉令）

第三品已下得服雜杯（？）之綺第六品已下得服七綵綺（御覧八百十六引晉令）

第六品已下不（初學記引無不字）得服羅綃（同上引晉令　初學記二十七引晉令）

第六品已不得服今繢綾錦有私織者錄付尙方（類聚八十五引晉令按已字下疑脫下字）

六品已下得服金釵以蔽髻（御覧七百十八引晉令）

第七品已下始服金釵第三品已上蔽結爵釵（書鈔一百三十六引晉令）

步搖蔽髻皆爲禁物（御覧七百十五引晉令）

山鹿白豹遊毛狐白貂領黃貂班白鼲子渠搜國裘皆禁服也（御覧六百九十四引晉令　初學記二十六引晉令禁服作禁物）

織成衣爲禁物（御覽八百十六引晉令）

錦帳爲禁物（御覽六百九十九引晉令）

士卒百工履色無過綠青白婢履色無過紅青市儈賣者皆當著巾帖額題所繪賣者及姓名一足著黑履一足著白履（御覽六百九十七及八百二十八引晉令　初學記二十六引晉令紅青作純青）

士卒百工都得著假髻（御覽七百十五引晉令）

士卒百工不得服眞珠璫珥（御覽八百零二引晉令　書鈔一百三十五引晉令）

士卒百工不得服犀玳瑁（御覽八百零七引晉令）

士卒百工不得服越疊（御覽八百二十引晉令）

百工不得服大絳紫襈假髻眞珠璫珥文犀瑇瑁越疊以飾路張乘犢車（御覽七百七十五引晉令）

女奴不得服金釵（御覽七百十八引晉令）

朝服皂緣中單衣（御覽六百九十一引晉令）

祠令

郡縣國祠社稷先農縣又祠靈星（北史劉芳傳引晉祠令）

戶調令

丁男之戶歲輸絹三匹緜三斤女及次丁男爲戶者半輸其諸邊郡或三分之二遠者三分之一夷人輸賨布戶一匹遠者或一丈男子一人占田七十畝女子三十畝其外丁男課田五十畝丁女二十畝次丁男半之女則不課男女年十六已上至六十爲正丁十五已下至十三六十一已上至六十五爲次丁十二已下六十六已上爲老小不事遠夷不課田者輸義米戶三斛遠者五斗極遠者輸算錢人二十八文（食貨志引戶調式）

其趙郡中山常山國輸縑當絹者及餘處常輸疏布當緜絹者縑一疋當絹六丈疏布一疋當絹一疋絹一疋當緜三斤舊制人間所織絹布等皆幅廣二尺二寸長四十尺爲一端令任服後乃漸至濫惡不依尺度（初學記二十七引晉令）

其上黨及平陽輸上麻二十二斤下麻三十六斤當絹一疋課應用者枲麻加半畝（御覽九百九十五引晉令）

其夷民守護樓皮者一身不輸之（類聚八十九引晉令　御覽九百五十九引晉令）

佃令

其應有佃客者官品第一第二者佃客無過五十戶第三品十戶第四品七戶第五品五戶第六品三戶第七品二戶第八品第九品一戶（食貨志　按此疑佃令佚文）

復除令

無子而養人子以續亡者後於事役復除無迴避者聽之不得過一人（通典六十九東晉養兄弟子爲後後自生

子議杜瑗引令）

關市令

諸度關及乘船筏上下經津者皆有所寫一通付關吏（御覽五百九十八引晉令）

坐廬使者皆不得宿肆上（御覽八百二十八引晉令）

欲作漆器物賣者各先移主吏者名乃得作皆當淳漆著布骨器成以朱題年月姓名（御覽七百五十六引晉令）

捕亡令

奴始（御覽作婢）亡加銅青若墨黥兩眼從（御覽作後）再亡黥兩頰上三亡橫黥目下皆長一寸五分廣五分（酉陽雜俎卷八引晉令無廣五分三字　御覽六百四十八引晉令）

獄官令

獄屋皆當完固厚其草蓐切無漏溼（書鈔四十五引晉令）

獄屋皆當完固厚其草蓐家人餉饋獄卒爲溫煖傳致去家遠無餉饋者悉給廩獄卒作食寒者與衣疾者給醫藥（御覽六百四十三引晉令）

鞭杖令

死罪二械加拳手（御覽六百四十四引晉令）

應得法杖者以小杖過五寸者稍行之應杖而髀有瘡者臀也（書鈔四十五引晉令）

杖皆用荊長六尺制杖大頭圍一寸尾三分半（同上引晉令）

鞭皆用牛皮生革廉成法鞭生革去四廉（同上引晉令）

應得法鞭者執以鞭過五十稍行之有所督罪皆隨過大小大過五十小過二十鞭皆用牛皮革廉成法鞭生革去四廉常鞭用熟靼（之利反柔革也）不去廉作鴿頭紐長一尺一寸鞘長二尺二寸廣三分厚一分柄皆長二尺五寸（御覽六百四十九引晉令）

應受杖而體有瘡者督之也（御覽六百五十引晉令）

醫藥疾病令（無考）

喪葬令

乘傳出使遭（御覽引遭下有葬字）喪以上卽自表聞聽得（御覽引無得字）白服乘騾車到副使攝事（宋書禮志引晉令　御覽七百九十七引晉令）

諸葬者不得作祠堂碑石獸（文選任彥昇爲范始興作求立太宰碑表注引晉令　御覽五百八十九引晉令云諸葬者皆不得入祠堂石碑石表石獸文小異）

諸侯卿相官屬爲君斬衰既葬而除（丁潭傳引令）

長吏卒官吏皆齊衰以喪服理事若代者至皆除之（通典卷九十九引晉喪葬令）

雜令（無考）

門下散騎中書令（無考）

尚書令（無考）

三臺祕書令（無考）

王公侯令

王公之太子攝命治國者安車駕三旂七遊其侯太子五遊（宋書禮志引晉令）

軍吏員令（無考）

選吏令（無考）

選將令

選三部司馬皆限力舉千二百斤以上前驅司馬取便大戟由基司馬取能挽一石七蚪以上弓（御覽三百八十六引晉令）

選雜士令（無考）

宮衛令

車駕出入相風前引（類聚六十八引晉令）

車駕出入相風巳前侍御史令史主之（御覽卷九引晉令）

贖令（無考）

軍戰令

弓弩士習弓（御覽引習下無弓字）射者給竹弓角弓皆二人一張（初學記二十二引晉令　御覽三百四十七引晉令）

兩頭進戰視麾所指聞三金音止二金音還（御覽三百四十一引晉令）

軍列營步騎士以下皆著兜鍪（御覽三百五十六引晉令）

軍水戰令

水戰有飛雲船蒼隼船先登船飛鳥船（初學記二十五引晉令）

水戰飛雲舟相去五十步蒼隼舡相去四十步（書鈔一百三十七引晉令）

水戰飛雲船相去五十步蒼隼船相去四十步金船相去三十步小兒先登飛鳥船相去五十步（御覽七百六十九引晉令）

水戰有飛蒼隼船（御覽七百七十引晉令）

軍法令

誤舉烽燧罰金一斤八兩故不舉者棄市（御覽七百三十四引晉令）

雜法令（無考）

下列諸條不敢定爲屬於某篇姑附於末

朔望集公卿於朝堂而論政事（魏書穆崇傳引晉令）

殺人父母徙之二千里外（南史傅隆傳引舊令）

凡流徙者同籍親近欲相隨者聽之（同上引令）

大小中正爲內官者聽月三會議上東門外設幔陳席（通典三十二注引晉令）

常以蝗向生時各部吏案行境界行其所由勸生苗之內皆令周徧（類聚一百引晉令）

居洛陽內園菜欲課以當者耳（？）其引長流灌紫葱可各三畝（類聚八十二引晉令　齊民要術卷二注云晉令有紫葱）

承尉以官舍有桑果皆給之其無桑及不滿三百株皆使吏卒隨間於官舍種桑滿三百株（類聚八十八引晉令）

使信節皆鳥書之（御覽六百八十一引晉令）

諸有虎皆作檻穽籬柵皆施笱捕得大虎賞絹三四子半之（御覽八百零九引晉令）

蜜工收蜜十斛有能增二升者賞穀十斛（御覽八百五十九引晉令）

凡民不得私煮鹽犯者四歲刑主吏二歲刑（御覽八百六十五引晉令　書鈔一百四十六引晉令）

翡鳥不得西度隴（御覽九百二十四引晉令）

晉假寧令

諸內外官五月給田假九月給受衣假爲兩番各十五日田假若風土異宜種收不等通隨給之（御覽六百三十四范寧啓國子生假故事引假寧令）

諸百官九品私家附廟除程給假五日四時祭祀各給假四日去任所三百里內亦給程（同上）

諸文武官若流外已上者父母在三年給定假三十日其拜墓五年一假七日并除程若已經還家者計還後給其五品已上所司審勘當於事每闕者奏不得輒自奏請親冠假三日五服內親冠給假一日并不給程（同上）

諸婚給假九日除程周親婚嫁五日大功五日小功已下一日并不給程以下無主者百里內除程者本服周親已上疾病危篤遠行久別及請急難并量給假（同上）

急假者一月五急一年之中以六十日爲限千里內者疾病申延二十日及道路解故九十五日（初學記二十引晉令）

晉詔條

魏咸熙二年十一月晉王令諸郡中正以六條舉淹滯一曰忠恪匪躬二曰孝敬盡禮三曰友于兄弟四曰潔身勞謙五曰信義可復六曰學以爲己（武帝紀）

永和元年四月詔會稽王昱錄尚書六條事二年二月以左光祿大夫蔡謨領司徒錄尚書六條事（穆帝紀）

晉刺史六條制一卷（隋書經籍志）

泰始二年十二月班五條詔書於郡國一曰正身二曰勤百姓三曰撫孤寡四曰厚本息五曰去人事（武帝紀）

班五條詔十卷亡（隋書經籍志）

宋百官志晉康帝世何充表曰咸康中分置三錄王導錄其一荀崧陸曄各錄六條事然則似有二十四條若止有十二條則荀陸各錄六條導又何所司乎其後每置二錄輒云各掌六條事又是止有十二條晉江右有四錄則四人參錄江右張華江左庾亮幷經關尚書七條亦不知皆何事也（玉海）

晉故事

秀創制朝儀廣陳刑政朝廷多遵用之以爲故事（裴秀傳）

其常事品式章程各還其府爲故事（刑法志）

孝綽子諒字有信少好學有文才尤博悉晉代故事時人號曰皮裹晉書（梁書劉孝綽傳）

博涉多通尤悉魏晉以來吉凶故事（梁書范岫傳）

晉故事四十三卷晉建武故事一卷晉咸和咸康故事四卷晉孔愉撰晉修復山陵故事五卷車灌撰晉八王故事十卷晉宋舊事一百三十五卷晉東宮舊事十卷晉雜議十卷晉彈事十卷（唐志作九卷）晉駁事四卷（隋書經籍志）

晉太始太康故事八卷孔愉晉建武咸和咸康故事四卷晉建武以來故事三卷晉氏故事三卷晉故事四十三卷晉諸雜故事二十二卷車灌晉修復山陵故事五卷晉八王故事十二卷（唐書藝文志）

晉賈充等撰律令兼删定當時制詔之條爲故事三十卷與律令并行（唐六典注）

按隋志云漢初蕭何定律九章其後漸更增益令甲已下盈溢架藏晉初杜預删而定之有律有令有故事是故事亦多關於律也

南朝諸律考序

自晉氏失馭海內分裂江左以清談相尚不崇名法故其時中原律學衰於南而盛於北北朝自魏而齊而隋而唐尋流溯源自成一系而南朝則與陳氏之亡而俱斬竊嘗推求其故而知南朝諸律實遠遜北朝其泯焉澌滅蓋有非偶然者元魏自太祖迄世宗凡五次修定律令考訂之勤超越前代齊律科條簡要仕門子弟嘗講習之南朝則異是宋齊均沿用晉律南齊武帝嘗欲令王植刪正張杜舊律事未施行唐志有宗躬齊永明律八卷蓋亦不過考正舊註實未定律也其定律者厥惟蔡法度之梁律與范泉之陳律然梁祖崇尚釋氏煦煦爲仁陳氏又尤而效之律令繁蕪史無稱焉考唐志有梁律二十卷陳律九卷而宋史藝文志已不載則南宋以來其佚已久今欲考訂南朝諸律有三難焉梁陳享國日淺著述傳世者稀文集碑誌率多駢儷風雲月露侈爲蕪詞不易徵實一難也梁陳二書不立刑法志隋志於梁陳記載亦略二難也書鈔御覽諸書間引晉律而梁陳律特晉律之附庸後人鮮援引之者三難也故考證梁陳二律較漢晉諸律爲獨難雖然其增損沿襲之迹後人尚有可以意得之者隋志言梁律全用王植舊本今以律目相較梁律篇目均與晉同惟刪去諸侯一篇增置倉庫一篇陳律篇目全與梁同是梁陳兩朝之律質言之卽晉律之張杜舊本唐志有條抄晉宋齊梁律二十卷蓋比較四朝之異同宋齊沿用晉律而與梁並舉知梁陳雖間有增改而大體悉仍晉律之舊此其證也隋志又云梁於晉律所刪者止遊詞費句陳則篇目條綱一依梁法是兩朝之於晉

律其增損均在文句之間蓋當時柄國諸臣率多優於詞章而疏於掌故卽搜討巖穴得蔡法度范泉之流已如鳳毛麟角梁陳二書於蔡范均不爲立傳則其人蓋亦不足當創制顯庸之任非史有闕略也今仍以隋志爲主剌取梁書陳書南史及他書以附益之略爲排比疏陋之誚知所不免亦聊以備一代之制云爾癸亥冬閩縣程樹德序

梁律考目錄

卷四

梁律考

梁定律年月及修律諸人

天監元年八月丁未詔中書監王瑩等八人參定律令（武帝紀）

按藝文類聚五十四有任昉爲梁公請刊改律令表考封梁公事在齊中興二年是定議實在齊末故甫即位遂有是詔

天監二年夏四月癸卯尚書刪定郎蔡法度上梁律二十卷令三十卷科四十卷（同上）

天監元年八月乃下詔曰律令不一實難去弊殺傷有法昏墨有刑此蓋常科易爲條例至於三男一妻懸首造獄事非慮內法出恆鈞前王之律後王之令因循創附良各有以若遊辭費句無取於實錄者宜悉除之求文指歸可適變者載一家爲本用衆家以附景（丙唐避諱作景）丁俱有則去丁以存景若景丁二事注釋不同則二家兼載咸使百司議其可不取其可安以爲標例宜云某等如干人同議以此爲長則定以爲梁律留尚書比部悉使備文若班下州郡止撮機要可無二門侮法之弊法度又請曰魏晉撰律止關數人今若皆諮列位恐緩而無決於是以尚書令王

亮侍中王瑩尙書僕射沈約吏部尙書范雲長史兼侍中柳惲給事黃門侍郎傅昭通直散騎常侍孔藹御史中丞樂藹太常丞許懋等參議斷定定爲二十篇（隋書刑法志）

柳惲字文暢天監元年除長史兼侍中與僕射沈約等共定新律（柳惲傳）

二年四月癸卯法度表上新律帝乃以法度守廷尉卿詔班新律於天下（同上）

沈約授蔡法度廷尉制略云尙書删定左曹郎中蔡法度少好律書明曉法令世之所廢篤志不怠至於章句蹐滯名程乖礙莫不斟酌厥衷允得其門方欲寄以國刑開示後學（文苑英華三百九十七）

梁氏受命命蔡法度沈約等十人增損晉律爲二十篇凡定罪二千五百二十九條（唐六典注）

按修律諸人據隋志止九人此并法度計之故云十人武帝紀云八人則并不數王亮也梁律據元年詔書所删訂者僅遊辭費句其注釋不同者以衆議定其可否餘多仍晉律之舊此云增損晉律最得其實

梁律二十卷梁義興太守蔡法度撰（隋書經籍志　舊唐書經籍志新唐書藝文志同）

梁律係用南齊王植舊本

時欲議定律令得齊時舊郎濟陽蔡法度家傳律學云齊武時删定郎王植之集注張杜舊律合爲一書凡一千五百三十條事未施行其文殆滅法度能言之於是以爲兼尙書删定郎使損益植之舊本以爲梁律（隋書刑法志）

按南齊書孔稚圭傳尙書删定郎王植撰定律章取張注七百三十一條杜注七百九十一條二家兩釋於義乃備

者又取一百七條注相同者取一百三條凡一千五百三十二條爲二十卷梁律所用卽此本也

梁律篇目

一曰刑名二曰法例三曰盜刼四曰賊叛五曰詐僞六曰受賕七曰告劾八曰討捕九曰繫訊十曰斷獄十一曰雜十二曰戶十三曰擅興十四曰毀亡十五曰衛宮十六曰水火十七曰倉庫十八曰廐十九曰關市二十曰違制（隋書刑法志唐六典注同）

按以晉律篇目相較次第均同惟盜律改稱盜刼賊律改稱賊叛請賕改稱受賕捕律改稱討捕刪諸侯一篇增置倉庫一篇

梁律佚文

其謀反降叛大逆已上皆斬父子同產男無少長皆棄市母妻姊妹及應從坐棄市者妻子女妾同補奚官爲奴婢貲財沒官刼身皆斬妻子補兵遇赦降死者黵面爲刼字髡鉗補冶鎖士終身其下又讁運配材官冶士尙方鎖士皆以輕重差其年數其重者或終身士人有禁錮之科亦有輕重爲差其犯淸議則終身不齒耐罪囚八十已上十歲已下及孕者盲者侏儒當械繫者及郡國太守相都尉關中侯以上亭侯已上之父母妻子及所生坐非死罪除名之罪二千石已上非檻徵者幷頌繫之（隋書刑法志）

按隋志此段係雜引梁律原文漢律大逆不道父母妻子同產皆棄市見漢書景帝紀注罪人妻子沒爲奴婢黥面

見魏志毛玠傳引漢律梁蓋就漢律而增損之刼身斬刑見南史何尚之傳刼制同籍期親補兵見宋書何承天傳此云刼身皆斬妻子補兵則沿襲晉宋舊制也漢書光武紀詔男子八十已上十歲已下及婦人從坐者皆不得繫當驗問者卽就驗此則採漢制以入律黥面之刑至十四年始廢知梁初定律原有此條酉陽雜俎引梁雜律一條文亦略同故知隋志所引均梁律原文也

凡囚未斷先刻面作刼字（酉陽雜俎卷八引梁雜律）

梁刑名

梟首

棄市

以上爲死刑

按唐六典注晉律死罪凡三曰梟曰斬曰棄市隋志於梁律止云大罪梟其首其次棄市而無晉氏之斬刑考梁書大同元年三月擒劉敬躬送京師斬於建康市似梁仍有斬刑隋志又云大逆已上皆斬父子同產男無少長皆棄市則明分斬與棄市爲二蓋斬者腰斬晉志引漢賊律大逆無道腰斬可證北齊北周均有斬刑隋志釋爲殊身首今考晉宋南齊各書所載無處腰斬之刑者是其廢已久故梁初修律因而删之而律文猶因而不改致斬與棄市律文時有互見梁律之繁蕪亦可於此窺見一斑云

髠鉗五歲刑笞二百（收贖絹男子六十疋女子半之）
四歲刑（收贖絹男子四十八疋女子半之）
三歲刑（收贖絹男子三十六疋女子半之）
二歲刑（收贖絹男子二十四疋女子半之）
以上爲耐罪（耐謂各隨伎能而任使之）
贖死金二斤（男子十六疋女子半之）
贖髠鉗五歲刑笞二百金一斤十二兩（男子十四疋女子半之）
贖四歲刑軍一斤八兩（男子十二疋女子半之）
贖三歲刑金一斤四兩（男子十疋女子半之）
贖二歲刑金一斤（男子八疋女子半之）
罰金十二兩（男子六疋女子半之）
罰金八兩（男子四疋女子半之）
罰金四兩（男子二疋女子半之）
罰金二兩（男子一疋女子半之）

罰金一兩（男子二丈女子半之）

以上爲贖罪

凡十五等（按死罪二爲一等故爲十五等）

一歲刑

半歲刑

百日刑

鞭杖二百

鞭杖一百

鞭杖五十

鞭杖三十

鞭杖二十

鞭杖一十

凡九等

免官加杖督一百

免官

奪勞百日杖督一百

杖督一百

杖督五十

杖督三十

杖督二十

杖督一十

凡八等

按梁刑名贖罪以上十五等殆全依晉制自一歲刑以下十七等則梁律所增

贖刑存廢

天監元年夏四月己巳詔曰金作贖刑有聞自昔入縑以免施於中代民悅法行莫尙乎此永言叔世偸薄成風嬰罶入罪厥塗匪一斷弊之書日纏於聽覽鉗釱之刑歲積於牢犴死者不可復生生者無因自返由此而望滋實庸可致乎朕夕惕思治念崇政術斟酌前王擇其令典有可以憲章邦國罔不由之釋愧心於四海昭情素於萬物俗僞日久禁網彌繁漢文四百邈焉已遠雖省事淸心無忘日用而委衔廢策事未獲從可依周漢舊典有罪入贖外詳爲條格

以時奏聞（武帝紀）

梁武帝承齊昏虐之餘刑政多僻既即位乃制權典依周漢舊事有罪者贖其科凡在官身犯罰金鞭杖杖督之罪悉入贖停罰其臺省令史士卒欲贖者聽之（隋書刑法志）

三年冬十一月甲子詔曰設教因時淳薄異政刑以世革輕重殊風昔商俗未移民散久矣嬰網陷辟日夜相尋若悉加正法則赭衣塞路並申弘宥則難用爲國故使有罪入贖以完全元元之命令遐邇知禁圄犴稍虛率斯以往庶幾刑措金作權典宜在蠲息可除贖罪之科（武帝紀）

十月甲子詔以金作權典宜在蠲息於是除贖罪之科（隋書刑法志）

大同十一年冬十月己未詔曰堯舜以來便開贖刑中年依古許罪身入貲吏下因此不無姦猾所以一日復勅禁斷川流難壅人心惟危既乖內典慈悲之義又傷外教好生之德書云與殺不辜寧失不經可復開罪身皆聽入贖（武帝紀）

十一年十月復開贖罪之科（隋書刑法志）

除劓墨之刑

天監十四年正月詔曰世輕世重隨時約法前以劓墨用代重辟猶念改悔其路已壅并可省除（武帝紀）

十四年又除黥面之刑（隋書刑法志）

流刑

中大通三年冬十月前樂山縣侯蕭正則有罪流徙（武帝紀）

按隋志天監三年復有徒流之罪是梁初已行之蓋沿漢晉徒遷之制

鞭杖之制

其鞭有制鞭法鞭常鞭凡三等之差制鞭生革廉成法鞭生革去廉常鞭熟靻不去廉皆作鶴頭紐長一尺一寸梢長二尺七寸廣三寸靶長二尺五寸杖皆用生荊長六尺有大杖法杖小杖三等之差大杖大頭圍一寸三分小頭圍八分半法杖圍一寸三分小頭五分小杖圍一寸一分小頭極杪（隋書刑法志）

諸督罰大罪無過五十三小者二十當笞二百以上者笞半餘半後決中分鞭杖老小於律令當得鞭杖罰者皆半之其應得法鞭杖者以熟靻鞭小杖過五十者稍行之將吏已上及女人應有罰者以罰金代之其以職員應罰及律令指名制罰者不用此令其問事諸罰皆用熟靻鞭小杖其制鞭制杖法鞭法杖自非特詔皆不得用詔鞭杖在京師者皆於雲龍門行女子懷孕者勿得決罰（同上）

按此二段疑雜引梁鞭杖令文

削爵

普通六年十二月戊子邵陵王綸有罪免官削爵土（武帝紀）

爲長城令有罪削爵（江淹傳）

禁錮

淸議禁錮幷皆宥釋（武帝紀）

及建康城平蒨坐錮俄被原（江蒨傳）

除名

以私藏禁杖除名（伏暅傳）

遭母憂起攝職坐事除名（丘仲孚傳）

刑具

四有械杻升械及鉗幷立輕重大小之差而爲定制（隋書刑法志）

僧辯旣入背泉而坐曰鮑郎卿有罪令旨使我鏁卿勿以故意見待因語重歡出令泉即下地鏁於牀側（王僧辯傳）

大不敬棄市

元日朝會萬國亮辭疾不登殿設饌別省而語笑自若數日詔公卿問謂亮無疾色御史中丞樂藹奏大不敬論棄市刑（王亮傳）

請以暅大不敬論以事詳法應棄市刑（伏暅等）

放散官物

中大同元年三月乙巳大赦天下凡主守割盜放散官物及以軍粮器下凡是赦所不原者皆悉從恩（武帝紀）

大通元年正月詔曰凡散失官物不問多少幷從原宥惟事涉軍儲取公私見物不在此例（同上）

按放散官物漢律及魏律均有此條見漢書韓延壽傳魏志夏侯尙傳唐律放散官物坐贓論在廐庫

私載禁物

峻兄孝慶時爲青州刺史峻假省之坐私載禁物爲有司所奏免官（劉峻傳）

誘口坐死

虞僧虬爲法官高祖天監三年八月建康女人任提女坐誘口當死（册府元龜六百十五）

鮑邈坐誘掠人罪不至死太子綱追思昭明之寃揮淚誅之（通鑑一百五十五）

刧掠幷造作過制處死

梁武帝欲爲文皇帝陵上起寺未有佳材宣意有司使加採訪先有曲阿人姓弘家甚富厚乃共親族多齎財貨往湘州治生經年營得一栰可長千步材木壯麗世所希有還至南津南津校尉孟少卿希朝廷旨乃加繩墨弘氏所賫衣裳繒綵猶有殘餘誣以涉道刧掠所得幷造作過制非商賈所宜結正處死沒入其材充寺用（太平廣記一百二十引還寃記　又見法苑珠林）

非所宜言

謹案奉朝請臺侍御史臣孔橐海斥無聞謬列華省假攝去來仕子常務況東臯賤品非藉豐資旬日暫勞豈云卑辱而肆此醜言題勒禁省比物連類非所宜稱黜之流伍實允朝憲（初學記二十四引梁沈約奏彈御史孔橐）

按非所宜言本漢律

不憂軍事

元起頗營還裝糧儲器械略無遺者淵藻入城甚怨望因表其逗留不憂軍事收付州獄於獄自縊有司追劾削爵土（鄧元起傳）

按晉律目有不憂軍事已詳晉律考梁律多沿晉之舊此其一證

逗留不進

蕭諮啓子雄及悶與賊交通逗留不進梁武帝勅於廣州賜死（陳書杜僧明傳）

按逗留不進本漢律

自首

所討逋叛巧籍隱年闇丁匿口開恩百日各令自首不問往罪（武帝紀）

造意

翂撾登聞鼓乞代父命高祖異之勅廷尉卿蔡法度曰吉……請死贖父義誠可嘉但其幼童未必自能造意卿可嚴加脅誘取其款實（吉翂傳）

夫有罪逮妻子子有罪逮父母

舊獄法夫有罪逮妻子子有罪逮父母十一年壬辰乃下詔曰自今捕謫之家及罪應質作若宥老小者可停將送（隋書刑法志）

十一年春正月壬辰詔曰夫刑法悼耄罪不收孥禮著明文史彰前事蓋所以申其哀矜故罰有弗及近代相因厥網彌峻髫年華髮同坐入僇雖懲惡勸善宜窮其制而老幼流離良亦可愍自今逋謫之家及罪應質作若年有老小可停將送（武帝紀）

按晉志魏展上書有子孫犯事將考祖父逃亡傷順破教如此者衆云云是晉志已如是隋志云陳氏制律復父母緣坐之刑則至陳時又復晉氏之舊也

測罰

凡繫獄者不即答款應加測罰不得以人士爲隔若人士犯罰違扞不款宜測罰者先參議牒啓然後科行斷食三日聽家人進粥二升女及老小一百五十刻乃與粥滿千刻而止（隋書刑法志）

當時士大夫坐法皆不受測遠度已無罪就測三七日不款猶以私藏禁仗除名（南史何遠傳）

滴血法

豫章王綜其母吳淑媛自齊東昏宮得幸於高祖七月而生綜恆於別室祀齊氏七廟又微服至曲阿拜齊明帝陵然猶無以自信聞俗說以生者血瀝死者骨滲卽爲父子綜乃私發齊東昏墓出骨瀝臂血試之幷殺一男取其骨試之皆有驗自此常懷異志（豫章王綜傳）

按元王與無冤錄辨親生血屬條云洗冤錄驗滴骨親法謂如某甲稱有父母骸骨認是親生男女試令就身刺一兩點血滴骸骨上是親生則血沁入骨否則不入每以無所取證爲疑讀史至豫章王綜云云則洗冤之說有自來矣然滴血之法幷不始於梁南史孝義傳孫法宗入海尋求父屍聞世間論是至親以血瀝骨當悉凝浸乃操刀沿海見枯骨則刻肉灌血如此十餘年臂脛無完膚事在東晉之末又據太平廣記一百六十二引會稽先賢傳云陳業字文理業兄渡海傾命時同依止者五六十人骨肉消爛而不可辨別業仰皇天誓后土曰聞親者必有異焉因割臂流血以灑骨上應時飲血餘皆流去是漢時已有此說又考瑚玉集引同賢記云杞良秦始皇時北築長城主典怒其逃走乃打殺之其妻仲姿向城啼哭一時崩倒死人白骨交橫莫知孰是仲姿乃刺指血以滴白骨云若是杞良骨者血可流入卽瀝血果至良骸血徑流入便得歸葬之據此則滴血之法其源甚古亦不始於漢也

禁復讎

太清元年八月詔曰緣邊初附諸州郡內百姓先有負罪流亡逃叛入北一皆曠蕩不問往𠎝幷不得挾以私讎而相

報復若有犯者嚴加裁問（武帝紀）

禁豪富不得占取公田

大同七年十一月丁丑詔曰頃者豪家富室若占取公田貴價僦稅以與貧民傷時害政爲蠧已甚自今公田悉不能假與豪家已假者特聽不追其若富室給貧民種糧共營作者不在禁例（武帝紀）

禁減陌錢

中大同元年七月丙寅詔曰頃聞外間多用九陌錢陌減則物貴陌足則物賤非物有貴賤是心有顚倒至於遠方日更滋甚豈直國有異政乃至家有殊俗徒亂王制無益民財自今可通用足陌錢令書行後百日爲期若猶有犯男子謫運女子質作幷同（武帝紀）

禁食牛

子婦嘗得家餉牛肉以進昭召其子曰食之則犯法告之則不可取而埋之（傅昭傳）

按南齊書王玄載傳永明元年坐於宅殺牛免官蓋殺牛之禁自漢始歷秦魏晉六朝不改

梁武之姑息失刑

天監元年夏四月癸酉詔曰商俗甫移遺風尙熾下不上達由來遠矣升中馭索增其懍然可於公車府謗木肺石各置一函若肉食莫言山阿欲有橫議投謗木函若從我江漢功在可策犀兕徒弊龍蛇方縣次身才高妙擯壓莫通懷

傅呂之術抱屈賈之歎其理有皦然受困包匭夫大政侵小豪門陵賤四民已窮九重莫達若欲自申并可投肺石函（武帝紀）

二年春正月詔曰朕屬當期運君臨兆億雖復齋居宣室留心聽斷而九牧遐荒無因臨覽深懼懷冤就鞫匪惟一方可申勅諸州月一臨訊博詢擇善務在確實（同上）

三年六月詔曰總總九州遠近民庶或川路幽遐或貧羸老疾懷冤抱理莫由自申念此于懷中夜太息可分將命巡行州郡其有深冤鉅害抑鬱無歸聽詣使者依源自列（同上）

五年四月詔曰朕昧旦齋居惟刑是恤而明愼未洽囹圄尙擁凡犴獄之所可遣法官近侍遞錄囚徒如有枉滯以時奏聞（同上）

十六年正月詔曰諸州郡縣時理獄訟勿使冤滯并若親覽（同上）

十七年八月詔以兵騶奴婢男年登六十女年登五十免爲貧民（同上）

中大同元年七月詔自今有犯罪者父母祖父母勿坐惟大逆不預今恩（同上）

武帝敦睦九族優借朝士有犯罪者皆諷羣下屈法申之百姓有罪皆案之以法其緣坐則老幼不免一人亡逃則舉家質作人既窮急姦宄益深後帝親謁南郊秣陵老人遮帝曰陛下爲法急於黎庶緩於權貴非長久之術誠能反是天下幸甚（隋書刑法志）

帝銳意儒雅疏簡刑法自公卿大臣咸不以鞫獄留意姦吏招權巧文弄法貨財成市多致枉濫大率二歲刑以上歲至五千人（同上）

是時王侯子弟皆長而驕蹇不法武帝年老厭於萬機又專精佛戒每斷重罪則終日弗懌嘗遊南苑臨川王宏伏人於橋下將欲為逆事覺有司請誅之帝但泣而宥之還復本職由是王侯驕橫轉甚或白日殺人於都街劫賊亡命咸於王家自匿薄暮塵起則剝掠行路謂之打稽武帝深知其弊而難於誅討（同上）

梁令

梁令三十卷錄一卷（隋書經籍志　舊唐書經籍志梁令三十卷蔡法度撰新唐書藝文志同）

梁初命蔡法度等撰梁令三十篇一戶二學三貢士贈官四官品五吏員六服制七祠八戶調九公田公用儀迎十醫藥疾病十一復除十二關市十三劫賊水火十四捕亡十五獄官十六鞭杖十七喪葬十八雜上十九雜中二十雜下二十一宮衛二十二門下散騎中書二十三尚書二十四三臺祕書二十五王公侯二十六選吏二十七選將二十八選雜士二十九軍吏三十軍賞（唐六典注）

按梁令大抵因晉令而增損之唐六典注尚引其官品令數條（詳見唐六典注卷五）隋書禮儀志亦引梁令一條（天子爲朝臣等舉哀服白帢）然官品令全目已見通典及百官志其服制令則全載於禮儀志此皆梁令佚文之尚可考者以文繁故不錄

梁科

梁易故事爲梁科三十卷蔡法度所删定（唐六典注）

梁時又取故事之宜於時者爲梁科（隋書經籍志）

梁科三十卷（同上）

按梁科卷數武帝紀作四十卷隋書刑法志經籍志唐六典注均作三十卷舊唐書經籍志新唐書藝文志均作二卷蓋至五代時已殘闕不完矣初學記二十引梁武帝詔云刑乖政失其源已久罰罪之奏日聞於蚤朝弊獄之書亟勞於晏寢免黜相係補代紛紜一罹徵囚乃永歲月非所以棄瑕錄用隨分盡才者也是故滅秩居官前代通則貶職左遷往朝繼軌自今內外羣司有事者可開左降之科據此知梁科本無左降之條後始增入也

陳律考目錄

陳律考

陳律較梁律多十卷

永定元年冬十月癸未詔立删定郎治定律令（武帝紀）

陳氏承梁季喪亂刑典疏闊及武帝卽位思革其弊乃下詔曰朕聞唐虞道盛設晝象而不犯夏商德衰雖孥戮其未備洎乎末代綱目滋繁矧屬亂離憲章遺紊朕始膺寶曆思廣政樞外可搜舉良才删改科令羣僚博議務存平簡於是稍求得梁時明法吏令與尙書删定郎范泉參定律令又勅尙書僕射沈欽吏部尙書徐陵兼尙書左丞宗元饒兼尙書左丞賀朗參知其事制律三十卷令科四十卷採酌前代條流宂雜綱目雖多博而非要（隋書刑法志）

按范泉通考作范杲梁書無傳志稱條流宂雜似陳律條文必增於梁故有三十卷之多也

尋以本官領丹陽尹參撰律令（王沖傳）

陳令范泉徐陵等參定律令律三十卷令三十卷科三十卷（唐六典注）

按隋書經籍志陳律九卷新唐書藝文志同是唐初已殘缺不全

篇目條綱一用梁法

又存贖罪之律復父母緣坐之刑自餘篇目條綱輕重簡繁一用梁法（隋書刑法志）

按據此知陳律篇目律目刑名全與梁同梁律源出齊王植張杜律舊本陳時張杜律本尙存修律諸人多非律家不過摭拾舊注恣其粉飾故條文雖增於梁而綱領則毫無出入史稱博而非要蓋確論也（梁律二十卷凡二千五百二十九條陳律三十卷蓋約增三之一）

陳律專重淸議

其制惟重淸議禁錮之科若縉紳之族犯虧名教不孝及內亂者發詔棄之終身不齒（隋書刑法志）

按南朝諸律率重淸議不自陳始隋志梁制士人有禁錮之科其犯淸議則終身不齒是梁律已如是日知錄宋武帝篡位詔有犯鄉論淸議贓汙淫盜一皆蕩滌洗除與之更始自後凡遇非常之恩赦文並有此語是宋齊以來雖未明著律條而犯淸議者非有赦書皆終身禁錮久已著爲成例晉書卞壼傳小中正王式付淸議廢棄終身陳壽傳居父喪有疾使婢丸藥客往見之鄉黨以爲貶議坐是沈滯者累年知此例實始於晉亦不自劉宋始也南朝諸律均遠遜北朝惟此一事似非北朝所及明洪武十五年禮部議凡十惡姦盜詐僞干名犯義有傷風俗及犯贓至徒者書其名於申明亭以示懲戒有私毀亭舍塗抹姓名者罪如律蓋猶有南朝重淸議之遺意也

梟首

斬周迪傳首京師梟於朱雀桁（世祖紀　周迪傳作朱雀觀）

斬王琳傳首京師梟於朱雀桁（宣帝紀）

大建五年十二月壬辰朔詔曰古者反噬叛逆盡族誅夷所以藏其首級誡之後世比者所戮止在一身子胤或存梟縣自足不容久歸武庫長比月支惻隱之懷有仁不忍維熊曇朗留異陳寶應周迪鄧緒等及今者王琳首並還親屬以弘廣宥（同上）

曇朗走入村中村民斬之傳首京師縣於朱雀觀於是盡收其黨族無少長皆棄市（熊曇朗傳）

梟於朱雀桁夷三族（章昭達傳）

按梁律謀反降叛大逆已上皆斬父子同產男無少長皆棄市又云大罪梟其首陳蓋沿梁制

訊囚用測立法

其有贓驗顯然而不款則上測立立測者以土為垛高一尺上圓劣容囚兩足立鞭二十笞三十訖著兩械及杻上垛一上測七刻日再上三七日上測七日一行鞭凡經杖合一百五十得度不承者免死（隋書刑法志）

梁代舊律測囚之法日一上起自晡鼓盡於二更及比部郎范泉刪定律令以舊法測立時久非人所堪分其刻數日再上廷尉以為新制過輕請集八座丞郎幷祭酒孔奐行事沈洙五舍人會尚書省詳議時高宗錄尚書集衆議之都官尚書周弘正曰未知獄所測人有幾人款幾人不款須前責取人名及數幷其罪目然後更集得廷尉監沈仲由列稱別制已後有壽羽兒一人坐殺壽慧劉磊渴等八人坐偸馬仗家口渡北依法測之限訖不款劉道朔坐犯七改偸依法測立首尾二日而款陳法滿坐被使封藏阿法受錢未及上而款弘正議曰凡小大之獄必應以情正言依準五

聽驗其虛實豈可全恣考掠以判刑罪且測人時節本非古制近代已來方有此法起自晡鼓迄於二更豈是常人所能堪忍所以重械之下危墮之上無人不服誣枉者多朝晚二時同等刻數進退而求於事爲衷若謂小促前期致實罪不伏如復時節延長則無傺妄款且人之所堪旣有彊弱人之立意固亦多途至於貫高榜笞刺爇身無完膚戴就熏針並極困篤不移豈關時刻長短掠測優劣夫與殺不辜寧失不經罪疑惟輕功疑惟重斯則古之聖王垂此明法愚謂依范泉著制於事爲允舍人盛權議曰比部范泉新制尙書周弘正明議咸允虞書惟輕之旨殷頌敷正之言竊尋廷尉監沈仲由等列新制以後凡有獄十一人其所測者十人款者唯一愚謂染罪之囚獄官宜明加辯析窮考事理若罪有可疑自宜啓審分判幸無濫測若罪有實驗乃可啓審測立此則枉直有分刑宥斯理范泉今牒述漢律云死罪及除名罪證明白考掠已至而抵隱不服者處當列上杜預注云處當證驗明白之狀列其抵隱之意竊尋舊制深峻百中不款者一新制寬優十中不款者九參會兩文寬猛實異處當列上未見釐革愚謂宜付典法更詳處當列上之文洙議曰夜中測立緩急易欺兼用晝漏於事爲允但漏刻賒促今古不同漢書律歷何承天祖沖之暅之父子漏經並自關鼓至下鼓自晡鼓至關鼓皆十三刻冬夏四時不異若其日有長短分在中時前後今用梁末改漏下鼓之後分其短長夏至之日各十七刻冬至之日各十二刻伏承命旨刻同勒令檢一日之刻乃同而四時之用不等廷尉今牒以時刻短促致罪人不款愚意願去夜測之昧從晝漏之明斟酌今古之間參會二漏之義捨秋冬之少刻從夏日之長晷不問寒暑並依今之夏至朝夕上測各十七刻比之古漏則上多昔四刻卽用今漏則冬至多五刻雖冬

至之時數刻侵夜正是少日於事非疑庶罪人不以漏短而爲捍獄囚無以在夜而致誣求之鄙意竊謂允合衆議以爲宜依范泉前制高宗曰沈長史議得中宜更博議左丞宗元饒議曰竊尋沈議非頓異范正是欲使四時均其刻數兼斟酌其佳以會優劇卽同牒請寫還删定曹詳改前制高宗依事施行（沈洙傳）

孟春至首夏不決死罪

天嘉元年十二月詔曰古者春夏二氣不決重罪蓋以陽和布澤天秩是弘寬網省刑義符含育前王所以則天象地立法垂訓者也自今孟春訖於夏首罪人大辟事已款者宜且申停（世祖紀）

行刑之日

當刑於市者夜須明雨須晴晦朔八節六齊月在張心日幷不得行刑（隋書刑法志）

刑具用鎖

其髡鞭五歲刑降死一等鎖二重其五歲刑已下幷鎖一重（隋書刑法志）

囚幷著械徒幷著鎖不計階品（同上）

玠璅次的等具狀啓臺（南史褚裕之傳）

文阿輒棄官還武康高祖大怒發使往誅之時文阿宗人沈洛爲郡請使者寛其死卽面縛鎖頸致於高祖（沈文阿傳）

按據此知鎖用於頸

免官例應禁錮

時合州刺史陳裒贓汙狼藉遣使就渚斂魚又於六郡乞米元饒劾奏請依旨免裒所應復除官其應禁錮及後選左降本資悉依免官之法遂可其奏（宗元饒傳）

止免所居官禁錮（張種傳）

按晉律免官比三歲刑又曰犯免官禁錮三年陳蓋沿晉制

官當

五歲四歲刑若有官准當二年餘并居作其三歲刑若有官准當二年餘一年贖若公坐過誤罰金其二歲刑有官者贖論一歲刑無官亦贖論（隋書刑法志）

按唐律以官當徒分別私罪公罪五品以上官一官當徒二年九品以上一官當徒一年公罪各加一年較陳律爲密蓋唐律源出北朝故不同耳

公罪

坐公事免官（王質傳）

以公事免侍中僕射（徐陵傳）

遷左民郎以公事免（司馬申傳）

按據此知梁陳二律均有公罪私罪之別與隋唐律同

自首

其賊主帥節相幷許開恩出首一同曠蕩（華皎傳）

軍人犯法依常科

大建六年春正月壬戌詔將帥職司軍人犯法自依常科（宣帝紀）

抗拒禁司

微服往民間淫人妻爲州所錄又率人仗抗拒傷禁司爲有司所奏上大怒下方泰獄方泰初但承行淫不承拒格禁司上曰不承則上刑方泰乃投列承引（南康王方泰傳）

按竊執官仗拒戰邏司見宋書明帝紀晉律本有此條據此知此律至陳未改也

矯詔

光大元年師知與仲舉等遣舍人殷不佞矯詔令高宗還東府事覺於北獄賜死（劉師知傳　殷不佞傳云素以名節自立又受委東宮乃謀矯詔出高宗及事發高宗雅重不佞特赦之免其官而已）

按漢晉律均有矯詔之條梁陳律因之唐律詐譌有詐爲官文書增減無矯詔之文此亦與南朝不同者

不舉奏

私令左右妻女與之姦合所作尤不軌浸淫上聞高宗譴責御史中丞王政以不舉奏免政官（始興王叔陵傳）

按唐律職制有事應奏而不奏

祝詛

叔堅不自安稍怨望乃爲左道厭魅以求福助刻木爲偶人衣以道士之服施機關能拜跪晝夜於日月醮之祝詛於上其年冬有人上書告其事案驗并實後主召叔堅囚於西省將殺之其夜令近侍宣敕數之以罪（長沙王叔堅傳）

按祝詛本漢律

漏洩禁中語

琛性頗疏坐漏洩禁中語賜死（陸琛傳）

往來禁中頗宣密旨事洩將伏誅（張種傳）

按漏洩省中語本漢律

受餉遺

坐妻兄劉洽依倚景歷權勢受歐陽武威餉絹百匹免官（蔡景歷傳）

封崇德縣子拜封之日請令史爲客受其餉遺因坐免（庾持傳）

按唐律有監臨受供饋

阿法受錢

陳法滿坐被使封藏阿法受錢未及上而款（沈洙傳）

按此卽唐律之枉法贓也

不枉法受財科同正盜

大建十一年夏五月甲寅詔曰舊律以枉法受財爲坐雖重直法容賄其制甚輕豈不長彼貪殘生其舞弄事涉貨財寧不尤切今可改不枉法受財科同正盜（宣帝紀）

按六朝多贓吏尤以北齊爲最高歡姑息不敢懲也宣帝深知治本加重贓罪其後隋文帝亦定盜一錢棄市之律法可謂重然陳宣隋文皆非令主故此風卒莫能戢五代贓吏尤多藝祖受命凡犯贓皆棄市元季賄賂公行明祖峻刑而民風丕變或曰是特刑亂國用重典恐非常法然古今言吏治者首推兩漢文帝禁坐贓者不得爲吏安帝以後贓吏子孫三世禁錮是重懲贓吏不特漢制如是固百王不易之成規也

詐財

永定二年坐妻弟劉淹詐受周寶安餉馬爲御史中丞沈炯所劾（蔡景歷傳）

按唐律有詐欺官私取財

恐脅侵掠以刼論

永定二年三月詔所在軍人若有恐脅侵掠者皆以劫論（武帝紀）

脫戶

縣民張次的王休達等與諸猾吏賄賂通姦全丁大戶類多隱沒玠乃鎖次的等具狀啓臺高宗手勅慰勞并遣使助玠搜括所出軍民八百餘戶（褚玠傳）

按唐律戶婚有脫戶

陳令

陳令三十卷范泉撰（隋書經籍志　舊唐書經籍志新唐書藝文志作范泉等撰　隋書刑法志作令科四十卷）

按梁律篇目一依梁法令三十卷疑其篇目亦仍梁三十篇之舊通典有陳官品目錄一篇唐六典注亦間引陳官品令其服制令則詳於隋書禮儀志以文繁故不錄

陳科

陳科三十卷范泉撰（隋書經籍志）

陳律家

王沖

王沖字長深弘玄孫也累遷侍中南郡太守習於法令政號平理（南史本傳）

宗元饒

性公平善持法諳曉故事（本傳）

殷不害

陳殷不害年十七仕梁爲廷尉評不害長於故事兼飾以儒術名法有輕重不便者輒上書言之多見納用（冊府元龜六百十八）

後魏律考序

今之言舊律者率溯源於唐律顧唐本於隋（唐會要卷三十九武德元年詔劉文靜與當朝通識之士因隋開皇律令而損益之至七年三月二十九日成詔頒於天下大略以開皇爲准正凡律五百條）隋本於北齊（隋書刑法志云多採後齊之制而頗有損益）此徵之律目之相同而可知也蓋自晉氏失馭天下分爲南北江左相承沿用晉律（南齊書孔稚圭傳）梁陳雖各定新律而享國日淺禍亂相仍又當時習尙重黃老輕名法漢代綜核名實之風於斯盡矣拓跋氏乘五胡之擾跨據中原太祖世祖高宗高祖世宗凡五次改定律令孝文用夏變夷其於律令至躬自下筆凡有疑義親臨決之後世稱焉是故自晉氏而後律分南北二支南朝之律至陳併於隋而其祀遽斬北朝則自魏及唐統系相承迄於明清猶守舊制如流徒之列刑名死罪之分斬絞及十惡入律此皆與南朝異者然則唐宋以來相沿之律皆屬北系而尋流溯源又當以元魏之律爲北系諸律之嚆矢考元魏大率承用漢律不盡襲魏晉之制嚴不道之誅重誣罔之辟斷獄報重常竟季冬則李彪以爲言諸有疑獄以經義量決略如漢之春秋決獄江左無是也是曷以故蓋世祖定律實出於崔浩高允之手崔浩長於漢律常爲漢律作序（史記索隱引）高允史稱其尤好春秋公羊蓋治漢董仲舒應劭公羊決獄之學者而其後律學又代有名家太和中改定律令聖主賢臣聚議一堂考訂之勤古今無與倫比較之南朝沈約范雲徐陵諸人假清談詞藻以潤色鴻業者其優劣爲何如也隋書經籍志有後魏

律二十卷李林甫註唐六典於後魏律已不能舉其篇目則至唐已佚顧魏世著述傳世者稀今可考者惟魏收一書而收書於刑罰志又不列魏諸律篇目沿革增損遂無可考今仍以收書爲主分別考證釐爲上下二卷以備一朝掌故魏初承喪亂之遺立制頗爲嚴峻然自高祖改律死刑止於三等永絕門誅慈䘏愷惻有逾文景中葉以後至禁止屠殺含孕以爲永制仁及禽獸迥非後世所及夷狄進於中國則中國之猶春秋之志也辛酉春三月閩縣程樹德序

後魏律考目錄

上

下

卷五

後魏律考　上

魏數次改定律令（附定律諸人）

魏初禮俗純朴刑禁疎簡宣帝南遷復置四部大人坐王庭決辭訟以言語約束刻契記事無囹圄考訊之法諸犯罪者皆臨時決遣神元因循亡所革易穆帝時劉聰石勒傾覆晉室帝將平其亂乃峻刑法每以軍令從事民乘寬政多以違命得罪死者以萬計於是國落騷駭平文承業綏集離散昭成建國二年當死者聽其家獻金馬以贖犯大逆者親族男女無少長皆斬男女不以禮交皆死民相殺者聽與死家馬牛四十九頭及送葬器物以平之無繫訊連逮之坐盜官物一備五私則備十法令明白百姓晏然（刑罰志）

太祖既定中原患前代刑網峻密乃命三公郎王德除其法之酷切於民者約定科令大崇簡易（同上　通典一百六十四道武既平定中原患舊制太峻命三公郎王德除其酷法約定科令）

天興元年十有一月詔三公郎中王德定律令申科禁吏部尚書崔玄伯總而裁之（太祖紀）

會有司制官爵撰朝儀協音樂定律令申科禁玄伯總而裁之以爲永式（崔玄伯傳）

淵明解制度多識舊事與尚書崔玄伯參定朝儀律令（鄧淵傳）

世祖卽位以刑禁重神䴥中詔司徒崔浩定律令除五歲四歲刑增一年刑分大辟爲二科死斬死入絞大逆不道腰斬誅其同籍年十四已下腐刑女子沒縣官害其親者轘之爲蠱毒者男女皆斬而焚其家巫蠱者負羖羊抱犬沈諸淵當刑者贖貧則加鞭二百畿內民富者燒炭於山貧者役於圊溷女子入舂稾其固疾不逮於人守苑囿王官階九品得以官爵除刑婦人當刑而孕產後百日乃決年十四已下降刑之半八十及九歲非殺人不坐拷訊不踰四十九論刑者部主具狀公車鞫辭而三都決之當死者部案奏聞以死不可復生懼監官不能平獄成皆呈帝親臨無異辭怨言乃絕之諸州國之大辟皆先讞報乃施行（刑罰志）

神䴥四年冬十月戊寅詔司徒崔浩改定律令（世祖紀）

太武帝始命崔浩定刑名於漢魏以來律除髡鉗五歲四歲刑增二歲刑大辟有轘腰斬殊死棄市四等凡三百九十條門房誅四條大辟一百四十條五刑二百三十一條始置枷拘罪人（唐六典注）

初盜律贓四十匹致大辟民多慢政峻其法贓三匹皆死正平元年詔曰刑網太密犯者更衆朕甚愍之其詳案律令務求厥中有不便於民者增損之於是游雅與中書侍郎胡方回等改定律制盜律復舊加故縱通情止舍之法及他罪凡三百九十一條門誅四大辟一百四十五刑二百二十一條（刑罰志）

正平元年六月詔曰夫刑網太密犯者更衆朕甚愍之有司其案律令務求厥中自餘有不便於民者依比增損詔太

子少傅游雅中書侍郎胡方回等改定律制（世祖紀）

正平初又令胡方回游雅更定律制凡三百七十條門房誅四大辟百四十五刑二百二十一（通典一百六十七）

受詔與中書侍郎胡方回等改定律制（游雅傳）

又詔允與侍郎公孫質李虛胡方回共定律令（高允傳）

高宗初仍遵舊式又增律七十九章門房之誅十有三大辟三十五刑六十二（刑罰志）

文成時又增律條章（唐六典注）

高祖馭宇留心刑法先是以律令不具姦吏用法致有輕重詔中書令高閭集中祕官等修改舊文隨例增減又勑羣官參議厥衷經御刊定五年冬訖凡八百三十二章門房之誅十有六大辟之罪二百三十五刑三百七十七除羣行剽劫首謀門誅律重者止梟首（刑罰志　又見通典一百六十四　唐六典注作八百三十三章與魏書異）

太和元年九月乙酉詔羣臣定律令於太華殿（高祖紀）

十一年（太和）春詔曰三千之罪莫大於不孝而律不遜父母罪止髡刑於理未衷可更詳改又詔曰前命公卿論定刑典而門房之誅猶在律策違失周書父子異罪推古求情意甚無取可更議之删除繁酷秋八月詔曰律文刑限三年便入極默坐無大半之校罪有死生之殊可詳案律條諸有此類更一刊定冬十月復詔公卿令參議之（刑罰志）

太和十五年五月己亥議改律令於東明觀秋八月丁巳議律令事（高祖紀）

太和十六年四月丁亥班新律令大赦天下五月癸未詔羣臣於皇信堂更定律條流徒限制帝親臨決之（同上）

太和十七年二月乙酉詔賜議律令之官各有差（同上）

及議禮儀律令潤飾辭旨刊定輕重高祖雖自下筆無不訪決焉（李沖傳）

按魏律係孝文自下筆此前古未有之例

封琳字彥寶高祖初拜中書侍郎與侍中南平王馮誕等議定律令（封懿傳）

源賀弟思禮後賜名懷謙遷尚書令參議律令（源賀傳）

高綽太和十五年拜奉朝請又詔參議律令（高允傳）

又參定律令屢進讜言（游明根傳）

由是高祖識待之後與游明根高閭李沖入議律令（高遵傳）

臣學陋全經識蔽篆素然往年删定律令謬預議筵（鄭懿傳）

以昔參定律令之勤賜帛五百匹粟五百石馬一匹（高祐傳）

以參議律令之勤賜帛五百匹馬一匹牛二頭（李彪傳）

以參議律令賜布帛八百匹穀八百石馬牛各二尚書李沖甚重之（崔挺傳）

世宗卽位意在寬政正始元年冬詔曰議獄定律有國攸愼輕重損益世或不同先朝垂心典憲刊革令軌但時屬征役未之詳究施於時用猶致疑舛尚書門下可於中書外省論律令諸有疑事斟酌新舊更加思理增減上下必令周備隨有所立別以申聞庶於循變協時永作通制（刑罰志）

正始元年十二月己卯詔羣臣議定律令（世宗紀）

宣武正始元年十二月己卯詔羣臣議定律令時尚書殿中郎袁翻門下錄事常景孫紹廷尉監張彪律博士侯堅固治書侍御史高綽前軍將軍邢苗奉車都尉程靈虬羽林監王元龜尚書郎祖瑩宋世景員外郎李琰之大樂令公孫崇等幷在議限（册府元龜）

又詔太師彭城王勰司州牧高陽王雍中書監京兆王愉青州刺史劉芳左衛將軍元麗兼將作大匠李韶國子祭酒鄭道昭廷尉少卿王顯等入豫其事（北史袁翻傳）

景永昌河內人也繁學博通知名海內太和十九年爲高祖所器拔爲律學博士刑法疑獄多訪於景正始初詔刊律令永作通式敕景共治書侍御史高僧裕羽林監王元龜尚書郎祖瑩員外散騎侍郎李琰之等撰集其事又詔太師彭城王勰青州刺史劉芳入預其議景討正科條商権古今甚有倫序見行於世今律二十篇是也（洛陽伽藍記）

正始初詔尚書門下於金墉中書外省考論律令勑景參議（常景傳）

與常景等共修律令（孫紹傳）

議定律令勰與高陽王雍八座朝士有才學者五日一集參論軌制應否之宜（彭城王勰傳）

久之起兼將作大匠勑參定朝儀律令（李韶傳）

還朝議定律令芳斟酌古今爲大議之主其中損益多芳意也（劉芳傳）

時議定新令詔祚與侍中黄門參議（北史郭祚傳）

先是太常劉芳與景等撰朝令未及班行別典儀注多所草創未成芳卒景纂成其事及世宗崩召景赴京還修儀注又敕撰太和之後朝儀已施行者凡五十餘卷（常景傳）

先帝時律令并議律尋施行令獨不出十餘年矣然修令之人亦皆博古依古撰置大體可觀比之前令精麤有在但主議之家太用古制若令依古高祖之法復須升降誰敢措意有是非哉以是爭故久廢不理然律令相須不可偏用令律班令止於事甚滯若令不班是無典法臣下執事何依而行（孫紹傳）

延昌二年春尚書邢巒奏竊王公已下或析體宸極或著勳當時咸胙土授民維城王室至於五等之爵亦以功錫雖爵秩有異而號擬河山得之至難失之永墜刑典既同名復殊絕請議所宜附爲永制詔議律制與八座門下參論皆以爲官人若罪本除名以職當刑猶有餘資復降階而敍至於五等封爵除刑若盡永即甄削便同之除名於例實爽愚謂自王公已下有封邑罪除名三年之後宜各降本爵一等王及郡公降爲縣公公爲侯侯爲伯伯爲子子爲男至於縣男則降爲鄉男五等爵者亦依此而降至於散男其鄉男無可降授者三年之後聽依其本品之資出身詔從之

（刑罰志）

魏律篇目

刑名律

法例律（刑罰志引　通典一百六十七引）

按唐律疏義云晉於魏刑名律中分爲法例律宋齊梁陳及後魏因而不改是後魏仍分刑名法例爲二也

宮衞律

按唐律疏義云衞禁律者秦漢及魏未有此篇晉太宰賈充等酌漢魏之律隨事增損創制此篇名爲宮衞律自宋洎於後周此名并無所改是後魏亦有此篇目也

違制律（禮志引　通典一百引）

按唐律疏義云職制律者起自於晉名爲違制律爰至高齊此名不改

戶律

按唐律疏義云迄至後周皆名戶律是後魏亦名戶律也

廄牧律

按唐律疏義云後魏太和年名牧產律至正始年復名廄牧律

擅與律

按唐律疏義云魏以擅事附之名爲擅與律晉復去擅爲與又至高齊改名與擅律據此是後魏原有此篇目考唐六典注引晉律十三擅與不曰與律與疏義異隋志引北齊律四曰擅與後周律八曰與繕不曰與擅與疏義亦異然魏宋北齊均作擅與則後魏當仍擅與之名也

賊律（刑罰志引　通典一百六十七引）

盜律（刑罰志引　通典一百六十四引）

按唐律疏義云自秦漢逮至後魏皆名賊律盜律

鬭律（刑罰志引　通典一百六十七引）

按唐律疏義云後魏太和年分繫訊律爲鬭律是魏初尙無此篇目也

繫訊律（詳見上條）

詐僞律（斐植傳引）

按唐律疏義云詐僞律者魏分賊律爲之歷代相因迄今不改

雜律

按唐律疏義云李悝首制法經而有雜法之目遞相祖述多歷年所然至後周更名雜犯律是後周以前均名雜律

也

捕亡律

按唐律疏義云至後魏名捕亡律蓋合晉律之捕律毀亡為一篇

斷獄律

按唐律疏義云魏分李悝囚法而出此篇至北齊與捕律相合更名捕斷律是後魏仍沿斷獄之名也

按斷律凡數更改史失篇目考隋志後魏律二十卷則當有二十篇（隋志北齊律十二卷周律二十五卷均以篇目為卷故知後魏律應有二十篇）玆從魏書及通典考得者凡六篇從唐律疏義考得者凡九篇僅得十五篇考晉律後周律梁律均有請賕告劾關市水火篇目（梁律請賕作受賕後周律作請求告劾作告言關市作關津）似亦魏律所應有南朝諸律不立婚姻篇目後周戶律之外別有婚姻律北齊作婚戶似後魏律原有婚姻一篇周仍其舊齊則合為婚戶也姑列之以存疑

又按刑罰志有赦律何以取信於天下天下焉得不疑於赦律乎二語沈氏律令考因謂魏律應有赦律篇目細繹魏志語意係指名例律中赦書條項且自漢及唐亦未聞有以赦為篇目者晉書屢稱禮律然晉律篇目現存并無所謂禮律也姑存其說而糾正其謬誤於右

魏律佚文

居三年之喪而冒哀求仕五歲刑（禮志四之四引違制律）

延昌二年春偏將軍乙龍虎喪父給假二十七月而虎幷數閏月詣府求上領軍元珍上言案違制律居三年之喪而冒哀求仕五歲刑龍虎未盡二十七月而請宿衞依律結刑五歲（禮志）

贓四十匹致大辟（刑罰志引盜律　又見通典一百六十四）

初盜律贓四十匹致大辟民多慢政峻其法贓三匹皆死（刑罰志）

枉法十匹義贓二百（通典作二十志疑誤）匹大辟（刑罰志引律又見通典一百六十四）

律枉法十匹義贓二百（當作十）匹大辟至八年（太和八年）始班祿制更定義贓一匹枉法無多少皆死（刑罰志）

按高祖紀太和八年六月詔曰周禮有食祿之典二漢著受俸之秩自中原喪亂茲制中絕先朝因循未遑釐改朕憲章舊典始班俸祿祿行之後贓滿一匹者死是此律至太和時已改也

不遜父母罪止髡刑（刑罰志引律）

五等列爵及在官品令從第五以階當刑二歲免官者三載之後聽仕降先階一等（刑罰志引法例律）

掠人掠賣人和賣人爲奴婢者死（刑罰志引盜律）

謀殺人而發覺者流從者五歲刑已傷及殺而還蘇者死從者流已殺者斬從而加功者死不加者流（刑罰志引賊

律）

知人掠盜之物而故買者以隨從論（刑罰志引律）

諸共犯罪皆以發意爲首（刑罰志引律）

賣子一歲刑五服內親屬在尊長者死賣周親及妾與子婦者流（通典一百六十七引律）

三年尙書李平奏冀州阜城民費羊皮母亡家貧無以葬賣七歲子與同城人張回爲婢回轉賣於鄃縣民梁定之而不言良狀案盜律掠人掠賣人和賣人爲奴婢者死回故買羊皮女謀以轉賣依律處絞刑詔曰律稱和賣人者謂兩人詐取他財今羊皮賣女告回稱良張回利賤知良公買誠於律俱乖而兩各非詐此女雖父賣爲婢體本是良回轉賣之日應有遲疑而賣者既以有罪買者不得不坐但賣者以天性難奪支屬易遺尊卑不同故罪有異買者知良故買又於彼無親若買同賣者卽理不可何者賣五服內親屬在尊長者死此亦非掠從其眞買暨於致罪刑死大殊明知買者之坐自應一例不得全如鈞議云買者之罪不過賣者之咎也且買者於彼無天性支屬之義何故得有差等之理又案別條知人掠盜之物而故買者以隨從論依此律文知人掠良從其宜買罪止於流然其親屬相賣坐殊凡掠至於買者亦宜不等若處同流坐於法爲深準律斟降合刑五歲至如買者知是良人決便眞賣不語前人得之由緒前人謂眞奴婢更或轉賣因此流洞罔知所在家人追贖求訪無處永沈賤隸無復良期案其罪狀與掠無異且法嚴而姦易息政寬而民多犯水火之喩先典明文今謂買人親屬而復決賣不告前人良狀

由緒處同掠罪太保高陽王雍議曰州處張回專引盜律檢回所犯本非和掠保證明然去盜遠矣今引以盜律之條處以和掠之罪原情究律實爲乖當如臣鈞之議知買掠良人者本無罪文何以言之羣盜彊盜無首從皆同和掠之罪故應不異明此自無正條引類以結罪臣鴻以轉賣流漂罪與掠等可謂罪人斯得案賊律云謀殺人而發覺者流從者五歲刑已傷及殺而還蘇者死從者流已殺者斬從而加功者死不加者流詳沈賊之與身死流漂之與腐骨一存一亡爲害孰甚然賊律殺人者有首從之科盜人賣買無唱和差等謀殺之與和掠同是良人應爲準例所以不引殺人減之降從彊盜之一科縱令謀殺之與彊盜俱得爲例而似從輕其義安在又云知人掠盜之物而故買者以隨從論此明禁暴掠之原遏姦盜之本非謂市之於親尊之手而同之於盜掠之刑竊謂五服相賣俱是良人所以容有差等之罪者明去掠盜理遠故從親疏爲差級尊卑爲輕重依律諸共犯罪皆以發意爲首明賣買之元有由魁末之坐宜定若羊皮不云賣則回無買心則羊皮爲元首張回爲從坐首有沾刑之科從有極默之戾推之憲律法刑無據買者之罪宜各從賣者之坐又詳臣鴻之議有從他親屬買得良人而復眞賣不語後人由狀者處同掠罪既一爲婢賣與不賣俱非良人何必以不賣爲可原轉賣爲難恕張回之愆宜鞭一百賣子葬親孝誠可美而表賞之議未聞刑法之科已降恐非敦風厲俗以德導民之謂請免羊皮之罪公酬賣直詔曰羊皮賣女葬母孝誠可嘉便可特原張回雖買之於父不應轉賣可刑五歲（刑罰志　通典一百六十七後魏宣武帝景明中冀州人費羌皮母亡家貧無以葬賣七歲女子與張迴爲婢迴轉賣與梁之定而不言狀按律掠人和賣爲奴婢

者死迴故買羌皮女謀以轉賣依律處絞刑詔曰律稱和買人者死謂兩人詐取他財也羌皮賣女告迴稱良張迴利賤知良公買誠於律俱乖而各非詐然迴轉賣之日應有遲疑而決從眞賣於情固可處絞刑三公郎中崔鴻議曰按律賣子一歲刑五服內親屬在尊長者死賣周親及妾與子婦者流蓋天性難奪支屬易遺又尊卑不同故殊以死刑且買者於彼無天性支屬罪應一例明知是良決便眞賣因此流漂家人不知追贖無跡永沈賤隸按其罪狀與掠無異太保高陽王雍議曰檢迴所買保證明然處以和掠實爲乖當律云謀殺人而發覺者流已殺者斬從而加功者死不加功者流詳沈賤之與身死流漂之與腐骨一存一亡爲害孰甚然賊律殺人有首從之分盜人賣買無唱和差等謀殺之與和掠同是良人應爲准例所以不引殺人減之降從強盜之一科縱令謀殺之與強盜俱得爲例而以從輕其義安在又云知人掠盜之物而故買者以隨從論此明禁暴掠之源遏姦盜之本非謂買之於尊親之手而同之於盜掠之僭竊謂五服相賣俱是良人所以容有差等之罪者明去掠盜理遠故從親疏爲差級尊卑爲輕重依律諸共犯罪者皆以發意爲首明買賣之先有由魁末之坐宜定若羌皮不云賣則回無買心則羌皮爲首回爲從可也且既一爲婢賣與不賣俱非良人何必以不賣爲可原轉鬻爲難恕張迴之僭宜鞭一百賣子葬親誠孝可美而表賞之議未加刑罰之科已及恐非敦風化之謂詔曰羌皮賣女葬母孝誠可嘉便可特原張迴雖買之於父母不應轉賣可刑五歲）

獄已成及決竟經所綰而疑有姦欺不直於法及訴冤枉者得攝訊覆治之（刑罰志引律）

其年六月兼廷尉卿元志監王靖等上言檢除名之例依律文獄成謂處罪案成者寺謂犯罪遷彈後使覆檢鞫證定刑罪狀彰露案署分兩獄理是成若使案雖成雖已申省事下廷尉或寺以情狀未盡或邀駕撾鼓或門下立疑更付別使者可從未成之條其家人陳訴信其專辭而阻成斷便是曲遂於私有乖公體何者五詐既窮六備已立僥倖之輩更起異端進求延罪於漏刻退希不測之恩宥辨以惑正曲以亂直長民姦於下隳國法於上竊所未安大理正崔纂評楊機丞甲休律博士劉安元以爲律文獄已成及決竟經所綰而疑有姦欺不直於法及訴冤枉者得攝訊覆治之檢使處罪者雖已案成御史風彈以痛誣伏或拷不承引依證而科或有私嫌彊逼成罪家人訴枉辭案相背刑憲不輕理須訊鞫既爲公正豈疑於私如謂規不測之澤抑絕訟端則枉滯之徒終無申理若從其案成便乖覆治之律然未判經赦及覆治理狀眞僞未分承前以來如此例皆得復職愚謂經奏遇赦及已覆治得爲獄成尚書李韶奏使雖結案處上廷尉解送至省及家人訴枉尚書納辭連解下鞫未檢遇宥者不得爲案成之獄推之情理謂崔纂等議爲允詔從之（刑罰志）

諸逃亡赦書斷限之後不自歸首者復罪如初（刑罰志引法例律）

謀反大逆梟首（刑罰志引賊律）

八十已上八歲已下殺傷論坐者上請（刑法志引法例律）

熙平中有冀州妖賊延陵王買負罪逃亡赦書斷限之後不自歸首廷尉卿裴延儁上言法例律諸逃亡赦書斷限

之後不自歸首者復罪如初依賊律謀反大逆處置梟首其延陵法權等所謂月光童子劉景暉者妖言惑衆事在赦後（闕）合死坐正崔纂以爲景暉云能變爲蛇雉此乃傍人之言雖殺暉爲無理恐赦暉復惑衆是以依違不敢專執當今不諱之朝不應行無罪之戮景暉九歲小兒口尙乳臭舉動云爲幷不關己月光之稱不出其口皆姦吏無端橫生粉墨所謂爲之者巧殺之者能若以妖言惑衆據律應死然更不破（闕）惑衆赦令之後方顯其律令之外更求其罪赦律何以取信於天下天下焉得不疑於赦律乎書曰與殺無辜寧失有罪又案法例律八十已上八歲已下殺傷論坐者上請議者謂悼耄之罪不用此律愚以老智如尙父少惠如甘羅此非常之士可如其議景暉愚小自依凡律靈太后令曰景暉既經恩宥何得議加橫罪可謫略陽民餘如奏（刑罰志）

諸犯死罪若祖父母父母年七十已上無成人子孫旁無期親者具狀上請流者鞭笞留養其親終則從流不在原赦之列（刑罰志引法例律）

時司州表河東郡民李憐生行毒藥案以死坐其母訴稱一身年老更無期親例合上請檢籍不謬未及判申憐母身喪州斷三年服終後乃行決司徒曹參軍許琰謂州判爲允主簿李瑒駁曰案法例律諸犯死罪若祖父母父母年七十已上無成人子孫旁無期親者具狀上請流者鞭笞留養其親終則從流不在原赦之例檢上請之言非應府州所決毒殺人者斬妻子流計其所犯實重餘憲準之情律所虧不淺且憐既懷酖毒之心謂不可參隣人任計其母在猶宜闔門投畀況今死也引以三年之禮乎且給假殯葬足示仁寬今已卒哭不合更延可依法處斬流其

妻子實足誡彼氓庶蕭是刑章尚書蕭寶夤奏從瑒執詔從之（刑罰志）

祖父母父母忿怒以兵刃殺子孫者五歲刑毆殺者四歲刑若心有愛憎而故殺者各加一等（刑罰志引鬬律）

神龜中蘭陵公主駙馬都尉劉輝坐與河陰縣民張智壽妹容妃陳慶和妹慧猛姦亂耽惑毆主傷胎輝懼罪逃亡門下處奏各入死刑智壽慶和幷以知情不加防限處以流坐詔曰容妃慧猛恕死髠鞭付宮餘如奏尚書三公郎中崔纂執曰伏見旨募若獲劉輝者職人賞二階白民聽出身進一階厮役免役奴婢爲良案輝無叛逆之罪賞同反人劉宣明之格又尋門下處奏以容妃慧猛與輝私姦兩情耽惑令輝挾忿毆主傷胎雖律無正條罪合極法幷處入死其智壽等二家配敦煌爲兵天慈廣被不卽施行雖恕其命竊謂未可夫律令高皇帝所以治天下不爲喜怒增減不由親疏改易案鬬律祖父母父母忿怒以兵刃殺子孫者五歲刑毆殺者四歲刑若心有愛憎而故殺者各加一等雖王姬下降貴殊常妻然人婦之孕不得非一夕生永平四年先朝舊格諸刑流及死皆首罪判官後決從者事必因本以求支獄若以輝逃避便應懸處未有捨其首罪而成其末從流死參差或時未允門下中禁大臣職在敷奏昔邴吉爲相不存鬬斃而問牛喘豈不以司別故也案容妃等罪止於姦私若擒之穢席衆證分明卽律科處不越刑坐何得同宮掖之罪齊奚官之（闕）案智壽口訴妹適司士曹參軍羅顯貴已生二女於其夫則他家之母禮云婦人不二夫猶曰不二天若私門失度罪在於夫釁非兄弟昔魏晉未除五族之刑有免子戮母之坐何曾諍之謂在室之女從父母之刑已醮之婦從夫家之刑斯乃不刊之令軌古今之通議律期親相隱之謂凡罪

況姦私之醜豈得以同氣相證論刑過其所犯語情又乖律憲案律姦罪無相緣之坐不可借輝之忿加兄弟之刑夫刑人於市與衆棄之爵人於朝與衆共之明不私於天下無欺於耳目何得以非正刑書施行四海刑名一失駟馬不追旣有詔旨依即行下非律之案理宜更請尙書元修議以爲昔哀姜悖禮於魯齊侯取而殺之春秋所譏又夏姬罪濫於陳國但責徵舒而不非父母明婦人外成犯禮之愆無關本屬況出適之妹釁及兄弟乎右僕射游肇奏言臣等謬參樞轄獻替是司門下出納謨明常則至於無良犯法職有司存劾罪結案本非其事容犯等姦狀罪止於刑並處極法準律未當出適之女坐及其兄推據典憲理實爲猛又輝雖逃刑罪非孥戮募同大逆亦謂加重乖律之案理宜陳請乞付有司重更詳議詔曰輝悖法者之罪不可縱厚賞懸募必望擒獲容妃慧猛與輝私亂因此耽惑主致非常此而不誅將何懲肅且已醮之女不應坐及昆弟但智壽慶和知妹姦情初不防禦招引劉輝共成淫醜敗風穢化理深其罰特敕門下結獄不拘恆司豈得一同常例以爲通準且古有詔獄寧復一歸大理而尙書治本納言所屬弗究悖理之深淺不詳損化之多少違彼義途苟存執憲殊乖任寄深合罪責崔纂可免郎都坐尙書悉奪祿一時（刑罰志）

公私劫盜流刑（刑罰志引律）

謀反之家其子孫雖養他族追還就戮其爲劫賊應誅者兄弟子姪在遠道隔關津皆不坐（源賀傳引律）

諸告事不實以其罪罪之（韓熙傳引律）

臨軍征討而故留不赴者死軍還先歸者流（崔亮傳引律）

李平部分諸軍將水陸兼進亮違平節度以疾請還隨表而發平表曰按律臨軍征討而故留不赴者死又云軍還先歸者流軍罷先還尙有流坐況亮被符令停委棄而反失乘勝之機闕水陸之會緣情據理咎深故留今處亮死（崔亮傳）

在邊合率部衆不滿百人以下斬（裴植傳引律）

詐稱制者死（裴植傳引詐僞律）

造謗書者皆及孥戮（陳奇傳引律）

子孫告父母祖父母者死（竇瑗傳引律）

邂逅不坐（侯剛傳引律）

後剛坐掠殺試射羽林爲御史中尉元匡所彈廷尉處剛大辟尙書令任城王澄爲之言於靈太后侯剛歷仕前朝事有可取纖芥之疵未宜便致於法靈太后乃引見廷尉卿裴延儁少卿袁飜於宣光殿問曰剛因公事掠人邂逅致死律文不坐卿處其大辟竟何所依飜對曰按律邂逅不坐者情理已露而隱避不引必須箠撻取其款言謂撾撻以理之類至於此人問則具首正宜依犯結案不應橫加箠朴兼剛口唱打殺搥築非理本有殺心事非邂逅處之大辟未乖憲典（侯剛傳）

惑衆（清河王懌傳引律　懌表諫曰臣聞律深惑衆之科）

對捍詔使無人臣之禮大不敬者死（北史宋繇傳引律）

造謗書皆及孥戮（北史儒林傳引律）

緣坐配沒爲工樂雜戶者皆用赤紙爲籍其卷以鉛爲軸（左傳襄二十三年疏引魏律　又見攬茝微言）

魏刑名

按後魏刑名魏書刑罰志不載惟志於世祖高祖定律屢稱五刑若干是後魏刑名原分五等據世宗紀正始元年六月錄京師見囚殊死已下皆減一等鞭杖之坐悉皆原之孝莊紀建義二年四月曲赦畿內死罪至流人減一等徒刑以下悉免高閭傳自鞭杖已上至於死罪皆謂之刑是後魏刑名以流徒次死刑之下又以鞭杖次流徒之下考隋志北齊刑名有五一曰死二曰流刑三曰刑罪卽耐罪四曰鞭五曰杖後周刑名一曰杖刑五二曰鞭刑五三曰徒刑五四曰流刑五五曰死刑五周齊刑制大抵本後魏之制而增損之則後魏刑名爲死流徒鞭杖之五益無可疑云

死刑

按魏書刑罰志神䴥中崔浩定律分大辟爲二科死斬死入絞大逆不道腰斬害其親者轘之是死刑原分四等（唐六典注崔浩定刑名大辟有轘腰斬殊死棄市四等）高祖太和三年改律重者止梟首據高祖紀太和元年

秋七月定三等死刑所謂三等者蓋卽梟首斬絞隋志載北齊死刑重者轘之其次梟首次斬刑殊身首次絞刑死而不殊北周死刑亦有絞斬梟首皆沿魏制蓋後魏死刑世祖時分四等高祖時分三等世宗改律於死刑更無明文然據劉凱傳天平中凱遂遣奴害公主乃轘凱於東市妻梟首事在世宗定律以後是轘刑仍未盡廢惟腰斬之制傳不經見意者自高祖改律而後遂不再用此制歟（刑罰志太和元年司徒元丕等奏大逆及賊各棄市袒斬此卽大逆不用腰斬之明證）

轘

生擒準詔以儒肉食準傳送京師轘之於市夷其族（長孫肥傳）

按據此知太祖已用轘刑蓋襲慕容垂之制

時雁門人有害母者八座奏轘之而瀦其室（邢虬傳）

梟首

又疎凡不達律令見律有梟首之罪乃生斷兵手以水澆之然後斬決（宋弁傳）

梟斬首惡餘從疑赦（王叡傳）

祉便斬隊副楊明達梟首路側（羊祉傳）

斬

州表斬盜馬人於律過重（趙郡王幹傳）

世祖知爲斤所誣遣宜陽公伏樹覆按虛實得數十事遂斬斤以徇（王建傳）

絞

以不道處死絞刑（定安王傳）

就市絞刑（奚康生傳）

處康生斬刑難處絞刑（同上）

故事斬者皆裸形伏質（按此本漢制詳漢律考）入死者絞雖有律未之行也太和元年詔曰刑法所以禁暴息姦絕其命不在裸形其參詳舊典務從寬仁司徒元丕等奏言聖心垂仁恕之惠使受戮者免裸骸之恥普天盛德莫不幸甚臣等謹議大逆及賊各棄市袒斬盜及吏受賕各絞刑踣諸甸師又詔曰今犯法至死同入斬刑去衣裸體男女媟見豈齊之以法示之以禮者也今具爲之制（刑罰志）

流刑

有司以孚事下廷尉處孚流罪（太武五王列傳）

自今以後犯罪不問輕重而藏竄者悉遠流（源賀傳）

高祖詔特恕其父死罪以從遠流（長孫慮傳）

恕死從流（奚康生傳）

按隋志北齊流刑鞭笞各一百髡之投於邊裔後周流刑五亦各加鞭笞後魏流刑有無附加鞭笞史無明文據劉輝傳兄弟皆從鞭刑徙配敦煌爲兵趙脩傳脩雖小人承侍在昔極辟之奏欲加未忍可鞭之一百徙敦煌爲兵薛野賭傳張攀及子僧保鞭一百配敦煌是流徙例應加鞭刑罰志引法例律諸犯死罪若祖父母父母年七十以上無成人子孫旁無期親者具狀上請流者鞭笞留養其親云云是處流者例加鞭笞惟留養其親者免其遠流故僅與鞭笞也李崇傳定州流人解慶賓兄弟坐事俱徙揚州弟思安背役亡歸慶賓懼後役追責乃認城外死尸詐稱其弟爲人所殺又有女巫楊氏自云見鬼說思安被害之苦數日之間思安爲人縛送崇召女巫視之鞭笞一百疑後魏流刑未有道里之差加鞭笞各一百與北齊同

徒刑

按徒刑亦稱年刑刑罰志引獄官令諸犯年刑以上是也魏凡數次改定律令其刑名亦必時有更改今不可考

天錫元年五月置山東諸冶發州郡徒讁造甲兵（太祖紀）

按據此知道武帝時已有徒刑也

太和十六年五月癸未詔羣臣於皇信堂更定律條流徙限制帝親臨決之（高祖紀）

按據此知高祖改律其刑名仍沿流徒之稱也

不實不忠實合貶黜謹依律科徒（甄琛傳）

按隋志北齊耐罪有五歲四歲三歲二歲一歲之差凡五等各加鞭一百其五歲以下又加笞惟一歲無笞皆不髡後周徒刑五自一年至五年亦各加鞭笞後魏徒刑有無加髡與鞭笞無考據李訢傳應死以糾李敷兄弟故得降免百鞭髡刑配爲厮役是魏徒刑必加髡如晉律髡鉗五歲刑笞二百之例且又例應加鞭也劉輝傳初輝又私淫張陳二氏女公主遂與輝復致忿爭輝推主墮床主遂傷胎靈太后召清河王懌決其事二家女髡笞付宮是髡刑又得加笞也然其鞭與笞之數則皆不可考

又案刑罰志神䴥中除五歲四歲刑增一年刑是世祖定律徒刑僅三等然據楊椿傳有依律處刑五歲之文事在世宗改律以後是徒刑仍用五等之制也

五歲刑

在州爲廷尉奏椿前爲太僕卿日招引細人盜種牧田三百四十頃依律處刑五歲尚書邢巒據正始別格奏椿罪應除名爲庶人注籍盜門同籍合門不仕世宗以新律旣班不宜雜用舊制詔依寺斷聽以贖論（楊椿傳）

按據此知後魏徒刑許贖刑罰志世祖定律當刑者贖考北齊後周五刑均許贖罪魏制當同不獨徒刑也隋志贖罪舊以金北齊代以中絹是魏贖罪仍用金惟斤兩之數則不可考（孔穎達尚書正義漢及後魏贖罪皆用黃金後魏以金難得合金一兩收絹十四）

四歲刑

三歲刑

尙書僕射李沖奏祐散逸淮徐無事稽命處刑三歲以贖論（高祐傳）

二歲刑

一歲刑

鞭刑

龍虎罪亦不合刑忽忽之失宜科鞭五十（禮志）

時有南方沙門惠度以事被責未幾暴亡芳因緣聞知文明太后召入禁中鞭之一百（劉芳傳）

雍表請王公以下賤妾悉不聽用織成錦繡金玉珠璣違者以違旨論奴婢悉不得衣綾綺纈止於縵繒而已奴則布服幷不得以金銀爲釵帶犯者鞭一百太后從之而不能久行也（高陽王雍傳）

沛郡太守邵安下邳太守張攀咸以貪惏獲罪各遣子弟詣闕告刺史虎子縱民通賊妄稱無端安宜賜死攀及子僧保鞭一百配敦煌安息他生鞭一百可集州官兵民宣告行決（薛野賭傳）

按隋志載北齊鞭有一百八十六十五十四十五等後周鞭刑五自六十至於百魏鞭刑等無考據高陽王雍薛野賭劉芳諸傳及禮志可考者僅一百五十兩種疑制當與北齊同神䴥中詔當刑者贖貧則加鞭二百此因貧

不能贖乃加鞭非常例（北史尉古眞傳皮子賤坐決鞭二百）

又按鞭者鞭背甄琛傳趙脩小人背如土牛殊耐鞭杖是也魏時刑罰濫酷鞭杖之數雖有定律而科處者率意爲輕重趙脩傳是日脩詣領軍旨決百鞭其實三百脩素肥壯腰背博碩堪忍楚毒了不轉動鞭訖卽召驛馬促之令發出城西門不自勝舉縛置鞍中急驅馳之其母妻追隨不得與語行八十里乃死名決百鞭而實三百其酷如此

杖刑

魏初法嚴朝士多見杖罰（高允傳）

幹悠然不以爲意彪乃表彈之高祖省之忿惋乃親數其過杖之一百免所居官以王還第（趙郡王幹傳）

高宗以建貪暴懦弱遣使就州罰杖五十（陳建傳）

初壽興爲中庶子時王顯在東宮賤因公事壽興杖之三十（昭成子孫列傳）

彝敷政隴右多所制立諸有罪咎者隨其輕重謫爲土木之功無復鞭杖之罰（張彝傳）

縣令有罪遂自杖三十（北史長孫檢傳）

按隋志載北齊杖有三十二十十三等後周杖刑五自十至五十今以魏書考之杖有至五十或一百者如陳建及趙郡王幹傳然皆出於特旨殆非常例據任城王傳請取諸職人及司州郡縣犯十杖已上百鞭已下收贖之

物絹一匹輸塼二百以漸脩造詔從之太傅淸河王懌表奏其事遂寢不行所云十杖已上百鞭已下其制殆與北齊同刑罰志載理官鞫囚杖限五十此則訊囚之杖限於五十又不在杖刑之數也

魏五族三族門誅之制

太平眞君五年正月詔曰今制自王公已下至於卿士其子息皆詣大學其百工伎巧騶卒子息當習其父兄所業不聽私立學校違者師身死主人門誅（世祖紀）

延興四年六月詔曰朕應曆數開一之期屬千載光熙之運雖仰嚴誨猶懼德化不寬至有門房之誅然下民兇戾不顧親戚一人爲惡殃及合門朕爲民父母深所愍悼自今以後非謀反大逆干紀外奔罪止其身而已（高祖紀）

延興四年詔自非大逆干紀者皆止其身罷門房之誅自獄付中書覆案後頗上下法遂罷之（刑罰志）

太和五年詔曰法秀妖詐亂常妄說符瑞蘭臺御史張求等一百餘人招結奴隸謀爲大逆有司科以族誅誠合刑憲且矜愚重命猶所弗忍其五族者降止同祖三族止一門門誅止身（高祖紀）

太祖平中山收議害觚者傅高霸程同等皆夷五族以大刃剉殺之（昭成子孫列傳）

按據此知五族之制始於太祖也

勅允爲詔自浩已下僮吏已上百二十八人皆夷五族（高允傳）

以臣赤心慺慺之見宜梟諸兩觀洿其廬舍賸合斲棺析骸沈其五族（韓熙傳）

共爲飛書誣謗朝政事發有司執憲刑及五族高祖以昭太后故景止一門（閭毗傳）

高宗立誅愛周等皆具五刑夷三族（宗愛傳）

隆超與元業等兄弟並以謀逆伏誅有司奏處孥戮詔以丕應連坐但以先許不死之詔聽免死仍爲太原百姓（神元平文諸帝子孫列傳）

搜嵩家果得讖書潔與南康公狄隣及嵩等皆夷三族（北史劉潔傳）

魏宮刑

霸年幼見執因被宮刑（段霸傳）

二家女髡笞付宮（劉輝傳）

父雅州秀才與沙門法秀謀反伏誅季坐腐刑（平季傳）

宗之被執入京充腐刑（張宗之傳）

太和中坐事腐刑（賈粲傳）

其家坐事幼下蠶室（王質傳）

按魏宮刑多用於謀反大逆之子孫蓋絕其後裔較門誅爲減等

西魏文帝大統十三年二月詔自今應宮刑者直沒官勿刑（册府元龜）

魏恕死徙邊之制

眞君五年命恭宗總百揆監國少傅游雅上疏曰帝王之於罪人非怒而誅之欲其從善而懲惡謫徙之苦其懲亦深自非大逆正刑皆可從徙雖舉家投遠忻喜赴路力役終身不敢言苦且遠流分離心或思善如此姦邪可息邊陲足備恭宗善其言然未之行（刑罰志）

高宗和平末冀州刺史源賀上言自非大逆手殺人者請原其命謫守邊戍詔從之（同上）

臣愚以爲自非大逆赤手殺人之罪其坐賊及盜與過誤之愆應入死者皆可原命謫守邊境高宗納之已後入死者皆恕死徙邊（源賀傳）

按自源賀上書而後非大逆手殺人之罪多恕徙邊垂爲定制終魏世不易

帝（高祖）哀矜庶獄至於奏讞率從降恕全命徙邊歲以千計（刑罰志）

延興二年三月庚午連川勑勒謀叛徙配靑徐齊兗四州爲營戶秋九月己酉詔流迸之民皆令還本違者配徙邊鎭十二月庚戌詔以代郡事同豐沛代民先配邊戍者皆免之（高祖紀）

太和二十一年十二月丁卯詔流徙之囚皆勿決遣有登城之際令其先鋒自效（同上）

太后從子都統僧敬謀殺乂復奉太后臨朝事不克僧敬坐徙邊（皇后列傳）

其後妻二子聽隨隆超母弟及餘庶兄弟皆徙敦煌（神元平文諸帝子孫列傳）

後以罪徙邊（奚斤傳）

詔案驗咸獲贓罪洛侯目辰等皆致大辟提坐徙邊（于栗磾傳）

時以犯罪配邊者多有逃越遂立重制一人犯罪逋亡合門充役挺上書以爲周書父子罪不相及天下善人少惡人多以一人犯罪延及合門司馬牛受桓魋之罰柳下惠嬰盜跖之誅豈不哀哉高祖納之（崔挺傳）

禁錮

諸有虛增官號爲人發糺罪從軍法若入格檢覆無名者退爲平民終身禁錮（後廢帝紀）

削除封爵以庶人歸第禁錮終身（南安王傳）

詔曰顥平志行輕疎每乖憲典可還於別館依前禁錮久之解禁還家（定安王傳）

正光中普釋禁錮故復爵（崔玄伯傳）

承祖坐贓應死高祖原之削職禁錮在家（符承祖傳）

除名

正始四年八月中山王英齊王蕭寶夤坐鍾離敗退幷除名爲民（世宗紀）

永平三年江陽王繼坐事除名（同上）

𨻳世景除名（宋𨻳傳）

其年（延昌二年）秋符璽郎中高賢弟員外散騎侍郎仲賢叔司徒府主簿六珍等坐弟季賢同元愉逆除名爲民會赦之後被旨勿論尚書邢巒奏案季賢既受逆官爲其傳檄規扇幽瀛遘茲禍亂據律準犯罪當孥戮兄叔坐法法有明典賴蒙大宥身命獲全除名還民於其爲幸然反逆坐重故支屬相及體既相及事同一科豈有赦前皆從流斬之罪赦後獨除反者之身又緣坐之罪不得以職除流且貨賕小愆寇盜微戾贓狀露驗者會赦猶除其名何有罪極裂冠毀均毀冕父子齊刑兄弟共罰赦前同斬從流赦後有復官之理依律則罪合孥戮準赦則例皆除名古人議無將之罪者毀其室洿其宮絕其蹤滅其類其宅猶棄而況人乎請依律處除名爲民詔曰死者既在赦前又員外非在正侍之限便可悉聽復仕（刑罰志）

籍沒

天平元年八月甲寅齊神武帝入洛陽收元士弼殺之籍沒家口（北齊書神武帝本紀）

魏用大枷

時法官及州郡縣不能以情折獄乃爲重枷大幾圍復以緪石懸於囚頸傷內至骨更壯卒迭搏之囚率不堪因以誣服吏持此以爲能帝聞而傷之乃制非大逆有明證而不款辟者不得大枷（刑罰志）

永平元年秋七月詔尚書檢枷杖大小違制之由科其罪失尚書令高肇等奏曰檢杖之小大鞭之長短令有定式但枷之輕重先無成制臣等參量造大枷長一丈三尺喉下長一丈通頰木各方五寸以擬大逆外叛杻械以掌流刑已

上諸臺寺州郡大枷請悉焚之枷本掌囚非拷訊所用從令斷獄皆依令盡聽訊之理量人彊弱加之拷掠不聽非法拷人兼以拷石自是枷杖之制頗有定準未幾獄官肆虐稍復重大（同上）

永平元年七月詔曰察獄以情審之五聽枷杖小大各宜定準然比廷尉司州河南洛陽河陰及諸獄官鞫訊之理未盡矜恕掠拷之苦每多切酷非所以祗憲量衷愼刑重命者也推濫究枉良軫於懷可付尙書精檢枷杖違制之由斷罪聞奏（世宗紀）

縣舊有大枷時人號曰彌尾靑及飜爲縣主吏請焚之飜曰且置南牆下以待豪家未幾有內監楊小駒詣縣請事辭色不遜命取尾靑以鎭之旣免入訴於世宗世宗大怒勅河南尹雜治其罪（宋飜傳）

飜子游道被禁獄吏欲爲脫枷游道不肯曰此令公命所著不可輒脫文襄聞而免之（北史宋飜傳）

魏刑罰濫酷

史臣曰魏氏之有天下百餘年中任刑爲治蹉跌之間便至夷滅（魏書卷四十六）

太祖不豫綱紀褫頓刑罰頗爲濫酷（刑罰志）

後魏起自北方屬晉室之亂部落漸盛其主乃峻刑法每以軍令從事人乘寬政多以違令得罪死者以萬計（通典一百六十四）

正平元年詔曰刑網大密犯者更衆朕甚愍之（刑罰志）

高宗增置內外候官伺察諸曹外部州鎭至有微服雜亂於府寺間以求百官疵失其所窮治有司苦加訊測而多相誣逮輒劾以不敬諸司官贓二丈皆斬(同上)

高宗即位是時斷獄多濫(源賀傳)

孝昌已後天下淆亂法令不恆或寬或猛及爾朱擅權輕重肆意在官者多以深酷爲能至遷鄴京畿羣盜頗起有司奏立嚴制諸强盜殺人者首從皆斬妻子同籍配爲樂戶其不殺人及贓不滿五匹魁首斬從者死妻子亦爲樂戶小盜贓滿十匹已上魁首死妻子配驛從者流侍中孫騰上言謹詳法若畫一理尙不二不可喜怒由情而致輕重案律公私刼盜罪止流刑而比執事苦違好爲穿鑿律令之外更立餘條通相糺之路班捉獲之賞斯乃刑書徒設獄訟更煩法令滋彰盜賊多有非所謂不嚴而治遵守典故者矣臣以爲升平之美義在省刑陵遲之弊必由峻法是以漢約三章天下歸德秦酷五刑率土瓦解禮訓君子律禁小人舉罪定名國有常辟至如眚災肆赦怙終賊刑經典垂言國朝成範隨時所用各有司存不宜巨細滋煩令民豫備恐防之彌堅攻之彌甚請諸犯盜之人悉准律令以明恆憲庶使刑殺折衷不得棄本從末詔從之(刑罰志)

自太和以來多坐盜棄市而遠近肅淸由此言之止姦在於防檢不在嚴刑也今州郡牧守邀當時之名行一切之法臺閣百官亦咸以深酷爲無私以仁恕爲容盜迭相敦厲遂成風俗(韓顯宗傳)

後魏律考 下

八議

先是皇族有譴皆不持訊時有宗士元顯富犯罪須鞫宗正約以舊制尚書李平奏以帝宗磐固周布於天下其屬籍疏遠蔭官卑末無良犯憲理須推究請立限斷以爲定式詔曰雲來綿遠繁衍世滋植籍宗氏而不爲善量亦多矣先朝既無不訊之格而空相矯恃以長違暴諸在議請之外悉依常法（刑罰志）

國家議親之律指取天子之玄孫（禮志四之二）

律云議親者非惟當世之屬親歷謂先帝之五世（景穆十二王傳）

丕子超生車駕親幸其第特加賞賜詔賜丕入八議傳示子孫（神元平文諸帝子孫列傳）

三年春詔叡與東陽王丕同入八議永受復除（王叡傳）

處植死刑又植親率城衆附從王化依律上議惟恩裁處詔曰凶謀既爾罪不合恕雖有歸化之誠無容上議亦不須待秋分也（裴植傳）

按此條爲八議中之議功不須待秋分者疑當時死刑亦有立決與秋後處決之別也

廷尉處以死刑詔付八議特加原宥削爵除官（北史景穆十二王列傳）

子與弟並爲上賓入八議（北史閭大肥傳）
既克中山聽入八議（北史張袞傳）

老小廢疾

太和十二年正月詔曰鎭戍流徙之人年滿七十孤單窮獨雖有妻妾而無子孫諸如此等聽解名還本諸犯死刑者父母祖父母年老更無成人子孫旁無期親者具狀以聞（高祖紀）
十二年詔犯死罪若父母祖父母年老更無成人子孫又無期親者仰案後列奏以待報著之令格（刑罰志）
太和十八年八月詔諸北城人年滿七十以上及廢疾之徒校其元犯以準新律事當從坐者聽一身還鄉又令一子扶養終命之後乃遣歸邊自餘之處如此之犯年八十以上皆聽還（高祖紀）
若年十三已下家人首惡計謀所不及愚以爲可原其命沒入縣官高宗納之（源賀傳）
源賀奏謀反之家男子十三以下本不預謀者宜免罪沒官從之（通鑑綱目）

公罪

太宗以同雖專命而本在爲公意無不善釋之（安同傳）

出入人罪

而忠等徵罪唯以厥身不至孥戮又出罪人窮治不盡按律準憲事在不輕（于栗磾傳）

不道

太和七年十有二月詔曰淳風行於上古禮化用於近葉是以夏殷不嫌一族之婚周世始絕同姓之娶皇運初基未遑釐改自今悉禁絕之有犯以不道論（高祖紀）

坐裸其妻王氏於其男女之前又強姦妻妹於妻母之側御史中丞侯剛案以不道處死（定安王傳）

不忠不道深暴民聽（侯剛傳）

事下有司司空伊馛等以宗之腹心近臣出居方伯不能宣揚本朝盡心綏導而侵損齊民枉殺良善妄列無辜上塵朝廷誣詐不道理合極刑太安二年冬遂斬於都南（許彥傳）

按漢律不道無正法最易比附以不道伏誅者無慮數十百人俱見漢書各紀傳魏晉以來漸革此弊元魏定律多沿漢制此亦其一端也

不孝

其妻無子而不娶妾斯則自絕無以血食祖父請科不孝之罪（太武五王列傳）

貝丘民列子不孝吏欲案之（列女崔氏傳）

大不敬　不敬

不以實聞者以大不敬論（顯祖紀）

普泰元年詔天下有德孝仁賢忠義忠信者可以禮召赴闕不應召者以不敬論（前廢帝紀）

元匡復欲與棺諫諍尚書令任城王澄劾匡大不敬詔恕死爲民（辛雄傳）

按此亦沿用漢律

誣罔

白蘭王吐谷渾翼世以誣罔伏誅（高祖紀）

和平六年九月詔曰先朝以州牧親民宜置良佐故勅有司班九條之制使前政選吏以待俊乂必謂銓衡允衷朝綱應敍然牧司寬惰不祇憲旨舉非其人愆於典度今制刺史守宰到官之日仰自舉民望忠信以爲選官不聽前政共相干冒若簡任失所以罔上論（顯祖紀）

具問守宰苛虐之狀於州郡使者秀孝計掾而對多不實甚乖朕虛求之意宜案以大辟明罔上必誅（高祖紀）

附下罔上事彰幽顯莫大之罪（侯剛傳）

按誣罔附下罔上均本漢律詳見漢律考

誣告反坐

肇匡并禁尚書推窮其原付廷尉定罪詔曰可有司奏匡誣肇處匡死刑（景穆十三王傳）

維見乂寵勢日隆乃告司染都尉韓文殊父子欲謀逆立懌懌坐被錄禁中文殊父子懼而逃遁鞫無反狀以文殊亡

走懸處大辟置懌於宮西別館禁兵守之維應反坐乂言於太后將開將來告者之路乃黜爲燕州昌平郡守靈太后

反政尋追其前誣告淸河王事於鄴賜死（宋維傳）

漏泄

長子鴻天平三年坐漏泄賜死於家（韋閬傳）

誹謗呪詛

有誹謗呪詛之言與彌陁同誅（竇瑾傳）

口誤

顯祖卽位除口誤（刑罰志）

獻文以和平六年五月卽位除口誤律（册府元龜）

按唐律職制口誤減二等

違制

延興二年二月詔曰尼父稟達聖之姿體生知之量窮理盡性道光四海頃者淮徐未賓廟隔非所致令祠典寢頓禮

章殄滅遂使女巫妖覡淫進非禮殺生鼓舞倡優媟狎豈所以尊明神敬聖道者也自今已後有祭孔子廟制用酒脯

而已不聽男女合雜以祈非望之福犯者以違制論牧司之官明糾不法使禁令必行（高祖紀）

太和二年五月詔曰婚娉過禮則嫁娶有失時之弊厚葬送終則生者有糜費之苦聖王知其如此故申之以禮數約之以法禁迺者民漸奢尙婚葬越軌致貧富相高貴賤無別又皇族貴戚及士民之家不惟氏族高下與非類婚偶先帝親發明詔爲之科禁（高宗紀和平四年十有二月辛丑詔曰名位不同禮亦異數所以殊等級示軌儀今喪葬嫁娶大禮未備貴勢豪富越度奢靡非所謂式昭典憲者也有司可爲之條格使貴賤有章上下咸序著之於令壬寅詔曰夫婚姻者人道之始是以夫婦之義三綱之首禮之重者莫過於斯尊卑高下宜令區別然中代以來貴族之門多不率法或貪利財賄或因緣私好在於苟合無所選擇令貴賤不分巨細同貫塵穢淸化虧損人倫將何以宣示典謨垂之來裔今制皇族師傅王公侯伯及士民之家不得與百工伎巧卑姓爲婚犯者加罪）而百姓習常仍不肅改朕今憲章舊典祇案先制著之律令永爲定準犯者以違制論（同上）

枉法

和平四年詔曰今內外諸司州鎭守宰侵使兵民勞役非一自今擅有召役逼雇不程皆論同枉法（高宗紀）

又以濟陰王鬱枉法賜死之事遣使告禧因而誡之（咸陽王禧傳）

殺人

自正光以後四方多事民避賦役多爲僧尼至二百萬人寺三萬餘區至是始詔長吏擅立寺者計庸以枉法論（通鑑綱目）

熙平二年汝南王悅坐殺人免官（肅宗紀）

掠人

和平四年八月詔曰前以民遭饑寒不自存濟有賣鬻男女者盡仰還其家或因緣勢力或私行請託共相通容不時檢校令良家子息仍爲奴婢今仰精究不聽取贖有犯加罪若仍不檢還聽其父兄上訴以掠人論（高宗紀）

坐掠人爲奴婢爲御史中尉王顯所彈免（羊祉傳）

抑買良人爲婢

御史中尉王顯奏志在州日抑買良人爲婢會赦免（神元平文諸帝子孫列傳）

鑒在青州之日民飢餒爲家僮取民女爲婦妾又以良人爲婢爲御史所彈坐免官爵（昭成子孫列傳）

巒在漢中掠良人爲奴婢高肇助巒申釋故得不坐（邢巒傳）

竊盜

有賈人持金二十斤詣京師交易寄人停止每欲出行常自執管鑰無何緘閉不異而失之謂主人所竊郡縣訊問主人遂自誣服慶乃召問賈人曰卿鑰恆置何處對曰恆自帶之慶曰頗與人同宿乎曰無與人同飮乎曰日者曾與一沙門再度酣宴醉而晝寢慶曰彼沙門乃眞盜耳後捕得盡獲所失之金（周書柳慶傳）

盜牛

廣陵王元欣其甥孟氏屢爲匈横或有告其盜牛慶捕推得實令笞殺之（周書柳慶傳）

按唐律有盜官私牛馬殺據此知魏亦有此條

州鎭主將知容寇盜不糾

勅緣邊州鎭自今已後不聽境外寇盜犯者罪同境內若州鎭主將知容不糾坐之如律（世宗紀）

自告

有胡家被刼郡縣按察莫知賊所慶乃作匿名書多牓官門曰我等共刼胡家今欲首懼不免誅若聽先首免罪便欲來告慶乃復施免罪之牓居二日廣陽王欣家奴面縛自告因此推窮盡獲黨與（周書柳慶傳）

褒乃取盜名簿藏之因大牓州門曰自知行盜者可急來首卽除其罪盡今月不首者顯戮其身旬日之間諸盜咸悉首盡幷原其罪（周書韓褒傳）

按自告本漢律唐律有犯罪未發自首

吏民得舉告守令

神瑞元年冬十一月壬午詔守宰不如法聽民詣闕告言之（太宗紀）

太延三年夏五月己丑詔曰夫法之不用自上犯之其令天下吏民得舉告守令不如法者（世祖紀）

是後民官瀆貨帝思有以肅之太延三年詔天下吏民得舉告牧守之不法於是凡庶之凶悖者專求牧宰之失迫

脅在位取豪於閭閻而長吏咸降心以待之苟免而不恥貪婪猶自若也（刑罰志）
太安元年夏六月癸酉詔遣尚書穆伏眞等三十八巡行州郡觀察風俗其有阿枉不能自申聽詣使告狀使者檢治
若信清能衆所稱美誣告以求直反其罪使者受財斷察不平聽詣公車上訴（高宗紀）

諸監臨受財

顯祖詔諸監臨之官所監治受羊一口酒一斛者罪至大辟與者以從坐論（張袞傳）
按北史張袞傳白澤上表以爲此法若行之不已恐姦人窺望請依律令舊法是魏律原有監臨受財之條獻文特
加重之耳
在州受所部荊山戍主杜虞財貨又取官絹因染割易御史糾劾付廷尉（王憲傳）
翟黑子奉使幷州受布千匹事尋發覺（高允傳）

逼民假貸十匹以上死

民平二年正月詔曰刺史牧民爲萬里之表自頃每因發調逼民假貸大商富賈要射時利旬日之間增贏十倍上下
通同分以潤屋故編戶之家困於凍餒豪富之門日有兼積爲政之弊莫過於此其一切禁絕犯者十匹以上皆死布
告天下咸使知禁（高宗紀）

隱匿戶口

延興三年秋九月詔遣使十八循行州郡檢括戶口其有仍隱不出者州郡縣戶主并論如律（高祖紀）

太和十四年冬十有二月遣使與州郡宣行條制隱口漏丁卽聽附實若朋附豪勢陵抑孤弱罪有常刑（同上）

擅興事役

太宗以同擅徵發於外檻車徵還召羣官議其罪皆曰同擅興事役勞擾百姓宜窮治以肅來犯（安同傳）

詐取爵位

天安元年七月詔諸有詐取爵位罪特原之削其爵職其有祖父假爵號貨賕以正名者不聽繼襲諸非勞進超遷者亦各還初（顯祖紀）

征戍逃亡

皇興五年三月詔曰天安以來軍國多務南定徐方北掃遺虜征戍之人亡竄非一雖罪刑書每加哀宥然寬政猶水逋逃遂多宜申明典刑以肅姦僞自今諸有逃亡之兵及下代守宰浮游不赴者限六月三十日悉聽歸首不首者論如律（顯祖紀）

馬度關

子如以馬度關爲有司所奏（北史司馬子如傳）

按此疑亦沿用漢律

後期斬

爲都將從駕北討以後期與中山王辰等斬於都南（薛辯傳）

車駕南征徵兵秦雍大期秋季閱集洛陽道悅以使者治書御史薛聰侍御主文中散元志等稽違期會奏舉其罪（高道悅傳）

穿毀墳壠罪斬

歡（高歡）乃諭之曰今直西向已當死後軍期又當死（通鑑卷一百五十五）

太安四年十月北巡至陰山有故塚毀廢詔曰昔姬文葬枯骨天下歸仁自今有穿毀墳壠者斬之（高宗紀）

巫蠱

有怨謗之言其家人告巫蠱俱伏法（古弼傳）

居喪聽樂飲戲

謐在母喪聽音聲飲戲爲御史中尉李平所彈遇赦復封（趙郡王傳）

考功失衷

孝昌元年二月詔曰勸善黜惡經國茂典其令每歲一終郡守列令長刺史列守相以定考課辨其能否若以濫謬以考功失衷論（肅宗紀）

姦吏逃刑不在赦限

時有詔以奸吏犯罪每多逃遁因眚乃出並皆釋然自今已後犯罪不問輕重而藏竄者悉遠流若永避不出兄弟代徙懷乃奏曰謹案條制逃吏不在赦限竊惟聖朝之恩事異前宥諸流徙在路尙蒙旋反況有未發而仍遣邊戍按守宰犯罪逃走者衆祿潤既優尙有茲失及蒙恩宥卒然得還今獨苦此等恐非均一之法如臣管執謂宜免之書奏門下以成式既班駁奏不許懷重奏曰臣以爲法貴經通治尙簡要刑憲之設所以網羅罪人苟理之所備不在繁典行之可通豈容峻制此乃古今之達政救世之恆規伏尋條制勳品已下罪發逃亡遇恩不宥仍留妻子雖欲抑絕姦途匪爲通式謹按事條侵官敗法專據流外豈九品已上人皆貞白也其諸州守宰職任淸流至有貪濁事發逃竄而遇恩免罪勳品已下獨乖斯例如此則寬縱上流法切下吏育物有差惠罰不等又謀逆滔天輕恩尙免吏犯微罪獨不蒙赦使大宥之經不通開生之路致壅進違古典退乖今律輒率愚見以爲宜停書奏世宗納之（源懷傳）

世宗詔以姦吏逃刑懸配遠戍若永避不出兄弟代之祚奏曰愼獄審刑道煥先古垂憲設禁義纂惟今是以先生沿物之情爲之軌法故八刑備於昔典姦律炳於來制皆所以謀其始迹訪厥成罪敦風厲俗永資世範者也伏惟旨義博遠理絕近情既懷愚異不容不述誠以敗法之原起於姦吏姦吏雖微敗法實甚伏尋詔旨信亦斷其逋逃之路爲治之要實在於斯然法貴止姦不在過酷立制施禁爲可傳之於後若法猛而姦不息禁過不可永傳將何以載之刑書垂之百代若以姦吏逃竄徙其兄弟罪人妻子復應徙之此則一人之罪禍傾二室愚謂罪人既逃止徙妻子走者

之身懸名永配於眚不免姦途自塞詔從之（郭祚傳）

赦前斷事引律乖錯

雄議曰赦前斷事或引律乖錯使除復失吏雖案成經赦宜追從律（辛雄傳）

律無正條

律無正條須準傍以定罪（禮志）

再犯

延昌二年八月詔曰其殺人掠賣人羣彊盜首及雖非首而殺傷財主曾經再犯公斷道路刼奪行人者依法行決自餘恕死（世宗紀）

三人成證

雄議曰若必須三人對見受財然後成證則於理太寬若傳聞卽爲證則於理太急今請以行財後三人俱見物及證狀顯著準以爲驗詔從雄議（辛雄傳）

魏盜鑄錢及禁不行錢諸律

延昌二年徐州民儉刺史啓奏求行土錢旨聽權依舊用謹尋不行之錢律有明式指謂雞眼鐶鑿更無餘禁（食貨志　通典卷九引作鵝眼鐶鑿）

雞眼鐶鑿依律而禁（同上）

其不行之錢及盜鑄毀大爲小巧僞不如法者據律罪之（同上）

其聽依舊之處與太和錢及新造五銖幷行若盜鑄者罪重常憲旣欲均齊物品廛井斯和若不繩以嚴法無以肅茲違犯符旨一宣仍不遵用者刺史守令依律治罪（同上）

魏以均田入律

九年下詔均給天下民田諸男夫十五以上受露田四十畝婦人二十畝奴婢依良丁牛一頭受田三十畝限四牛所授之田率倍之三易之田再倍之以供耕作及還受之盈縮諸民年及課則受田老免及身沒則還田奴婢牛隨有無以還受諸桑田不在還受之限但通入倍田分於分雖盈沒則還田不得以充露田之數不足者以露田充倍諸初受田者男夫一人給田二十畝課蒔餘種桑五十樹棗五株榆三根非桑之土夫給一畝依法課蒔榆棗奴各依良限三年種畢不畢奪其不畢之地於桑榆地分雜蒔餘果及多種桑榆者不禁諸應還之田不得種桑榆棗果種者以違令論地入還分諸桑田皆爲世業身終不還恆從見口有盈者無受無還不足者受種如法盈者得賣其盈不足者得買所不足不得賣其分亦不得買過所足諸麻布之土男夫及課別給麻田十畝婦人五畝奴婢依良皆從還受之法諸有舉戶老小癃殘無受田者年十一已上及癃者各受以半夫田年踰七十者不還所受寡婦守志者雖免課亦授婦田諸還受民田恆以正月若始受田而身亡及賣買奴婢牛者皆至明年正月乃得還受諸土廣民稀之處隨力所及

官借民種蒔役有土居者依法封授諸地狹之處有進丁受田而不樂遷者則以其家桑田爲正田分又不足不給倍田又不足家內人別減分無桑之鄉準此爲法樂遷者聽逐空荒不限異州他郡唯不聽避勞就逸其地足之處不得無故而移諸民有新居者三口給地一畝以爲居室奴婢五口給一畝男女十五以上因其地分口課種菜五分畝之一諸一人之分正從正倍從倍不得隔越他畔進丁受田者恆從所近若同時俱受先貧後富再倍之田放此爲法諸遠流配謫無子孫及戶絕者墟宅桑榆盡爲公田以供授受授受之次給其所親未給之間亦借其所親諸宰民之官各隨地給公田刺史十五頃太守十頃治中別駕各八頃縣令郡丞六頃更代相付賣者坐如律（食貨志）

魏禁奪哀

神龜元年八月詔曰頃年以來戎車頻動服制未終奪哀從役罔極之痛弗申鞠育之恩靡報自今雖金革之事皆不得請起居喪（肅宗紀）

魏禁報讎

太延元年詔曰民相殺害牧守依法平決不聽私輒報者誅及宗族鄰伍相助同罪（世祖紀）

平原鄃縣女子孫氏男玉者夫爲靈縣民所殺追執讎人男玉欲自殺之其弟止而不聽男玉曰女人出適以夫爲天當親自復雪云何假人之手遂以杖毆殺之有司處死以聞（列女孫氏傳）

魏禁圖讖

太平眞君五年正月詔曰愚民無識信惑妖邪私養師巫挾藏讖記陰陽圖緯方伎之書又沙門之徒假西戎虛誕生致妖孽非所以壹齊政化布淳德於天下也自王公已下至於庶人有私養沙門師巫及金銀工巧之人在其家者皆遣詣官曹不得容匿限今年二月十五日過期不出師巫沙門身死主人門誅（世祖紀）

太和九年正月詔曰圖讖之興起於三季既非經國之典徒爲妖邪所憑自今圖讖祕緯及名爲孔子閉房記者一皆焚之留者以大辟論（高祖紀）

永平四年五月詔禁天文之學（世宗紀）

熙平二年五月重申天文之禁犯者以大辟論（肅宗紀）

因酒醉誹謗妄說圖讖有司奏當死（北史咸陽王禧傳）

按挾天文圖讖晉律止二歲刑晉書載記咸康二年禁郡國不得私學星讖有犯者誅魏蓋沿石趙之制

魏禁殺牛

熙平元年七月重申殺牛之禁（肅宗紀）

魏禁屠殺含孕

永平二年冬十有一月甲申詔禁屠殺含孕以爲永制（世宗紀）

魏酒禁

太安四年正月初設酒禁（高宗紀）
顯祖卽位開酒禁（刑罰志）
天平四年閏九月禁京酤酒（孝靜紀）
元象元年四月齊獻武王還晉陽請開酒禁（同上）
太安中京師禁酒張以姑老私爲醞之爲有司所糾（列女胡長命妻張氏傳）
太安中以庶士多因酒酗致訟制禁釀酒酤飲皆斬吉凶賓親則開禁有程日（通典一百六十四）
孝文帝開酒禁（同上）

魏罷山澤之禁

皇興四年冬十有一月詔弛山澤之禁（顯祖紀）
太和六年八月罷山澤之禁（高祖紀）
太和七年十有二月開林慮山禁與民共之（同上）

魏大臣犯罪多賜自盡

聖朝賓遇大臣禮同古典自太和以降有負罪當陷大辟者多得歸第自盡遣之日深垂隱愍言發悽淚（李彪傳）
高祖親臨數之以其大臣聽在家自裁（李洪之傳）

魏斷獄報重常竟季冬

若至行刑犯時愚臣竊所未安漢制舊斷獄報重常盡季冬至孝章時改盡十月以育三微後歲旱論者以十月斷獄陰氣微陽氣泄以故致旱事下公卿尚書陳寵議冬至陽氣始萌故十一月有射干芸荔之應周以爲春十二月陽氣上通雉雊雞乳殷以爲春十三月陽氣已至蟄蟲皆震夏以爲春三微成著以通三統三統之月斷獄流血是不稽天意也月令仲冬之月身欲寧事欲靜以起隆怒不可謂寧以行大刑不可謂靜章帝善其言卒以十月斷今京都及四方斷獄報重常竟季冬不推三正以育三微寬宥之情每過於昔遵時之憲猶或闕然豈所謂助陽發生垂奉微之仁也誠宜遠稽周典近採漢制天下斷獄起自初秋盡於孟冬不於三統之春行斬絞之刑如此則道協幽顯仁垂後昆矣（李彪傳）

魏孕婦行刑待分產後之例

永平元年秋將刑元愉妾李氏羣官無敢言者勅光爲詔光逡巡不作奏曰伏聞當刑元愉妾李加之屠割妖惑扇亂誠合此罪但外人竊云李今懷妊例待分產乞停李獄以俟育孕世宗納之（崔光傳）

按刑罰志世祖定律婦人當刑而孕產後百日乃決蓋本元魏舊制故光得據以上言也

魏疑獄以經義量決

太平眞君六年三月詔諸有疑獄皆付中書以經義量決（世祖紀）

六年春以有司斷法不平詔諸疑獄皆付中書依古經義論決之（刑罰志）

初眞君中以獄訟留滯始令中書以經義斷諸疑事允據律評刑三十餘載內外稱平（高允傳）

侃兄深時爲徐州行臺府州咸欲禁深昱曰昔叔向不以鮒也見廢春秋貴之奈何以侃罪深也宜聽朝旨不許羣議（楊昱傳）

時雁門人有害母者八座奏轘之而豬其室宥其二子虬駁奏云君親無將將而必誅今謀逆者戮及期親害親者今不及子旣逆甚梟獍禽獸之不若而使禋祀不絕遺育永傳非所以勸忠孝之道存三綱之義若聖教含容不加孥戮使父子罪不相及惡止於其身不則宜投之四裔勑所在不聽配匹盤庚言無令易種於新邑漢法五月食梟羹皆欲絕其類也奏入世宗從之（邢虬傳）

初廷尉少卿袁翻以犯罪之人經恩競訴枉直難明遂奏曾染風聞者不問曲直推爲獄成悉不斷理雄議曰春秋之義不幸而失寗僭不濫僭則失罪人濫乃害善人今議者不忍罪姦吏使出入縱情令君子小人薰蕕不別豈所謂賞善罰惡殷勤隱恤者也（辛雄傳）

臣伏讀至三公曹第六十六條母殺其父子不得告告者死再三返覆之未得其門何者案律子孫告父母祖父母者死又漢宣云子匿父母孫匿大父母皆勿論蓋謂父母祖父母小者攘羊甚者殺害之類恩報在情一也今欲論其尊卑辨其優劣推心未忍訪古無據瑗以爲易曰天尊地卑乾坤定矣又曰乾天也故稱父坤地也故稱母又曰乾爲天

爲父坤爲地爲母禮喪服經曰爲父斬衰三年爲母齊衰期尊卑優劣顯在典章何言訪古無據局判云母殺其父子復告母母由告死便是子殺天下未有無母之國不知此子將欲何之瑗案典律未聞母殺其父而子有隱母之義既不告母便是與殺父天下豈有無父之國此子獨得有所之乎局判又云案春秋莊公元年不稱卽位文姜出故服虔注云文姜通於兄齊襄與殺公而不反父殺母出隱痛深諱期而中練思慕少殺念至於母故經書三月夫人遜於齊旣有念母深諱之文明無讎疾告列之理瑗尋注義隱痛深諱者以父爲齊所殺而母與之隱痛父死深諱母出故不稱卽位非爲諱母與殺也是以下文以義絕其罪不爲與殺明矣公羊傳曰君殺子不言卽位隱之也期而中練父憂少衰始念於母略書夫人遜於齊是內諱出奔猶爲罪文傳曰不稱姜氏絕不爲親禮也注論以臣管見實所不取如在淳風厚俗必欲行之且君父一也父者子之天被殺事重宜附父謀反大逆子得告之條父一而已至情可見竊惟聖主有作明賢贊成光國寧民厥用爲大非下走頑蔽所能上測但受恩深重輒獻瞽言儻蒙收察乞付評議詔付尙書三公郎封君義立判云身體髮膚受之父母生我勞悴續莫大焉子與父母同氣異息終天靡報在情一也今忽欲論其尊卑辨其優劣推心未忍訪古無據母殺其父子復告母母由告死便是子殺天下未有無母之國不知此子將欲何之案春秋莊公元年不稱卽位文姜出故服虔注云文姜通兄齊襄與殺公而不反父殺母出隱痛深諱期而中練思慕少殺念至於母故經書三月夫人遜於齊旣有念母深諱之文明無讎疾告列之理且聖人設法所以防淫禁暴極言善惡使知而避之若臨事議刑則陷罪多矣惡之甚者殺父害君著之律令百王罔革此制何嫌猶求削去既

於法無違於事非害宣布有年謂不宜改瑗復難云尋局判云子於父母同氣異息終天靡須相隱律抑不言法理如是足見其直未必指母殺父止子不言也告父殺母乃是夫殺妻母卑於父此子不告是也而母殺父不聽子告臣誠下愚輒以爲惑昔楚康王欲殺令尹子南其子棄疾爲王御士而上告焉對曰泄命重刑臣不爲也王遂殺子南其徒曰行乎曰吾與殺吾父行將焉入曰臣乎曰殺父事讎吾不忍乃縊而死注云棄疾自謂不告父爲與殺謂王爲讎皆非禮春秋譏焉斯蓋門外之治以義斷恩知君殺父而子不告是也母之於父同在門內恩無可掩義無斷割知母將殺理應告父如其已殺宜聽告官今母殺父而子不告便是知母而不知父識比野人義近禽獸且母之於父作合移天既殺己之天復殺子之天二天頓毀豈容頓默此母之罪義不在赦下手之日母恩即離仍以母道不告鄙臣所以致惑今聖化淳洽穆如韶夏食椹懷音梟獍猶變況承風稟教識善知惡之民哉脫下愚不移事在言外如或有之可臨時議罪何用豫制斯條用爲訓誡誡恐千載之下談者諠譁以明明大朝有尊母卑父之云夫人有與殺桓之罪絕不爲親得尊父之義善莊公思大義絕有罪故曰禮也以大義絕有罪得禮之衷明有讎疾告列之理但春秋桓莊之際齊爲大國通於文姜魯公謫之文姜以告齊襄使公子彭生殺之魯既弱小而懼於齊是時天子衰微又無賢霸故不敢讎之又不敢告列惟得告於齊曰無所歸咎惡於諸侯請以公子彭生除之齊人殺公子彭生案即此斷雖有援引即以情推理倘未遣惑事遂停寢（竇瑗傳）

太和初懷州人伊祁苟初三十餘人謀反文明皇太后欲盡誅一城人白澤諫以爲周書父子兄弟罪不相及不誣十

室而況一州后從之（北史張袞傳）

魏格

太昌元年夏五月丁未詔曰理有一準則民無覬覦法假二門則吏多威福前主爲律後主爲令歷世永久實用滋章非所以準的庶昌隄防萬物可令執事之官四品以上集於都督取諸條格議定一途其不可施用者當局停記新定之格勿與舊制相連務在約通無致冗滯（出帝紀）

魏故事

祚達於政事凡所經履咸爲稱職每有斷決多爲故事（郭祚傳）

魏戶籍五條

太和五年班乞養雜戶及戶籍之制五條（高祖紀）

按仇洛傳魏初禁網疏闊民戶隱匿漏脫者多是高祖時始有定制也

魏令

按魏令凡數次增訂已詳上卷改定律令條魏書官氏志舊令亡失無所依據高祖詔羣寮議定百官著於令唐六典注亦云後魏初命崔浩定令後命游雅等成之史失篇名是魏舊令至北齊已佚考高祖律令幷議律尋施行令獨不出見孫紹傳世宗時太常劉芳撰朝令未及班行見常景傳是高祖以後所定諸令經葛榮爾朱之亂迄未行

用也御覽時引後魏職品令及職令考魏書高祖紀太和十七年作職員令二十一卷付外施行又太和十九年引見羣臣於光極堂宣示品令爲大選之始官氏志所據及唐六典注御覽所引者當卽指此蓋此本尙單行於世至南宋始佚也其餘魏書及通典尙引魏令數條此則或徵引當時書奏不能指爲魏令尙存之證也茲據諸書所引魏令篇名條列於後不能復辨其次第其佚文則各附於篇目之下要之魏令大都沿漢晉之舊而增損之其詳今不可得而言矣（高祖所定品令職員令今尙可於官氏志得其彷彿文多不載）

品令（唐六典引作職品令）

太和中改定百官都官尙書管左士郎（唐六典注卷四引職品令）

太和中吏部管南主客北主客其祠部管左主客右主客（同上引職品令）

按舊制直閤直後直齋武官隊主隊副等以比視官至於犯譴不得除罪尙書令任城王澄奏案諸州中正亦非品令所載又無祿恤先朝已來皆得當刑直閣等禁直上下有宿衞之勤理不應異靈太后令準中正見刑罰志

職令

光祿少卿第四品上第二請用肅勤明敏兼識古典者（御覽二百二十九引後魏職令）

宗正卿第四品上第二請用懿清和職參教典者先盡皇宗無則用庶姓（御覽二百三十引）

廷尉少卿第四品上第二請用思理平斷明刑識法者（御覽二百三十一引）

鴻臚少卿第四品上第二請用雅學詳當明樞達理者（御覽二百三十二引）
司農少卿第五請用堪勤有幹能者（同上）
太府少卿第四品上士人官請用勤篤有幹細務無滯者（同上）
朝會失時即加彈糾皇太子以下違犯憲制皆得糾察（神元平文諸帝子孫列傳引職令）

獄官令

諸察獄先備五聽之理盡求情之意又驗諸證信事多疑似猶不首實者然後加以考掠（刑罰志引）
諸犯年刑已上枷鎖流徙已上增以杻械（同上）

此外通典尚載魏令一條附錄於下

每調一夫一婦帛一疋粟二石人年十五以上未娶者四人出一夫一婦之調奴任耕婢任績者八口當未娶者四
耕牛十頭當奴婢八其麻布之鄉一夫一婦布一疋下至半以此爲降大率十疋中五疋爲公調二疋爲調外費三
疋爲內外百官俸人年八十以上聽一子不從役孤獨病老篤貧不能自存者亦一人不從役（通典卷五）

魏律家

羊祉　羊靈引

祉性剛愎好刑名祉弟靈引好法律（北史羊祉傳）

北齊律考序

南北朝諸律北優於南而北朝尤以齊律爲最齊書崔昂傳謂部分科條校正古今所增損十有七八隋志亦云科條簡要仕門子弟常講習之故齊人多曉法律推原其故蓋高氏爲渤海蓨人渤海封氏世長律學封隆之參定麟趾格封繪議定律令而齊律實出於封述之手俱見齊書及北史各本傳是祖宗家法俱有淵源神武文襄增損魏法爲麟趾格已不純用舊制文宣命造新律久而未成至武成河清三年始頒齊律歷時最久史稱周律比於齊法煩而不要是周齊二律之優劣在當時已有定論隋氏代周其律獨採齊制而不沿周制抑有由也今齊律雖佚尚可於唐律得其彷彿蓋唐律與齊律篇目雖有分合而沿其十二篇之舊刑名雖有增損而沿其五等之舊十惡名稱雖有歧出而沿其重罪十條之舊他如祖珽傳受財枉法處絞刑其輕重亦與唐律同故讀唐律者卽可因之推見齊律而齊律於是乎爲不亡矣舊唐書經籍志新唐書藝文志均有北齊律十二卷宋志已不著錄蓋南渡以後士大夫馳騖於性理語錄之學束書不讀益以金元喪亂古籍多於是時淪佚固不獨一齊律也癸亥冬閩縣程樹德序

北齊律考目錄

卷六

北齊律考

齊律源流（附東魏麟趾格）

齊神武文襄並由魏相倘用舊法及文宣天保元年始命羣官刊定魏朝麟趾格是時軍國多事政刑不一決獄定罪罕依律文（隋書刑法志）

興和三年冬十月先是詔文襄王與羣臣於麟趾閣議定新制甲寅班於天下（魏書孝靜帝紀）

天平中爲三公郎中時增損舊事爲麟趾新格其名法科條皆述所删定（北史封述傳）

主議麟趾格（崔暹傳）

詔隆之參議麟趾閣以定新制（封隆之傳）

法吏疑獄簿領成山乃勅子才與散騎常侍溫子昇撰麟趾新制十五篇省府以之決疑州郡用爲治本（洛陽伽藍記）

又爲神武丞相府右長史上表曰臣伏讀麟趾新制至三公曹第六十六條母殺其父子不得告告者死（北史竇

瑗傳）
按麟趾格佚文僅見此條考隋書百官志後齊制官多循後魏其六尙書分統列曹凡二十八曹三公曹爲殿中四曹之一意者麟趾格卽以二十八曹爲篇目歟（北齊令亦取尙書二十八曹爲篇名見唐六典注）
後魏以格代科於麟趾殿删定名爲麟趾格（唐六典注）
後齊武帝又於麟趾殿删正刑典謂之麟趾格（隋書經籍志）
麟趾格四卷文襄帝時撰（新唐書藝文志）
天保元年八月甲午詔曰魏世議定麟趾格遂爲通制官司施用猶未盡善可令羣官更加論究適治之方先盡要切引綱理目必使無遺（文宣紀）
文宣以魏麟趾格未精詔渾與邢邵崔㥄魏收王昕李伯倫等修撰（北史李渾傳）
麟趾格李渾邢邵等撰（玉海六十五）
司徒功曹張老上書稱大齊受命已來律令未改非所以創制垂法革人視聽於是始命羣官議造齊律積年不成其決獄猶依魏舊（隋書刑法志）
天保初詔鉉與殿中尙書邢邵中書令魏收等參議禮律（北史李鉉傳）
天保八年參議律令（魏收傳）

與太子少師邢邵議定國初禮又詔删定律令令尚書右僕射薛琡等四十三人在領軍府議定部分科條校正古今所增損十有七八（崔昂傳）

勅與羣官議定律令加儀同三司（封繪傳）

與朝賢議定律令遷吏部尚書（辛術傳）

參議律令（刁柔傳）

武成卽位思存輕典大寧元年以律令不成頻加催督河淸三年尚書令趙郡王叡等奏上齊律十二篇（隋書刑法志）

河淸三年三月辛酉以律令班下大赦（武成紀）

河淸三年勅與錄尚書趙彥深僕射魏收尚書陽休之國子祭酒馬敬德等議定律令（封述傳）

武成時參定律令前後大事多委焉（王松年傳）

議律令又以討北狄之功封潁川郡公（趙郡王叡傳）

與熊安生馬敬德等議五禮兼修律令（北史崔儦傳）

弟漢字仲霄武成中爲司車路下大夫與工部郭彥大府高賓等參議格令每較量時事必有條理（北史裴寬傳）

北齊初命造新律未成文宣猶採魏制至武成時趙郡王叡等造律成奏上凡十二篇（唐六典注）

按齊自文襄撰麟趾新制文宣造律歷廢帝孝昭武成事經五代參與删訂至數十人史稱科條簡要非虛譽也隋唐二代之律均以此爲藍本

齊律篇目

一曰名例二曰禁衛三曰婚戶（唐律疏義北齊名婚戶律隋以戶在婚前改爲戶婚律）四曰擅興五曰違制六曰詐僞（通典作詐欺誤）七曰鬬訟八曰賊盜（唐六典作盜賊誤）九曰捕斷十曰毀損十一曰廐牧十二曰雜其定罪九百四十九條（隋書刑法志）

齊律佚文

婦人年六十以上免配官（北史崔昂傳引律）

按北齊書彭城王浟傳引令云年出六十例免入官與北史異

齊刑名

死（凡四等死罪者桁之）

轘

梟首（陳屍三日無市者列於鄉亭顯處）

斬（殊身首）

絞（死而不殊）

流（流罪已上加杻械）

論犯可死原情可降鞭笞各一百髡之投於邊裔以爲兵卒未有道里之差其不合遠配者男子長徒女配舂六年

按元景安傳同聞語者數人皆流配遠方云遠方者蓋齊流刑係沿北魏之制與漢晉徙邊相類初無道里之差至隋始以罪之輕重分道之遠近

刑（凡五等　亦曰耐並鎖輸左校而不髡無保者鉗之婦人配舂及掖庭織）

五歲刑（加鞭一百加笞八十）

鞭者鞭其背五十一易執鞭人鞭鞘皆用熟皮削去廉稜鞭瘡長一尺笞者笞臀而不中易人

四歲刑（加鞭一百加笞六十）

三歲刑（加鞭一百加笞四十）

二歲刑（加鞭一百加笞二十）

一歲刑（加鞭一百無笞）

按北齊刑罪亦稱徒御覽六百四十二引三國典略云司馬子如等緣宿憾乃奏遲及季舒過狀各鞭二百徙於馬城晝則供役夜置地牢卽刑罪也

鞭（凡五等）

一百

八十

六十

五十

四十

杖（凡三等　杖長三尺五寸大頭徑二分半小頭徑一分半　決三十已下杖者長四尺大頭徑三分小頭徑二分）

三十

二十

十

贖罪

贖罪舊以金皆代以中絹死一百匹流九十二匹刑五歲七十八匹四歲六十四匹三歲五十匹二歲三十六匹各通鞭笞論一歲無笞則通鞭二十四匹鞭杖每十贖絹一匹至鞭百則絹十匹無絹之鄉皆准絹收錢（隋書刑法志）

合贖者謂流內官及爵秩比視老小閹癡並過失之屬（同上）

宮刑

季舒等家屬男女徙北邊妻女及子婦配奚官小男下蠶室沒入貲產（北史崔季舒傳）

天統五年春二月乙丑詔應宮刑者普免爲官口（後主紀）

房誅

愔子獻天和皆帝姑夫云於是乃以天子之命下詔罪之罪止一身家口不問尋復簿錄五家王稀固諫乃各沒一房（楊愔傳）

任胄令仲禮藏刀於袴中因高祖臨觀謀爲竊發事捷之後共奉文暢爲主爲任氏家客薛季孝告高祖問皆俱伏以其姊寵故止坐文暢一房（爾朱文暢傳）

顯祖末年旣多猜害追忿隆之誅其子德樞等十餘人（高隆之傳）

按北魏有門房之誅齊蓋沿魏制族誅僅祖珽傳有因光府參軍封士讓啓告光反遂滅其族之語他不槪見蓋不常用也

重罪十條

一曰反逆二曰大逆三曰叛四曰降五曰惡逆六曰不道七曰不敬八曰不孝九曰不義十曰內亂其犯此十者不在八議論贖之限（隋書刑法志）

又制立重罪十條爲十惡（唐六典注）

長鸞令綽親信誣告其反奏云此犯國法不可赦（南陽王綽傳）

夜中義雲被賊害乃善昭（義雲子）所佩刀也遺之於義雲庭中邢邵上言此乃大逆（畢義雲傳）

八議

爲司徒冀州刺史遊獵無度恣情強暴後主聞之詔鏁綽赴行在所至而宥之（南陽王綽傳）

高歸彥起逆義雲在州私集人馬并聚甲杖將以自防爲人所啓武成猶錄其往誠竟不加罪（畢義雲傳）

按此卽議親議能之例蓋自魏晉以來無不以八議入律也

枉法贓處死刑

珽擬補令史十餘人皆有受納後其事皆發縛珽送廷尉據枉法處絞刑（祖珽傳）

上令有司推劾孝琰案其受納貨賄致於極法因搜索其家大獲珍異悉以沒官（封繪傳）

清河有二豪吏田轉貴孫舍興久吏姦猾多有侵削因事遂脅人取財計贓依律不致死讓之以其亂法殺之（裴讓之傳）

北齊陽翟太守張善苛酷貪叨惡聲流布蘭臺御史魏輝儁就郡治之罪合當死善於獄中使人通訴誣輝儁爲納民財枉見推縛文宣帝大怒令尚書令盧斐覆驗之斐遂希旨成輝儁罪狀奏報於州斬決（太平廣記一百十九引還

寃記）

按唐律受財枉法者十五匹絞

彊盜長流

幷州嘗有彊盜長流參軍推其事所疑賊幷已拷伏失物家幷識認唯不獲盜贓文襄付瓊更令窮審乃別推得元景融等十餘人幷獲賊驗（蘇瓊傳）

按唐律強盜持仗者雖不得財流三千里

盜佛像

皇建中徐州城中五級寺忽被盜銅像一百軀有司徵檢四鄰防宿及蹤跡所疑逮繫數十人瓊一時放遣後十日抄賊姓名及贓處所徑收掩悉獲（北史蘇瓊傳）

按唐律有盜毀天尊佛像蓋沿隋制然六朝時人崇佛疑以此入律當自南北朝時始不獨北齊周武帝黜佛故知周律定無此條也

盜牛

遷南清河太守其郡多盜縣民魏雙成失牛疑其村人魏子賓列送至郡一經窮問知賓非盜者卽便放之雙成訴云府君放賊去百姓牛何處可得瓊不理其語密走私訪別獲盜者（蘇瓊傳）

按唐律有盜官私牛馬殺考鹽鐵論盜馬者死盜牛者加其源蓋出於漢律

諸姦

妃王氏與倉頭姦凝知而不能限禁後事發賜死（華王山凝傳）

行定陶縣令坐姦事免（劉逖傳）

顯祖召鄴下婦人薛氏入宮而岳先嘗喚之至宅由其姊也帝讓岳以為姦民女岳曰臣本欲取之嫌其輕薄不用非姦也（清河王岳傳）

按唐雜律有監主於監守內姦

誣告

思好反前五旬有人告其謀反韓長鸞女適思好子故奏有人誣告諸貴事相搖動不殺無以息後乃斬之（上洛王思好傳）

漏洩

子澤頗有文學歷位中書侍郎兼給事黃門侍郎以漏洩免（北史裴延儁傳）

後漏洩省中語出為丞相西閣祭酒（隋書盧思道傳）

按漏洩省中語本漢律蓋沿漢制

詔書脫誤

頃之坐詔書脫誤左遷驃騎將軍（陽休之傳）

按唐律制書誤輒改定在職制二

非所宜言

王曰卿何敢發非所宜言須致卿於法（王晞傳）

按非所宜言本漢律今唐律已無此條不知廢於何時考梁律仍有此條是南北朝諸律均相沿未改唐律全襲隋開皇律并其條數亦未更動則此條直隋初刪之耳

擅用庫錢

以擅用庫錢免（隋書盧思道傳）

擅放免囚

周諒入於齊揚州刺史平鑒所獲繫之獄妻生男鑒因喜醉擅免之旣醒知非上啓自劾齊王特原其罪（御覽六百四十三引三國典略）

考竟

齊兗州刺史武成縣公崔陵博預舊恩頗自矜縱妾馮氏假其威刑恣情取納爲御史所劾召收繫廷尉考竟遂死獄

中（御覽六百四十六引三國典略）

敕

將建金雞而大赦（河間王孝琬傳）

北齊赦日武庫令設金雞及鼓於閶闔門之右勒集囚徒於闕前撾鼓千聲脫枷鎖遣之（通典一百六十九）

酒禁

河清四年春二月以年穀不登禁酤酒（武成帝紀）

天統五年冬十月詔禁造酒（後主紀）

武平六年秋閏八月開酒禁（同上）

齊令

河清三年尙書令趙郡王叡等又上新令四十卷大抵採魏晉故事（隋書刑法志）

北齊令五十卷（隋書經籍志　舊唐書經籍志作八卷新唐書藝文志同通典作三十卷）

北齊令趙郡王叡等撰令五十卷取尙書二十八曹爲其篇名（唐六典注）

按隋書百官志北齊六尙書分統列曹吏部統吏部考功主爵三曹殿中統殿中儀曹三公駕部四曹祠部統祠部主客虞曹屯田起部五曹五兵統左中兵右中兵左外兵右外兵都兵五曹都官統都官二千石比部水部膳部五

曹度支統度支倉部左戶右戶金部庫部六曹凡二十八曹齊令即以此爲篇目

人居十家爲比鄰（通典卷三作隣比）五十家爲閭里百家爲族黨一黨之內則有黨族一人副黨一人閭正二人鄰長十人合有十四人（一黨以下二十七字據通典卷三補）男子十八以上六十五以下爲丁十六已上十七已下爲中六十六已上爲老十五已下爲小（通典卷七引同）率以十八受田輸租調二十充兵六十免力役六十六退田免租調（通典卷五引同）京城四面諸坊之外三十里內爲公田受公田者三縣代遷內執事官一品已下逮于羽林武賁各有差其外畿郡華人官第一品已下羽林武賁已上各有差職事及百姓請墾田者名爲受田（通典作永業田）奴婢受田者親王止三百人嗣王止二百人第二品嗣王已下及庶姓王止一百五十人正三品已上及王宗止一百人七品已上限止八十人八品已下至庶人限止六十人奴婢限外不給田者皆不輸其方百里外及州人一夫受露田八十畝婦四十畝奴婢依良人限數與在京百官同丁牛一頭受田六十畝限止四年（通典作牛）又每丁給永業二十畝爲桑田其中種桑五十根榆三根棗五根不在還受之限非此田者悉入還受之分土不宜桑者給麻田如桑田法率人一牀調絹一疋綿八兩凡十斤綿中折一斤作絲墾租二石義租五斗奴婢各准良人之半牛調二尺（通典作丈）墾租一斗義租五升墾租送臺義租納郡以備水旱墾租皆依貧富爲三梟其賦稅常調則少者直出上戶中者及中戶多者及下戶上梟輸遠處中梟輸次遠下梟輸當州倉三年一校焉租入臺者五百里內輸粟五百里外輸米入州鎮者輸粟人欲輸錢者准上絹收錢（通典卷五引同）諸州郡皆別置富人倉初立之日

准所領中下戶口數得支一年之糧逐當州穀價賤時斟量割當年義租充入穀貴下價糶之賤則還用所糶之物依價糴貯（通典卷十二引同）每歲春月各依鄉土早晚課入農桑自春及秋男二十五已上皆布田畝桑蠶之月婦女十五已上皆營蠶桑孟冬刺史聽審邦教之優劣定殿最之科品人有人力無牛或有牛無力者須令相使皆得納糧使地無遺利人無游手焉（通典卷二引同）緣邊城守之地堪墾食者皆營屯田置都使子使以統之一子使當田五十頃歲終考其所入以論褒貶（隋書食貨志引河清三年定令）

親王公主太妃妃及從三品已上喪者借白鼓一面喪畢進輸王郡公主太妃儀同三司已上及令僕皆聽立凶門柏歷三品已上及五等開國通用方相四品已下達於庶人以魌頭旌則一品九旒二品三品七旒四品五品五旒六品七品三旒八品已上達於庶人唯旐而已其建旐三品已上及開國子男其長至軫四品五品至輪六品至於九品至較勳品達於庶人不過七尺（隋書禮儀志引後齊定令）

宮衞之制左右各有羽林郎十二隊又有持鈒隊鋋槊隊長刀隊細仗隊楯鎩隊雄戟隊格獸隊赤氅隊角抵隊羽林隊步遊盪隊馬遊盪隊又左右各武賁十隊左右翊各四隊又步遊盪馬遊盪左右各三隊是爲武賁又有直從武賁左右各六隊在左者爲前驅隊在右者爲後拒隊又有募員武賁隊強弩隊左右各一隊在左者皆左衞將軍總之在右者皆右衞將軍總之以備警衞其領軍中領將軍侍從出入則著兩襠甲手執檉杖左右衞將軍將軍則兩襠甲手執檉杖侍從左右則有千牛備身左右備身刀劍備身之屬兼有武威熊渠鷹揚等備身三隊皆領左右將軍主之宿

衞左右而戎服執仗兵有斧鉞弓箭刀矟旌旗皆囊首五色節文旆悉赭黃天子御正殿唯大臣夾侍兵仗悉在殿下

郊祭鹵簿則督將平巾幘緋衫甲大口袴（同上引河淸定令）

四時祭廟及元日廟廷幷設庭燎二所（通典卷四十九引河淸定令）

按以上均諸書所引齊令佚文又唐六典注卷四引河淸令改左士郎爲膳部改左主客爲主爵南主客爲主客以領諸蕃雜客事據隋志云後齊制官多循後魏此蓋舉其不同者此外雖未明引令文而可知其爲齊令者如北齊官品見通典卷三十八其職掌俸秩均詳見隋書百官志百官服制則詳於禮儀志疑皆採之齊令但不知隸於何篇耳以文繁不及備錄

權令

其不可爲定法者別制權令二卷與之並行（隋書刑法志）

北齊權令二卷（隋書經籍志）

又撰權令二卷兩令並行（唐六典注）

齊格

河淸四年坐違格私度禁物並盜截軍糧有司依格處斬家口配沒（王峻傳）

後平秦王高歸彥謀反須有約罪律無正條於是遂有別條權格與律並行（隋書刑法志）

按唐律令格式并行蓋沿齊制

齊以春秋決獄

收伏連及高舍洛王子宜劉辟彊都督翟顯貴於後園帝親射之而後斬皆支解暴之都街下文武職吏盡欲殺之光以皆勳貴子弟恐人心不安趙彥深亦云春秋責帥於是罪之各有差（琅邪王儼傳）

齊律家

封述

齊封述渤海蓨人廷尉軌之子也久爲法官明解律令議斷平允時人稱之（御覽六百三十引三國典略）

封述久爲法官明解律令議斷平允深爲時人所稱（册府元龜六百十八）

按渤海封氏世長律學封隆之參定麟趾格封繪參定齊律俱見各本傳

宋世軌

世軌幼自嚴整好法律稍遷廷尉（本傳）

後周律考序

隋文帝代周有天下其制定律令獨採北齊而不襲周制返而考之隋書經籍志及新舊唐書經籍藝文諸志所列南北朝律令略備然於周令獨不著錄心竊疑之及讀周書蘇綽盧辯諸傳而後知隋之不襲用周律令蓋有由也綽傳云有晉之季文章競爲浮華遂成風俗太祖欲革其弊乃命綽爲大誥自是文筆皆依此體辯傳云太祖欲行周官命蘇綽專掌其事綽卒乃令辯成之并撰次朝儀車服器用多依古禮史通謂宇文初習華風軍國詞令皆準尙書太祖勑朝廷他文悉準於此陷於矯枉過正之失乖夫適俗隨時之義諒哉言乎今周令雖佚而隋書禮儀食貨諸志所採與夫通典所輯者尙可得其大概大抵官名儀制一依周禮幷文句亦必求其相似較之太玄之仿周易中說之擬論語殆尤甚焉令狐德棻謂其時雖行周禮內外衆職又兼用秦漢等官於宇文一代之制深致不滿周令如是而律可知矣周律名曰大律蓋卽大誥之意其文體之規模大誥又可以意得之夫自魏晉以還律目雖有異同而體裁率沿法經九章之舊今必欲以科刑之典麗以尙書周禮之文削足適屨左支右絀史稱趙肅撰周律積思累年遂感心疾而死或亦職此之由今以隋志所載者考之篇目科條皆倍於齊律而祀享朝會市廛三篇爲晉魏以來所未見意皆剌取天官地官春官諸文資其文飾其餘則多又沿晉律今古雜糅禮律淩亂無足道者隋氏代周一掃宇文迂謬之迹唐初諸臣修五代志於周制紀載獨略維時周令尙存而經籍志亦不著錄蓋修史諸臣雖存孤本而民間久無其

書覩於唐六典注於周令已不能舉其篇目知其散佚已久茲篇所輯僅就周書北史及隋志略爲編次採摭獨爲簡略誠非得已平心論之宇文用夏變夷有魏孝文帝之風惜乎不師其意而徒襲其文致使一代典章等於優孟蓋奸雄竊據俶欲規復古制以作僞愚人耳目自王莽假周禮篡漢厥後宇文氏效之唐武后又效之卒之或及身而亡或享祚不永有國者其鑑之哉癸亥冬閩縣程樹德序

後周律考目錄

卷七

後周律考

周律源流（附西魏大統式）

周文帝之有關中也霸業初基典章多闕大統元年命有司斟酌今古通變可以益時者爲二十四條之制奏之七年又下十二條制十年魏帝命尚書蘇綽總三十六條更損益爲五卷班於天下其後以河南趙肅爲廷尉卿撰定法律肅積思累年遂感心疾而死乃命司憲大夫拓跋迪掌之至保定三年三月庚子乃就謂之大律凡二十五篇（隋書刑法志）

大統元年三月太祖以戎役屢興民吏勞弊乃命所司斟酌今古參考變通可以益國利民便時適治者爲二十四條新制奏魏帝行之（文帝紀）

大統七年冬十一月太祖奏行十二條制恐百官不勉於職事又下令申明之（同上）

西魏大統七年九月度支尚書蘇綽爲六條詔書一曰修身心二曰厚教化三曰盡地利四曰擢賢良五曰恤獄訟六曰均賦役奏置左右令百官習誦之牧令守長非通六條及計帳不得居官尋又益新制十二條（玉海）

按據周書蘇綽傳六條詔書作於大統十年玉海疑誤

蘇綽六條一卷（崇文總目卷二）

大統十年秋七月魏帝以太祖前後所上二十四條及十二條新制方爲中興永式乃命尙書蘇綽更損益之總爲五卷班於天下百姓便之（文帝紀）

十年命尙書蘇綽總三十六條更損益爲五卷謂之大統式（唐六典注）

周大統式三卷（隋書經籍志　新唐書藝文志同）

先是太祖命肅撰定法律肅積思累年遂感心疾去職卒於家（趙肅傳）

保定三年二月庚子初頒新律（武帝紀）

後周命趙肅等造律保定中奏之凡二十五篇大凡定罪一千五百三十七條比於齊律煩而不當（唐六典注）

又監修律令進位大將軍（北史柳敏傳）

政明習故事又參定周律（北史斐政傳）

與斛斯徵柳敏等同修禮律（隋書崔仲方傳）

周律篇目

一曰刑名二曰法例三曰祀享四曰朝會五曰婚姻六曰戶禁七曰水火八曰興繕九曰衞宮十曰市廛十一曰鬬競

十二曰刼盜十三曰賊叛十四曰毀亡十五曰違制十六曰關津十七曰諸侯十八曰廄牧十九曰雜犯二十曰詐僞二十一曰請求二十二曰告言二十三曰逃亡二十四曰繫訊二十五曰斷獄大凡定罪一千五百三十七條（隋書刑法志）

按唐六典注引周律篇目祀享作祠享關津作關市請求作請賕告言作告劾與隋志微異

周刑名

杖刑五

十

二十

三十

四十

五十

鞭刑五

六十

七十

八十
九十
一百
徒刑五（徒輸作者皆任其所能而役使之）
徒一年者鞭六十笞十（婦人當笞者聽以贖論下同）
徒二年者鞭七十笞二十
徒三年者鞭八十笞三十
徒四年者鞭九十笞四十
徒五年者鞭一百笞五十
流刑五（唐六典注周流刑以六年爲限）
流衞服去皇畿二千五百里者鞭一百笞六十
流要服去皇畿三千里者鞭一百笞七十
流荒服去皇畿三千五百里者鞭一百笞八十
流鎭服去皇畿四千里者鞭一百笞九十

流蕃服去皇畿四千五百里者鞭一百笞一百

死刑五

磬（唐六典注磬作磔）

絞

斬

梟

裂

贖罪

贖杖刑五金一兩至五兩贖鞭刑五金六兩至十兩贖徒刑五一年金十二兩二年十五兩三年一斤二兩四年一斤五兩五年一斤八兩贖流刑一斤十二兩俱役六年不以遠近爲差等贖死罪金二斤（隋書刑法志）

應贖金者鞭杖十收中絹一疋流徒者依限歲收絹十二疋死罪者一百疋其贖罪死罪五旬流刑四旬徒刑三旬鞭刑二旬杖刑一旬限外不輸者歸於法貧者請而免之（同上）

其贖罪金絹兼用（唐六典注）

不立十惡之目

不立十惡之目而重惡逆不道大不敬不孝不義內亂之罪凡惡逆肆之三日（隋書刑法志）

八議

所管禮州刺史蔡澤黷貨被訟達以其勳庸不可加戮（北史周室諸王代奰王達傳）

按此卽八議中之議功周律列八議又見唐六典注

加減

鞭者以一百爲限加笞者合二百止應加鞭者皆先笞後鞭（隋書刑法志）

杖十已上當加者上就次數滿乃坐當減者死罪流蕃服蕃服已下俱至徒五年五年已下各以一等爲差（同上）

故縱

乃悉詔桀黠少年素爲鄉里患者署爲主帥分其地界有盜發而不獲者以故縱論（韓褒傳）

考竟

子肅早有才名性頗輕猾卒以罪考竟終（張軌傳）

除名

植誅死穆亦坐除名（李穆傳）

其長子康恃悅舊自驕縱悅及康并坐除名（王悅傳）

犯罪在赦前

周詔有司無得糾赦前事唯廐庫倉廩與海內所共若有侵盜雖經赦宥免其罪徵備如法（通鑑卷一百六十七）

雜戶

盜賊及謀反大逆降叛惡逆罪當流者皆甄一房配爲雜戶其盜爲賊事發逃亡者懸名注配若再犯徒三犯鞭者一身永配下役（隋書刑法志）

建德六年齊平後帝欲施輕典於新國乃詔凡雜戶悉放爲百姓自是無復雜戶（同上）

六年八月壬寅詔曰以刑止刑世輕世重罪不及嗣皆有定科雜役之徒獨異常憲一從罪配百世不免罰既無窮刑何以措道有沿革宜從寬典凡諸雜戶悉放爲民配雜之科因之永削（武帝紀）

枷鎖之制

凡死罪枷而拲流罪枷而梏徒罪枷鞭罪桎杖罪散以待斷皇族及有爵者死罪已下鎖之徒已下散之獄成將殺者書其姓名及其罪於拲而殺之市惟皇族與有爵者隱獄（隋書刑法志）

周嚴治盜之律

盜賊羣攻鄉邑及入人家者殺之無罪（隋書刑法志）

經爲盜者注其籍惟皇宗則否（同上）

建德六年十一月初行刑書要制持杖羣彊盜一匹以上不持杖羣彊盜五匹以上監臨主掌自盜二十匹以上小盜及詐僞請官物三十匹以上正長隱五戶及十丁以上隱地三頃以上者至死刑書所不載者自依律科（武帝紀）

周以經義決獄

元年二月丁亥楚國公趙貴謀反伏誅詔曰法者天下之法朕既爲天下守法安敢以私情廢之書曰善善及後世惡惡止其身其貴通與龍仁罪止一家僧衍止一房餘皆不問（孝閔帝紀）

詔曰君親無將將而必誅大冢宰晉公護志在無君義違臣節懷茲蠆毒逞彼狼心任情誅暴肆行威福今肅正典刑護已卽罪可大赦天下（晉蕩公護傳）

禁娶母同姓爲妻妾

建德六年六月丁卯詔曰同姓百世婚姻不通蓋惟重別周道然也而娶妻買妾有納母氏之族雖曰異宗猶爲混雜自今以後悉不得娶母同姓以爲妾其已定未成者卽令改聘（武帝紀）

按周書宣帝紀詔制九條宣下州郡二曰母族絕服外者聽婚是武帝時凡母族均禁通婚至宣帝時則絕服外者仍許之也

禁報讎

保定三年夏四月戊午初禁天下報讎犯者以殺人論（武帝紀）

初除復讎之法犯者以殺論（隋書刑法志

按所謂復讎之法者據隋志即報讎者告於法而自殺之不坐蓋周律原有此條

錢禁

建德五年春正月初令鑄錢者絞其從者遠配爲民（武帝紀　隋書食貨志民作戶）

刑書要制刑經聖制

初高祖作刑書要制用法嚴重及帝即位以海內初平恐物情未付乃除之至是大醮於正武殿告天而行焉（宣帝紀）

大象元年又下詔曰高祖所立刑書要制用法深重其一切除之然帝荒淫日甚惡聞其過誅殺無度疏斥大臣又數行肆赦爲姦者皆輕犯刑法政令不一下無適從於是又廣刑書要制而更峻其法謂之刑經聖制宿衛之官一日不直罪至削除逃亡者皆死而家口籍沒上書字誤者科其罪鞭杖皆百二十爲度名曰天杖其後又加至二百四十（隋書刑法志）

隋高祖爲相又行寬大之典刪略舊律作刑書要制既成奏之靜帝下詔頒行諸有犯罪未科決者並依制處斷（同上）

周令

後周命趙肅拓跋迪定令史失篇目（唐六典注）

按舊唐書經籍志新唐書藝文志於南北朝諸律令獨闕周令六典注成於李林甫當唐之中葉周令已不可考則其佚久矣隋書禮儀志於周制記載甚詳苟非周令尙存何所依據然隋書經籍志亦不著錄殊不可解

載師掌任土之法辨夫家田里之數會六畜車乘之稽審賦役斂弛之節制畿疆修廣之域頒施惠之要審牧產之政司均掌田里之政令凡人口十已上宅五畝口九以上宅四畝五口已下宅二畝有室者田百四十畝丁者田百畝司賦掌功賦之政令凡人自十八以至六十有四與輕癃者皆賦之其賦之法有室者歲不過絹一疋綿八兩粟五斛丁者半之其非桑土有室者布一疋麻十斤丁者又半之豐年則全賦中年半之下年三之皆以時徵焉若艱凶札則不徵其賦司役掌力役之政令凡人自十八以至五十有九皆任於役豐年不過三旬中年則二旬下年則一旬凡起徒役無過家一人其人有年八十者一子不從役百年者家不從役廢疾非人不養者一人不從服若凶札又無力征掌盬掌四鹽之政令一曰散鹽煑海以成之二曰盬鹽引池以化之三曰形鹽物地以出之四曰飴鹽於戎以取之凡盬鹽形鹽每地為之禁百姓取之皆稅焉司倉掌辨九穀之物以量國用國用足即蓄其餘以待凶荒不足則止餘用足則以粟貸人春頒之秋斂之（隋書食貨志）

按此段文法酷似周禮史稱文帝命蘇綽作大誥凡百文字均依其體食貨志所採決為周令原文無疑此外禮儀志所載服制通典及周書盧辯傳所載之官品其名稱亦全模倣周禮疑亦本之周令以文多不錄今周令雖佚尙

可於隋志得其大概也

九條

宣政元年八月詔制九條宣下州郡（隋書刑法志）

遣大使巡察諸州詔制九條宣下州郡一曰決獄科罪皆准律文二曰母族絕服外者聽婚三曰以杖決罰悉令依法四曰郡縣當境賊盜不擒獲者並仰錄奏五曰孝子順孫義夫節婦表其門閭才堪任用者即宜申薦六曰或昔經驅使名位未達或沈淪蓬蓽文武可施宜並採訪具以名奏七曰僞齊七品以上已勑收用八品以下爰及流外若欲入仕皆聽預選降二等授官八曰州舉高才博學者爲秀才郡舉經明行修者爲孝廉上州上郡歲一人下州下郡三歲一人九曰年七十以上依式授官鰥寡困乏不能自存者並加稟恤（宣帝紀）

周律家

徐招

時有高平徐招少好法律發言措筆常欲辨析秋毫歷職內外有當官之譽（趙肅傳）

招少好法律及朝廷舊事（北史徐招傳）

隋律考序

隋律有二一爲文帝所定之開皇律一爲煬帝所定之大業律考舊唐書刑法志高祖受禪詔納言劉文靜與當朝通識之士因開皇律令而損益之盡削大業所由煩峻之法通鑑武德元年六月廢隋大業律令唐六典注皇朝武德中命裴寂殷開山等定律令其篇目一准開皇之舊刑名之制又亦略同惟三流皆加一千里居作三年二年半二年皆爲一年以此爲異又除苛細五十三條唐會要武德七年律令成大略以開皇爲准格五十三條入於新律其他無所改正是今所傳唐律卽隋開皇律舊本猶之南齊永明律全用晉律張杜舊本也今以隋志證之篇目同爲十二一也刑名同爲五等二也襃其十惡之條三也隋志論開皇律於十惡之後卽及於八議減等聽贖之制與唐律之有請章減章贖章者其先後次序亦復相同疑唐初修律諸人僅擇開皇律之苛峻者從事修正其他條項一無更改今以隋書唐律互較尙可彷彿得其修訂之迹文帝紀開皇二十年詔敢有毀壞偸盜佛及天尊像嶽鎭海瀆神形者以不道論沙門壞佛像道士壞天尊像者以惡逆論今唐律諸盜毀天尊佛像者徒三年卽道士女冠盜毀天尊像僧尼盜毀佛像者加役流所謂删除苛細者殆卽此類隋志凡在八議之科及官品第七以上犯罪皆例減一等品第九以上者聽贖唐律則分犯死罪與流罪以下爲二減贖均以犯流罪以下爲限死罪則須先奏請皆與開皇律不同又唐律十惡皆有小註不道小註有厭蠱而無呪詛據鄭譯傳開皇律亦以厭蠱爲不道此與唐律同然后妃傳以巫蠱呪詛並

舉其他以呪詛坐死者屢見各傳疑隋律十惡小註尚有呪詛而唐律刪之疏義亦明言呪詛不入十惡凡此皆修訂之尚可考者蓋唐初修律諸臣如裴寂劉文靜殷開山等本非律家開皇定律源出北齊而齊律之美備又載在史冊人無異詞執筆者不敢率爲更改故舊唐書刑法志一則曰以開皇爲準再則曰餘無所改紀其實也若夫大業律爲唐初所廢意其刻深等於秦法而實不然考隋志言大業律於五刑降從輕典者二百餘條其枷杖決罰訊囚之制並輕於舊令以篇目較之較開皇律多請求關市二篇析戶婚賊盜廐庫鬬訟爲二篇大抵增其篇目仍其條項據劉炫傳大業律出於牛弘之手然隋志謂弘卽開皇中修律之一人則二律同出一手且是律之頒行在大業三年倉猝而成蓋煬帝好大喜功特欲襲制禮作樂之名本無補弊救偏之意弘竊見其旨故篇目雖增於舊而刑典則降從輕至其末葉刑罰濫酷本出於律令之外唐初襲漢高入關約法之故智因而廢之非必其律之果不善也不然以弘之長厚而爲刻深如亡秦之法哉吾嘗謂北齊律隋律唐律之三者大體同符今齊律隋律均佚而唐律尚存雖謂之齊律隋律不亡可也壬戌孟秋閩縣程樹德序

隋律考目錄

上

下

卷八

隋律考　上

開皇定律年月及修律諸人

開皇元年冬十月戊子行新律（文帝紀）

詔頒之曰帝王作法沿革不同取適於時故有損益夫絞以致斃斬則殊形除惡之體於斯已極梟首轘身義無所取不益懲肅之理徒表安忍之懷鞭之爲用殘剝膚體徹骨侵肌酷均臠切雖云遠古之式事乖仁者之刑梟轘及鞭並令去也貴礪帶之書不當徒罰廣軒冕之蔭旁及諸親流役六年改爲五載刑徒五歲變從三祀其餘以輕代重化死爲生條目甚多備於簡策宜班諸海內爲時軌範雜格嚴科並宜除削先施法令欲人無犯之心國有常刑誅而不怒之義措而不用庶或非遠萬方百辟知吾此懷（刑法志）

三年因覽刑部奏斷獄數猶至萬條以爲律尙嚴密故人多陷罪又勅蘇威牛弘等更定新律除死罪八十一條流罪一百五十四條徒杖等千餘條定留惟五百條凡十二卷自是刑網簡要疎而不失（刑法志）

隋文帝參用周齊舊政以定律令除苛慘之法務在寬平（舊唐書刑法志）

隋開皇元年命高熲等七人定律至三年又敕蘇威牛弘删定凡十二篇（唐六典注）

隋律十二卷（經籍志　舊唐書經籍志隋律十二卷高熲等撰　新唐書藝文志高熲等隋律十二卷）

開皇元年乃詔尙書左僕射渤海公高熲上柱國沛公鄭譯上柱國清河郡公楊素大理前少卿平源縣公常明刑部侍郎保城縣公韓濬比部侍郎李諤兼考功侍郎柳雄亮等更定新律奏上之（刑法志）

詔譯參撰律令上勞譯曰律令則公定之音樂則公正之禮樂律令公居其三良足美也（鄭譯傳）

開皇元年敕令與大尉任國公于翼高熲等同修律令事訖奏聞別賜九環金帶一腰駿馬一匹賞損益之多也（李德林傳）

尋拜大宗伯典修禮律（滕王瓚傳）

開皇初拜尙書右僕射與郢國公王誼修律令（趙芬傳）

奉詔參修律令（元諧傳）

焯又與諸儒修定禮律（劉焯傳）

詔與蘇威等修定律令政採魏晉刑典下至齊梁沿革輕重取其折衷同撰著者十有餘人凡疑滯不通皆取決於政（裴政傳）

按政嘗參定周律然其定隋律獨不襲周制是周律繁而不要當時已有定論也

帝令相臣釐定舊法爲一代通典律令格式多威所定世以爲能（北史蘇威傳）

詔與牛弘撰定律令格式（北史趙軌傳）

牛弘愛其才署禮部員外郎奉詔定五禮律令（新唐書李百藥傳）

開皇律篇目

一曰名例二曰衞禁三曰職制四曰戶婚五曰廐庫六曰擅興七曰盜賊八曰鬬訟九曰詐僞十曰雜律十一曰捕亡十二曰斷獄（刑法志）

按唐律篇目與此全同隋志云定留惟五百條今唐律亦五百條是幷條項亦相同也

開皇律佚文

准枉法者但准其罪以枉法論者卽同眞法（劉子栩傳引律）

按唐律名例稱准枉法論准盜論之類罪止流三千里但准其罪稱以枉法論及以盜論之類皆與眞犯同

刑名

死刑二（二死皆贖銅百二十斤）

絞

斬

流刑三（應住居作者三流俱役三年近流加杖一百一等加三十）
一千里（居作二年　贖銅八十斤）
一千五百里（居作二年半　贖銅九十斤）
二千里（居作三年　贖銅一百斤）
按通鑑一百七十五作流刑三自二千里至三千里胡三省注亦云與隋志不同考唐六典注唐律一准開皇之舊惟三流皆加一千里通鑑蓋傳寫之誤

徒刑五
一年（贖銅二十斤）
一年半（贖銅三十斤）
二年（贖銅四十斤）
二年半（贖銅五十斤）
三年（贖銅六十斤）

杖刑五
六十（贖銅六斤）

七十（贖銅七斤）
八十（贖銅八斤）
九十（贖銅九斤）
百（贖銅十斤）

笞刑五

十（贖銅一斤）
二十（贖銅二斤）
三十（贖銅三斤）
四十（贖銅四斤）
五十（贖銅五斤）

按唐律刑名概沿開皇之舊惟加重流刑自二千里至三千里今以隋志唐律互證開皇律仍沿北齊之制刑名先其重者故以死刑列首唐則採北周之制刑名先其輕者以笞刑列首爲稍異耳

十惡

又置十惡之條多採後齊之制而頗有損益一曰謀反二曰謀大逆三曰謀叛四曰惡逆（文帝紀敢有毀壞偷盜佛

及天尊像嶽鎭海瀆神形者以不道論沙門壞佛道士壞天尊者以惡逆論）五曰不道六曰大不敬七曰不孝八曰不睦九曰不義十曰內亂（刑法志）

周齊雖具十條之名而無十惡之目開皇創制始備此科酌於舊章數存於十自武德以來仍遵開皇無所損益（唐律疏義）

犯十惡及故殺人獄成者雖會赦猶除名（刑法志）

按唐律名例諸犯十惡故殺人反逆緣坐獄成者雖會赦猶除名與開皇律同

八議

其在八議之科及官品第七以上犯罪皆例減一等其品第九以上犯者聽贖（刑法志）

按唐律名例八議犯死罪者先奏請議議定奏裁流罪以下減一等七品以上官犯流罪以下從減一等之例諸應議請減及九品以上之官犯流罪以下聽贖均以流罪以下爲限與開皇律異

除宮刑鞭刑及梟首轘裂之法

漢除肉刑除墨劓耳宮刑猶在大隋開皇之初始除男子宮刑婦人猶閉於宮（尙書正義）

宮刑至隋乃赦（周禮秋官司刑疏）

按困學紀聞引通鑑西魏大統十三年三月除宮刑謂不始於隋考北齊天統五年猶應有宮刑之詔是北朝仍有

宮刑未可遽議孔疏之非

蠲除前代鞭刑及梟首轘裂之法（刑法志）

除孥戮相坐之法

又詔免尉迴王謙司馬消難三道逆人家口之配沒者悉官酬贖使爲編戶因除孥戮相坐之法（刑法志）

官當

犯私罪以官當徒者五品已上一官當徒二年九品已上一官當徒一年當流者三流同比徒三年若犯公罪者徒各加一年當流者各加一等其累徒過九年者流二千里（刑法志）

按唐律名例改比徒三年爲四年

坐事去官

開皇十三年春二月已丑制坐事去官者配流一年（文帝紀）

私令衞士出外科徒

帝在顯仁宮勅宮外衞士不得輒離所守有一主帥私令衞士出外帝付大理繩之師據律奏徒（源師傳）

私入番交易

化及遣人入番私爲交易事發當誅（宇文化及傳）

按唐律衞禁諸齎禁物私度關者坐贓論疏義云依關市令錦綾羅縠紬緜絹絲布氂牛尾眞珠金銀鐵幷不得度西邊北邊諸關及至諸州與易隋制當同

奏對不以實

因下詔罪萬歲曰乃懷姦詐妄稱逆而交兵不以實陳（史萬歲傳）

按唐律對制上書不以實在詐僞

知非不舉

開府蕭摩訶妻患且死奏請遣子向江南收其家產御史見而不言壽奏劾之曰摩訶遠念資財近忘匹好又命其子捨危惙之母爲聚斂之行而乘殿中侍御史韓徽之等親所聞見竟不彈糾若知非不舉事涉阿縱請付大理（元壽傳）

按唐律鬭訟諸監臨主司知所部有犯法不舉劾者減罪人罪三等據此知隋律亦有此條

漏洩

數漏洩省中語（元壽傳）

按漢律有漏洩省中語詳漢律考

交通

蜀王秀之得罪冑坐與交通除名（元冑傳）

齊王暕之得罪也純坐與交通（董純傳）

有司劾浩以諸侯交通內臣竟坐廢免（秦王俊傳）

楊素奏彧以內臣交通諸侯除名爲民配戍懷遠鎭（柳彧傳）

有司奏左衞大將軍元旻右衞大將軍元冑左僕射高熲幷與世積交通受其名馬之贈世積竟坐誅（王世積傳）

蜀王秀之得罪也儉坐與交通免職（北史柳儉傳）

御史劾俱羅以郡將交通內臣坐除名（北史魚俱羅傳）

按隋書北史各傳以交通被劾者不一是當時必已懸爲厲禁隋書郭衍傳晉王有奪宗之謀因召衍陰共計議又恐人疑無故來往託以衍妻患癭王妃蕭氏有術能療之當時法網之密如此考漢書鄭衆傳太子儲君無外交之義漢有舊防蕃王不宜私通賓客隋蓋沿漢制也

交關

文振先與王世積有舊世積以罪誅文振坐與交關（北史段文振傳）

按交關本漢律隋書潘徽傳及玄感敗凡交關多罹其患是大業律亦同

厭蠱

其婢奏譯厭蠱左道譯又與母別居爲憲司所劾由是除名下詔曰若留之於世在人爲不道之臣戮之於朝入地爲不孝之鬼（鄭譯傳）

按唐律不道小註造畜蠱厭魅文帝詔指厭蠱爲不道知隋律亦有此註與唐律同

后異母弟以猫鬼巫蠱呪詛於后坐當死（后妃傳）

弘希旨奏綸厭蠱惡逆坐當死帝以皇族不忍除名徙邊郡（北史隋宗室傳）

十八年五月詔畜猫（疑猫之訛）鬼蠱毒厭魅野道之家投於四裔（册府元龜六百十一）

居父母喪嫁娶

士文從父妹有色應州刺史唐君明居母憂娉以爲妻爲御史所劾（庫狄士文傳）

按唐律居父母夫喪嫁娶在戸婚

戸口簿帳不以實

曹土舊俗民多姦隱戸口簿帳恆不以實甍下車按察得戸數萬轉齊州刺史得隱戸數千（乞伏甍傳）

時山東乘齊之弊戸口簿籍類不以實熙曉諭令自歸首至者一萬戸（令狐熙傳）

按唐律里正州縣不覺脫漏及脫戸均在戸婚

官物入私

譯擅取官材自營私第坐是復除名（鄭譯傳）

左武衞將軍劉昇諫曰秦王非有他過但費官物營廨舍而已臣謂可容上曰法不可違若如公意何不別制天子兒律（秦王俊傳）

按唐律廐庫諸財物不應入官私而入者坐贓論疏義應入官乃入私

盜邊糧一升已上盜取一錢已上

開皇十五年冬十二月戊子勅盜邊糧一升已上皆斬幷籍沒其家（文帝紀）

十六年有司奏合川倉粟少七千石命斛律孝卿鞫問其事以爲主典所竊復令孝卿馳驛斬之沒其家爲奴婢鬻粟以填之是後盜邊糧一升已上皆死家口沒官（刑法志）

是時帝意每尙慘急而姦回不止京市白日公行掣盜人間強盜亦往往而有帝患之問羣臣斷禁之法楊素等未及言帝曰朕知之矣詔有能糾告者沒賊家產業以賞糾人時月之間內外寧息其後無賴之徒候富人子弟出路者而故遺物於其前偶拾取則擒以送官而取其賞大抵被陷者甚衆帝知之乃命盜一錢已上皆棄市行旅皆晏起晚宿天下懍懍焉此後又定制行署取一錢已上聞見不告言者坐至死自此四人共盜一榱桷三人同竊一瓜事發卽時行決有數人劫執事而謂之曰吾豈求財者耶但爲枉人來耳而爲我奏至尊自古以來體國正法未有盜一錢而死也而不爲我以聞吾更來而屬無類矣帝聞之爲停盜取一錢棄市之法（刑法志）

盜毁天尊佛像

帝以年齡晚暮尤崇佛道又素信鬼神二十年詔沙門道士壞佛像天尊百姓壞岳瀆神像皆以惡逆論（刑法志）

二十年十二月辛巳詔曰佛法深妙道教虛融咸降大慈濟度羣品凡在含識皆蒙覆護所以雕鑄靈相圖寫眞形率土瞻仰用申誠禁其五嶽四鎭節宣雲雨江河淮海浸潤區域並生養萬物利益兆人故建廟立祀以時恭敬敢有毁壞偸盜佛及天尊像嶽鎭海瀆神形者以不道論沙門壞佛像道士壞天尊者以惡逆論（文帝紀）

按唐律賊盜諸盜毁天尊佛像者徒三年卽道士女冠盜毁天尊像僧尼盜毁佛像者加役流蓋隋沿北齊律而加重其刑唐初修律又減輕其罪也

請求許財

高祖謂諫議大夫王達曰卿爲我覓一好左丞達遂私於汪曰我當薦君爲左丞若事果當以良田相報也汪以達所言奏之達竟以獲罪（楊汪傳）

按唐律受人財請求在職制

監臨受財三百文杖一百

雍州別駕元肇言於上曰有一州吏受人餽錢三百文依律合杖一百然臣下車之始與其爲約此吏故違請加徒一年行本駮之曰律令之行幷發明詔與民約束今肇乃敢重其教命輕忽憲章非人臣之禮（劉行本傳）

按唐律職制諸監臨主司受財而枉法者一尺杖一百一匹加一等不枉法者一尺杖九十二匹加一等又諸監臨之官受所監臨財物者一尺笞四十一匹加一等元肇所言州吏受人餽錢傳文簡約未知與唐律何條相當隋志言開皇律以輕代重是已輕於前代受餽錢三百卽杖一百以一尺笞四十例之是較唐律加重至六等決無是理疑係指受財枉法言之所謂杖一百亦與唐律相合其請加徒一年亦不過加一等耳與情理亦近唐律多沿隋律此亦其一端也

毆人致死

開皇中方貴嘗因出行遇雨淮水汎長於津所寄渡船人怒之撾方貴臂折至家其弟雙貴驚問所由方貴具言之雙貴恚恨遂向津毆擊船人致死守津者執送之縣官案問其狀以方貴爲首當死雙貴從坐當流（郎方貴傳）

按唐律鬬訟諸鬬毆殺人者絞又云卽威力使人毆擊而致死傷者雖不下手猶以威力爲重罪下手減一等縣官蓋以方貴脅弟使毆殺人故以方貴爲首雙貴坐流卽下手減一等也隋律蓋與唐律同

掠人

其兄子伯仁隨沖在府掠人之妻上聞而大怒令蜀王秀治其事（韋世康傳）

戲殺

其奴嘗與鄉人董震因醉角力震扼其喉斃於手下震惶懼請罪士謙謂之曰卿本無殺心何爲相謝然可遠去無爲

吏之所拘（李士謙傳）

流人枷鎖傳送

開皇末爲齊州參軍送流囚李參等七十餘人詣京師時制流人并枷鎖傳送（北史王珈傳）

犯錢禁當杖

時上禁行惡錢有二人在市以惡錢易好者武候執以聞上令悉斬之綽進諫曰此人坐當杖殺之非法（趙綽傳）

禁私造兵器

開皇十五年春二月丙辰收天下兵器敢有私造者坐之關中緣邊不在其例（文帝紀）

禁隱藏緯候圖讖

開皇十三年二月丁酉制私家不得隱藏緯候圖讖（文帝紀）

開皇令

開皇二年秋七月甲午行新令（通志）

隋開皇令高熲等撰三十卷一官品上二官品下（按開皇官品令詳見通典卷三十九文多不錄）三諸省臺職員四諸寺職員五諸衛職員六東宮職員七行臺諸監職員八諸州郡縣鎮戍職員九命婦品員十祠十一戶十二學十三選舉十四封爵俸廪十五考課十六宮衛軍防十七衣服（按隋服制詳見隋書禮儀志七）十八鹵簿上十九鹵

篩下二十儀制二十一公式上二十二公式下二十三田二十四賦役二十五倉庫廐牧二十六關市二十七假寧二十八獄官二十九喪葬三十雜（唐六典注）

隋開皇令三十卷目一卷（經籍志　舊唐書經籍志隋開皇令三十卷裴政等撰　新唐書藝文志牛弘等隋開皇令三十卷）

爲人後者爲其父母幷解官申其心喪父卒母嫁爲父後者雖不服亦申心喪其繼母嫁不解官（劉子栩傳引令）

按此喪葬令逸文

人五家爲保保有長保五爲閭閭四爲族皆有正畿外置里正比閭正黨長比族正以相檢察焉（通典卷三引文帝新令同）男女三歲已下爲黃十歲已下爲小十七已下爲中十八已上爲丁丁從課役六十爲老乃免（通典卷七引文帝新令同）自諸王已下至于都督皆給永業田各有差多者至一百頃少者至四十畝其丁男中男永業露田皆遵後齊之制並課樹以桑榆及棗其園宅率三口給一畝奴婢則五口給一畝丁男一牀租粟三石桑土調以絹絁麻土以布絹絁以疋加綿三兩布以端加麻三斤單丁及僕隸各半之未受地者皆不課有品爵及孝子順孫義夫節婦幷免課役京官又給職分田一品者給田五頃每品以五十畝爲差至五品則爲田三頃六品二頃五十畝其下每品以五十畝爲差至九品爲一頃外官亦各有職分田又給公廨田以供公用（食貨志引新令）

按此條雜引令文所云遵後齊之制蓋省文也

開皇格

隋則律令格式幷行（經籍志）

按唐書刑法志曰唐之刑書有四曰律令格式據此知悉沿開皇舊制也

所修格令章程幷行於當世頗傷煩碎論者以爲非簡久之法（北史蘇威傳）

格令班後蘇威每欲改易事條德量以爲格式已頒義須畫一縱令小有踳駮非過蠹政害民者不可數有改張（李德林傳）

高祖之世以刀筆吏類多小人年久長姦又以風俗陵遲婦人無節於是立格州縣佐史三年而代之九品妻無得再醮（劉炫傳）

按李諤傳諤見禮教凋敝公卿薨亡其愛妾侍婢子孫輒嫁賣之遂成風俗上書曰朝聞其死夕規其妾方使求娉以得爲限無廉恥之心棄友朋之義上覽而善之五品以上妻妾不得改醮始於此也意者雖有定格仍未施行故改限於五品以上歟

隋律考　下

大業定律年月及修律諸人

大業三年夏四月甲申頒律令大赦天下（煬帝紀）
煬帝以開皇律令猶重大業二年更制大業律牛弘等造三年四月甲申頒行凡十八篇五百條（玉海卷六十五）
按開皇律及唐律均五百條據此知篇目雖有分析而條項則多仍其舊也
煬帝卽位以高祖禁網深刻又勑修律令（刑法志）
其五刑之內降從輕典者二百餘條其枷杖決罰訊囚之制幷輕於舊（同上）
隋大業律十一卷（經籍志　舊唐書經籍志新唐書藝文志均作十八卷）
煬帝卽位牛弘引炫修律令（劉炫傳）
牛弘等造新律成凡十八篇謂之大業律甲申始頒行之民久厭嚴刻喜於寬政其後征役繁與民不堪命有司臨時迫脅以求濟事不復用律令矣（通鑑卷一百八十）

大業律篇目

一曰名例二曰衞宮三曰違制四曰請求五曰戸六曰婚七曰擅興八曰告劾九曰賊十曰盜十一曰鬬十二曰捕亡

十三日倉庫十四日廄牧十五日關市十六日雜十七日詐僞十八日斷獄（刑法志　唐六典注同）

　　刑名仍開皇之舊

時升稱皆小舊二倍其贖銅亦加二倍爲差杖百則三十斤矣徒一年者六十斤每等加三十斤爲差三年則一百八十斤矣流無異等贖二百四十斤二死同贖三百六十斤其實不異（刑法志）

按據此知大業律刑名均與開皇同惟贖銅加二倍爲稍異耳

　　除十惡之條

又勅修律令除十惡之條（刑法志）

大業有造後更刪除十條之內惟存其八（唐律疏義）

按大業律仿後周之制不別立十惡之目以十惡分隸各條而十惡中又刪其二也

　　違拒詔書

君肅告衆曰若從元帥違拒詔書必當聞奏皆獲罪也諸將懼（來護兒傳）

有司奏緒怯懦違詔於是除名爲民（吐萬緒傳）

按唐律職制諸被制書有所施行而違者徒三年

　　呪詛

煬帝時諸侯王恩禮漸薄集憂懼不知所爲乃呼術者俞普明章醮以祈福助有人告集呪詛憲司希旨鍛成其獄奏集惡逆坐當死天子下公卿議其事楊素等曰集密懷左道厭蠱君親公然呪詛請論如律（衛昭王爽傳）

詐疾

遼東之役郡官督事者前後相屬有西曹掾當行詐疾褒杖之（元孝矩傳）

按唐律詐疾病有所避在詐僞

藏匿罪人

玄感敗後妓妾并入宮帝因問之玄感平常時與何人交往其妾以虞綽對徙綽且末綽至長安而亡變姓名抵信安令天水辛大德大德舍之歲餘有識綽者而告竟爲吏所執坐斬江都（虞綽傳）

按唐律知情藏匿罪人在捕亡

里長脫戶

于時猶承高祖和平之後禁網疏闊戶口多漏或及成丁猶詐爲小未至於老已免租賦蘊歷爲刺史案知其情因是條奏皆令貌閱若一人不實則官司解職鄉正里長皆遠流配（裴蘊傳）

按唐律戶婚諸里正不覺脫漏增減者罪止徒三年此入流配知大業律重於唐律也

縣令無故不得出境

時制縣令無故不得出境有伊闕令皇甫翊幸於暕違禁將之汾陽宮（齊王暕傳）

按唐律刺史縣令私出界在職制據此知亦沿隋律也

籍沒

上大怒滂鬱緒幷伏誅籍沒其家（元諧傳）

謀洩伏誅家口籍沒（宇文忻傳）

於是斬東都市家口籍沒（魚俱羅傳）

及玄感敗伏誅籍沒其家（李子雄傳）

元淑及魏氏俱斬於涿郡籍沒其家（趙元淑傳）

按隋無族誅之制故常以籍沒代之

大業令

大業令三十卷（經籍志　新唐書藝文志作十八卷）

會議新令久不能決道衡謂朝士曰向使高熲不死令決當久行（薛道衡傳）

初新令行衍封爵從例除（郭衍傳）

煬帝三年定令品自第一至第九唯置正從而除上下階又定朝之班序以品之高卑爲列品同則以省府爲前後省

府同則以局署爲前後（通典卷三十九）

按此條言大業官品令與開皇官品之差通典不載大業令官品蓋仍開皇之舊僅除上下階爲稍異耳

大業式

大業二年五月乙卯詔曰自古以來賢人君子有能樹聲立德佐世匡時博利殊功有益於人者並宜營立祠宇以時致祭墳壟之處不得侵踐有司量爲條式稱朕意焉（煬帝紀）

四年冬十月乙卯頒新式於天下（同上）

隋律家

郎茂

茂工法理爲世所稱（郎茂傳）

子茂字蔚之師事國子博士河間權會受詩易三禮及玄象刑名之學（北史郎基傳）

崔廓

廓嘗著論言刑名之理其義甚精文多不載（崔廓傳）

楊汪

汪明習法令果於剖斷當時號爲稱職（楊汪傳）

隋代刑罰之峻

高祖性猜忌素不悅學既任智而獲大位因以文法自矜明察臨下恆令左右覘視內外有小過失則加以重罪又患令史贓汚因私使人以錢帛遺之得犯立斬每於殿廷打人一日之中或至數四嘗怒問事揮楚不甚即命斬之十年尙書左僕射高熲治書侍御史柳彧等諫以爲朝堂非殺人之所殿廷非決罰之地帝不納熲等乃盡詣朝堂請罪曰陛下子育羣生務在去弊而百姓無知犯者不息致陛下決罰過嚴皆臣等不能有所裨益請自退屛以避賢路帝於是顧謂領左右都督田元曰吾杖重乎元曰重帝問其狀元舉手曰陛下杖大如指捶楚人三十者比常杖數百故多致死帝不懌乃令殿內去杖欲有決罰各付所由後楚州行參軍李君才上言帝寵高熲過甚大怒命杖之而殿內無杖遂以馬鞭笞殺之自是殿內復置杖（刑法志）

其諸司屬官若有愆犯聽於律外斟酌決杖於是上下相驅迭行捶楚以殘暴爲幹能以守法爲懦弱（同上）

帝猜忌二朝臣寮用法尤峻御史監師於元正月不劾武官衣劍之不齊者或以白帝帝謂之曰爾爲御史何縱捨自由命殺之諫議大夫毛思祖諫又殺之左領軍府長史考校不平將作寺丞以諫麥䴵遲晚武庫令以署庭荒蕪獨孤師以受番客鸚鵡帝察知並親臨斬決仁壽中用法益峻帝既喜怒不恆不復依準科律大理寺丞楊遠劉子通等性愛深文每隨牙奏獄能承順帝旨帝大悅並遣於殿庭三品行中供奉每有詔獄專使主之候帝所不快則案以重抵無殊罪而死者不可勝原遠又能附楊素每於塗中接候而以囚名白之皆隨素所爲輕重其臨終赴市者莫不塗中

呼枉仰天而哭（同上）

每言當今法急官不可爲上大怒命斬之（權武傳）

尙書省嘗奏犯罪人依法合流而上處以大辟莊奏曰法者天子所與天下共也今法如是更重之是法不信於民心

帝不從由是忤旨（柳莊傳）

帝暮年精華稍竭不悅儒術專尙刑名（北史儒林傳）

以上文帝

帝乃更立嚴刑敕天下竊盜已上罪無輕重不待聞奏皆斬百姓轉相羣聚攻剽城邑誅罰不能禁帝以盜賊不息乃益肆淫刑九年又詔爲盜者籍沒其家自是羣賊大起（刑法志）

蘊善伺候人主微意若欲罪者則曲法順情鍛成其罪所欲宥者則附輕典因而釋之（裴蘊傳）

蜀王秀之得罪賓客經過之處仲卿必深文致法州縣長吏坐者大半上以爲能（趙仲卿傳）

遼東之役遣弘嗣往東萊海口監造船諸州役丁苦其捶楚官人督役晝夜立於水中略不敢息自腰以下無不生蛆死者十三四（元弘嗣傳）

於是將政出金光門縛政於柱公卿百寮并親擊射臠割其肉多有噉者噉後烹羹收其餘骨焚而揚之（斛斯政傳）

煬帝忌刻法令尤峻人不堪命（舊唐書刑法志）

末年嚴刻生殺任情不復依例楊玄感反誅九族復行轘裂梟首磔而射之（唐六典注）

以上煬帝

百年精華
九朝律考

著作者◆程樹德
發行人◆王學哲
總編輯◆方鵬程
主編◆葉幗英
責任編輯◆吳素慧
美術設計◆吳郁婷

出版發行：臺灣商務印書館股份有限公司
臺北市重慶南路一段三十七號
電話：(02)2371-3712
讀者服務專線：0800056196
郵撥：0000165-1
網路書店：www.cptw.com.tw
E-mail：ecptw@cptw.com.tw
網址：www.cptw.com.tw

局版北市業字第 993 號
初版一刷：1967 年 7 月
二版一刷：2011 年 2 月
定價：新台幣 350 元

ISBN 978-957-2568-7
版權所有 翻印必究

九朝律考／程樹德著. -- 二版. -- 臺北市：臺
灣商務, 2011. 02
面 ； 公分. --（百年精華）

ISBN 978-957-05-2568-7(平裝)

1. 中國法制史

582.1 99021704